dumont taschenbücher

D1678134

Richard Kostelanetz wurde 1940 in New York geboren, wo er auch heute lebt. 1966 wurde er als Professor an die Columbia University berufen. Der Kritiker, Schriftsteller und Filmemacher für Funk und Fernsehen veröffentlichte zahlreiche Arbeiten, meist zu Trends in Kunst und Literatur in den USA seit dem Zweiten Weltkrieg.

My
mEmory
of whaT
Happened
is nOt
what happeneD

i aM struck
by thE
facT
tHat what happened
is mOre conventional
than what i rememberD

iMitations
invErsions
reTrograde forms
motives tHat are varied
Or
not varieD

Richard Kostelanetz

John Cage
im Gespräch

Zu Musik, Kunst und geistigen Fragen
unserer Zeit

DuMont Buchverlag Köln

Umschlagvorderseite: John Cage im Kölnischen Kunstverein, Köln,
                      15. 5. 1983. Photo: Dr. Manfred Leve
Frontispiz: Text aus: John Cage, ›Composition in Retrospect‹,
                      August 1981

Für Klaus Schöning, Fanny und Nadja
von RK und JC

CIP-Titelaufnahme der Deutschen Bibliothek

Kostelanetz, Richard:
John Cage im Gespräch : [zu Musik, Kunst und geistigen
Fragen unserer Zeit] / Richard Kostelanetz. [Aus d. Amerikan.
von Almuth Carstens u. Birger Ollrogge]. – Köln : DuMont,
1989
  (DuMont-Taschenbücher ; 226)
  Einheitssacht.: Conversing with John Cage ⟨dt.⟩
  ISBN 3-7701-2279-8
  NE: Cage, John:; GT

Aus dem Amerikanischen von Almuth Carstens und Birger Ollrogge

© 1989 DuMont Buchverlag, Köln
Alle Rechte vorbehalten
Satz und Druck: Rasch, Bramsche
Buchbinderische Verarbeitung: Bramscher Buchbinder Betriebe

Printed in Germany   ISBN 3-7701-2279-8

Inhalt

John Cage bei der Probe zu ›Themes and Variations‹
in der Ausstellung ›John Cage, Etchings – Grafiken von 1978–82‹
im Kölnischen Kunstverein, Köln, 15. 5. 1983. (Ausschnitt)

Vorwort

»Wie üblich
war John Cages Antwort wieder einmal wunderbar.«
Merce Cunningham: ›Der Tänzer und der Tanz‹ (1985)

Wenige Künstler seiner Bedeutung oder seiner Unterhaltungsgabe geben so bereitwillig Interviews wie John Cage. Dabei geht er auf Anfragen von Studentenzeitungen genauso aufmerksam und freundlich ein wie auf Befragungen von Hochglanzmagazinen. Seine Interviews sind weltweit erschienen. Da die einzelnen Interviews ein Thema natürlich nicht umfassend behandeln und sich gegenseitig ergänzen, schien es angemessen, exemplarische Passagen auszusuchen und unter Hinzufügung bestimmter Details, die in eckige Klammern gesetzt wurden, eine Art Ur-Interview zusammenzustellen, das Cage durchaus gegeben haben könnte. Die Auswahl seiner prägnantesten Aussagen erfolgte nach thematischen Gesichtspunkten. Anschließend wurden diese Aussagen montiert, so daß sie den Eindruck eines fortlaufenden Gesprächs erwecken, wie z. B. Pierre Cabannes ›Gespräche mit Marcel Duchamp‹ (1972). Obwohl dieses Ordnungsprinzip der Art und dem Inhalt des Denkens von John Cage entgegengesetzt zu sein scheint, kann es dennoch zu einer hilfreichen Systematisierung der Dinge beitragen, die er selbst nicht in eine Ordnung bringen würde – vielleicht ein Beispiel für den wesentlichen Unterschied zwischen Rede und Schrift. Obwohl mündliche Äußerungen keine Literatur sind, können Gespräche, die so provozierend, subtil und inhaltsreich sind wie die Interviews mit Cage, häufig eine Qualität erreichen, die klassisch zu nennen ist. Um es auf den Punkt zu bringen: Die Aussagen Cages zu seinen Werken und ihrem Bedeutungsumfeld sind der Wahrheit näher als die seiner Kommentatoren, mich eingeschlossen.

Da das vorliegende Werk etwas Neues sein soll, haben wir bei der Auswahl der Interviews ganz bewußt auf solche aus bereits erschie-

7

nenen Büchern verzichtet, die sich ausschließlich mit Cages Werk auseinandersetzen. Dabei handelt es sich um seine eigenen Veröffentlichungen, von denen es mittlerweile fast ein Dutzend gibt; meine eigene dokumentarische Monographie, ›John Cage‹ (New York, Praeger 1970; London, Allen Lane 1971), die auch auf Deutsch (Köln, DuMont Buchverlag 1973) und Spanisch (Barcelona, Anagrama 1974) erschienen ist; Daniel Charles' ›Pour Les Oiseaux‹ (Paris, Belfond 1976), das ebenfalls ins Englische (›For the Birds‹; Boston/London, Marion Boyars 1981) und ins Deutsche (›Für die Vögel‹; Berlin, Merve Verlag 1984) übersetzt wurde; ›Sounday‹ (Hilversum, KRO 1978); Klaus Schönings ›Roaratorio‹ (Königstein/Taunus, Athenäum 1982), das zweisprachig ist, und ›The John Cage Reader‹ (New York, C. F. Peters 1982). Das vorliegende Buch ist für die oben genannte Literatur und das Werk von John Cage im allgemeinen sowohl Einführung als auch Ergänzung. Einigen Lesern mag es vielleicht nach geraumer Zeit beides zugleich sein.

Dieses Buch wäre ohne die Zusammenarbeit mit John Cage nie zustandegekommen, der mir – wahrscheinlich, weil er selten etwas aufbewahrt – bei der Zusammenstellung seiner Gedanken freie Hand ließ. Anschließend überarbeitete er das Manuskript und eliminierte Fehler und falsche Terminologie. Er setzte seine Nachträge in eckige Doppelklammern, die sich so eindeutig von meinen einfachen Klammern unterscheiden. Ebenso trug die Hilfe zahlreicher Interviewer, die mir freundlicherweise ihre Manuskripte zur Verfügung stellten und mir den Abdruck ihrer Interviews erlaubten, maßgeblich zur Entstehung dieses Buches bei. Ihre Namen erscheinen am Ende aller Passagen, die ihren Texten entnommen wurden, wobei sich die Jahreszahl auf das ursprüngliche Publikationsdatum bezieht (falls das Gespräch nicht schon viel früher geführt wurde). Weitere Informationen über Interviews und Interviewer befinden sich im Anhang des Buches. Vollständige Publikationsnachweise erscheinen im Copyrightnachweis. Wir haben uns bemüht, die exakte Schreibweise der Eigennamen herauszufinden und die Autorenschaft bzw. Urheberrechte zu eruieren und entsprechend nachzuweisen. Falls uns dabei ein Fehler unterlaufen sein sollte, wird das in einer folgenden Ausgabe korrigiert werden. Bei der deutschen Ausgabe mußte das Kapitel über Cages Bemerkungen zu seinen Texten ausgelassen werden, da sie sich ausschließlich auf seine Poesie beziehen, die noch nicht ins Deutsche übersetzt wurde. Der größte Teil dieses Kapitels über seine Schriften ist meinem Interview entnommen, das in meinem Buch ›American Imaginations‹ (Berlin, Merve Verlag 1983) erschienen ist.

Es wäre sinnvoll und hilfreich, das vorliegende Buch mit einer Discographie von Tonbändern und Schallplatten zu Aufführungen von Cage abzuschließen. Aufgrund der Fülle des Materials erschien mir das wegen der Kürze dieses Textes nicht angebracht. Für die entsprechenden Informationen empfehle ich dem Leser, sich an Mode Record Service, P. O. Box 375 Kew Gardens, New York, N. Y. 11415 zu wenden.

Unser besonderer Dank gilt unserem Freund Ernst Brücher vom DuMont Buchverlag, ohne dessen Hilfe dieses Buch nicht entstanden wäre. Für die Unterstützung bei der bibliographischen Arbeit möchten wir uns bei Deborah Campana bedanken. Darüber hinaus danken wir unseren Mitarbeitern Andrew Culver und Constance Wynne für die Fertigstellung des Manuskriptes.

Richard Kostelanetz, New York, N. Y., den 14. Mai 1989

John Cage über sich selbst

Ich wurde 1912 in Los Angeles geboren. Meine Familie ist amerikanischer Herkunft. Ein John Cage half Washington, Virginia zu vermessen. Mein Großvater war ein methodistisch-epsikopaler Wanderprediger. [[Nachdem er in Utah erfolglos gegen die Mormonen gepredigt hatte]], verschlug es ihn nach Denver, wo er die erste methodistisch-episkopale Kirche gründete. Er war ein Mann von außergewöhnlich großer puritanischer Rechtschaffenheit und konnte außer sich geraten, wenn man nicht seiner Meinung war. In seiner Kindheit rannte mein Vater von zu Hause weg, sooft es ihm möglich war. Er war das schwarze Schaf der Familie.

Meine Mutter war vor der Ehe mit meinem Vater bereits zweimal verheiratet, aber das erzählte sie mir erst nach seinem Tod. Sie konnte sich an den Namen ihres ersten Mannes nicht erinnern.

Kurz vor dem Ersten Weltkrieg erfand mein Vater ein Unterseeboot, mit dem er den Weltrekord im Tauchen brach. Er hat diese Geschichte sehr wirkungsvoll inszeniert, indem er den Probelauf mit 13 Mann Besatzung am Freitag den 13. stattfinden ließ und 13 Stunden unter Wasser blieb. Aber es war ihm niemals in den Sinn gekommen, daß der Wert des Tauchens darin besteht, daß man von oben nicht gesehen werden kann. Da jedoch sein Motor mit Benzin betrieben wurde, war die Oberfläche des Wassers voller Blasen. Aus diesem Grund wurde sein U-Boot im Krieg nicht benutzt, und Vater machte Bankrott. (Jeff Goldberg, 1976)

Meine ersten Erfahrungen mit der Musik wurden mir von Klavierlehrern aus der Nachbarschaft vermittelt, insbesondere von meiner Tante Phoebe. Sie war der Meinung, daß mich die Werke von Bach und Beethoven unmöglich interessieren könnten, obwohl sie selbst eine glühende Verehrerin der Musik des 19. Jahrhunderts war. Sie machte mich mit den Werken Moszkowskis und den sogenann-

John Cage bei einer Schachpartie.
Photo: Klaus Schöning, Köln

ten ›Beliebtesten Klavierstücken der Welt‹ bekannt. Hier interessierten mich vor allem die Werke von Grieg. (Roger Reynolds, 1961)

Ich habe in der vierten Schulklasse mit dem Klavierunterricht begonnen, war aber mehr daran interessiert, nach Noten zu spielen, als die Tonleitern hoch und runter zu üben. Ich war nicht im geringsten daran interessiert, ein Virtuose zu werden. (Jeff Goldberg, 1976)

Sogar bis in die späten 20er Jahre machten Sie Ihre musikalischen Erfahrungen größtenteils mit Live-Musik.

Ich nahm Klavierunterricht und so weiter. Aber hauptsächlich war da die Kirche. Tante Marge hatte eine wunderschöne Altstimme. Ich liebte ihren Gesang, ob sie nun sonntags in der Kirche oder wochentags zu Hause sang. Dann habe ich im Pomona College einen japanischen Tennisspieler kennengelernt, der sich beim Tennisspielen verletzt hatte. Während seiner Genesung belegte er ein paar Seminare am Pomona College. Er liebte die Streichquartette von Beethoven und besaß eine so ausgezeichnete Schallplattensammlung dieser Quartette, wie man sie sich nur wünschen kann. Er hieß Tamio Abe, und er spielte mir seine ganze Plattensammlung vor. (Richard Kostelanetz, 1984)

Während meiner Studienzeit kam ich zu der Überzeugung, ich würde Schriftsteller werden. Damals war ich auch überzeugt, daß das College für einen Schriftsteller ungeeignet sei, weil alle Studenten dieselbe Pflichtlektüre lesen mußten. Deshalb überredete ich meine Mutter und meinen Vater, daß für einen zukünftigen Schriftsteller eine Europareise viel sinnvoller sei als die Fortsetzung des Studiums. Dem konnten sie nur beipflichten. (Paul Cummings, 1974)

Anstatt mein drittes Studienjahr fortzusetzen, ging ich nach Paris, eine Stadt, wo mich als erstes die gotische Architektur faszinierte. Deshalb habe ich einige Monate in der Bibliotheque Magazin verbracht, um die gotische Flamboyant-Architektur zu studieren. Ich brachte einen Professor [[José Pijoan]], der mich auf der Universität unterrichtete, zur Raserei, weil ich mich nicht mit moderner Architektur beschäftigte. Er verschaffte mir eine Arbeit bei einem modernen Architekten [[namens Goldfinger. Ironischerweise ließ dieser mich griechische Kapitelle für Säulen malen.]] Eines Tages sagte er mir, daß man als Architekt der Architektur sein ganzes Leben widmen müsse. Und mir wurde klar, daß ich dazu nicht bereit war. Mich interessierten noch andere Dinge, zum Beispiel Poesie und auch Musik. Deshalb sagte ich ihm, daß ich der Architektur den Rücken kehre, daß ich mich nicht ausschließlich mit Architektur beschäftigen könne. Fast zur selben Zeit hörte ich ein modernes Klavierkonzert des Pianisten John Kirkpatrick. Er spielte ein Stück von Strawinsky und einige Stücke von Scrjabin. Ich sah mir auch moderne Malerei an. Das brachte mich zu der Überzeugung, daß ich das auch könnte. (Rob Tannenbaum, 1985)

Damals war ich der Meinung, daß man alle Dinge machen könnte – Schreiben, Malen, sogar Tanzen –, und zwar alles ohne technische Vorkenntnisse. Ich konnte mir überhaupt nicht vorstellen, daß man Komposition studieren müßte. Bedauerlicherweise hörten sich meine Eigenkompositionen für mich selbst ganz schrecklich an. (Calvin Tomkins, 1965)

Ich begann also mit der Malerei und dem Komponieren. Nach zweijähriger Arbeit stellte ich mich bei Schönberg vor. (Rob Tannenbaum, 1985)

Als ich 1933 bei Schönberg das Studium aufnahm, war er schon beinahe 60 Jahre alt. Zu dieser Zeit gab es an und für sich nur eine Alternative: Strawinsky oder Schönberg. Nachdem ich zwei Jahre bei Adolph Weiss, seinem besten amerikanischen Schüler, studiert hatte, ging ich nach Los Angeles, um Schönberg selbst aufzusuchen. Er sagte: »Womöglich können Sie sich meine Preise gar nicht leisten.« Ich erwiderte: »Die brauchen Sie nicht zu sagen, weil ich überhaupt kein Geld habe.« Daraufhin fragte er: »Wollen Sie Ihr Leben der Musik widmen?« Ich bejahte, und obwohl man den Eindruck haben könnte – ich bin mir der Widersprüchlichkeit meines Werkes bewußt –, daß ich mich nicht völlig der Musik gewidmet habe, weil ich zuviel mit Schachspielen, den Pilzen oder dem Schreiben beschäftigt bin, glaube ich dennoch, meinem Vorsatz treu geblieben zu sein. Selbst Pilzesuchen kann etwas mit Musik zu tun haben. Es mag sich merkwürdig anhören, aber ein Pilz existiert nur eine kurze Zeit, und wenn man einen Pilz sieht, ist das wie die Begegnung mit einem Klang, der auch nur von kurzer Dauer ist. (Jeff Goldberg, 1976)

Schönberg war ein großartiger Lehrer. Er vermittelte immer den Eindruck, uns mit den musikalischen Prinzipien vertraut zu machen. Ich studierte Kontrapunkt bei ihm zu Hause und besuchte alle seine Kurse an der USC und, nachdem er umgezogen war, an der UCLA. Ich hatte auch einen Harmonielehrekurs bei ihm belegt, war jedoch dafür recht unbegabt. Ich versuchte, Schönberg einige Male zu erklären, daß ich kein Gefühl für Harmonie habe. Ohne ein Gefühl für Harmonie, so sagte er mir, würde ich immer auf ein Hindernis, eine Mauer stoßen, die ich niemals durchbrechen werde. Ich erwiderte ihm, daß ich dann wohl mein Leben damit verbringen müßte, mit meinem Kopf gegen diese Mauer zu rennen, und vielleicht habe ich seitdem nichts anderes getan. Während meiner gesamten Studienzeit bei Schönberg wurde mir nicht ein einziges Mal von ihm bestätigt, daß meine Arbeit irgendwie außergewöhnlich sei. Nie lobte er meine Kompositionen, und wenn ich mich über die Arbeiten anderer Studenten äußerte, zog er meine Bemerkungen ins Lächerliche. Und dennoch verehrte ich ihn wie einen Gott. (Calvin Tomkins, 1965)

Schönberg wohnte in einem dunklen Haus, das in spanischem Stil gebaut war. Er besaß keinen Flügel, sondern nur ein Klavier. Er war nicht sehr groß und hatte, was seine Kleidung anbetraf, einen ziemlich schlechten Geschmack. Er war fast glatzköpfig und machte einen ruhelosen Eindruck. Meiner Ansicht nach war er ein außergewöhnlicher Mensch. Ich betete ihn im wahrsten Sinne des Wortes an. Obwohl ich mein Bestes für ihn versuchte, beklagte er sich ständig über die mangelhaften Fähigkeiten seiner Schüler, mich einbegriffen. Wenn ich mich zu stark an die Regeln hielt, pflegte er zu sagen: »Warum nehmen Sie sich nicht mehr Freiheiten?« Hielt ich mich jedoch einmal nicht an die Normen, sagte er unweigerlich: »Warum brechen Sie die Regeln?« Einmal äußerte er sich vor einem vollbesetzten Hörsaal an der USC ganz offen: »Das Lernziel dieses Seminars besteht darin, Ihnen das Schreiben von Musik unmöglich zu machen.« Als er das sagte, lehnte ich mich auf; nicht gegen ihn persönlich, sondern [[gegen]] das, was er gesagt hatte. Ich beschloß an Ort und Stelle – und mehr denn je –, Musik zu schreiben. Als Schönberg einmal gefragt wurde, ob er je einen interessanten amerikanischen Schüler gehabt hätte, war seine erste Antwort, es habe keinen interessanten Schüler gegeben. Dann lächelte er jedoch und sagte: »Ja, da gab es einen«, und nannte meinen Namen. Und er fügte hinzu: »Natürlich ist er kein Komponist, aber er ist ein Erfinder – der Genialität.« (Jeff Goldberg, 1976)

Sie waren in der glücklichen Lage, bei zwei Leuten zu studieren, die für die Musik des 20. Jahrhunderts sehr bedeutend waren: Henry Cowell und Arnold Schönberg. Was Schönberg anbetrifft, gibt es von Ihnen das berühmte Zitat, daß Sie mit »Ihrem Kopf gegen die Mauer der Harmonie rennen«. Sie werden doch mit Schönberg auch manchmal über andere Dinge gesprochen haben. Hatten Sie das Gefühl, daß das Studium bei Schönberg für Sie wichtig war?

Zu der Zeit, als ich unbedingt Musik studieren wollte, gab es für einen Musikstudenten nur die Möglichkeit, eine »Schule« zu lernen: bei Schönberg oder Strawinsky. Beide befanden sich zu der Zeit in Los Angeles, wo ich auch studieren wollte. Die Entscheidung war sehr einfach. Ich glaube nicht, daß Strawinsky unterrichtete. Schönberg dagegen unterrichtete gern. Darüber hinaus bevorzugte ich die Musik Schönbergs gegenüber der von Strawinsky – obwohl ich an und für sich moderne Musik im allgemeinen mochte, nicht nur Schönbergs. Wie Sie vielleicht wissen, habe ich Vorträge über moderne Musik und moderne Malerei gehalten. Ich habe mich damit finanziell über Wasser gehalten [[zehn Vortragsstunden kosteten zwei Dollar und 50 Cents, Rindfleisch war damals dagegen für fünf Cents zu haben]]. Zusätzlich habe ich für ein Motel Gartenarbeiten verrichtet. Durch diese Vorträge wurde mir bewußt, daß ich das Werk Schönbergs dem der anderen modernen Komponisten vorzog. »Vorziehen« meint, daß ich, wenn überhaupt, bei ihm studieren wollte. Studieren bedeutete für mich, das zu glauben, was er sagte. Mir ging es nicht um die Möglichkeit [[mit ihm zu diskutieren]], was viele College-Studenten mit ihren Professoren zu tun pflegten, die sie sich nicht bewußt als Lehrer ausgesucht hatten. Ihre einzige Wahl bestand darin, ein bestimmtes Gebäude zu betreten, in dem sich zufälligerweise bestimmte Personen befanden, deretwegen sie jedoch nicht gekommen waren. Ich hatte schon aufgehört zu studieren, ich bin also ein College-»Aussteiger«. Der einzige Grund, weshalb ich bei Schönberg studierte, war der, daß ich daran glaubte, was er sagte und lehrte.

Ich blieb zwei Jahre bei ihm und verließ ihn aus dem Grund, den Sie schon in Ihrer Frage angesprochen haben. Obwohl wir zwei Jahre sehr gut miteinander ausgekommen sind, wurde mir immer klarer [[und ihm auch]], daß für ihn die Harmonielehre etwas grundsätzlich sehr Wichtiges war, für mich dagegen nicht. Und das, obwohl ich mich noch nicht einmal mit Zen-Buddhismus auseinandergesetzt hatte. Als ich mich zehn oder fünfzehn Jahre später mit Zen beschäftigte, fand ich sogar einen noch besseren Grund, mich nicht der Harmonielehre zu widmen. Damals hatte ich aber den Eindruck, als ob der Fehler bei mir lag. Mich interessierten Geräusche. Harmonie hatte aber nicht das Geringste mit Geräuschen zu tun. Nichts.

Hatte Cowell Ihnen nicht empfohlen, bei Schönberg zu studieren?
Ja.

Soweit ich weiß, war Cowell der Begründer der New Music Society und der New Music Edition. Ich glaube, er hat sich auch darum bemüht, das Interesse der Leute auf die Musik von Varèse, Ruggles und Ives zu lenken. Ich kann mir vorstellen, daß Sie sehr gut mit ihm zusammengearbeitet haben.

Ich war nicht nur aus den schon erwähnten Gründen gern mit ihm zusammen, sondern auch, weil er sich für andere Musik interessierte, sogenannte Volksmusik oder Unterhaltungsmusik, populäre Musik aus der ganzen Welt. Auf den Universitäten nennt man das heute wohl »World Music«. Ich möchte beinah sagen, daß er das Interesse an anderen Kulturen geweckt hat. Erst vor kurzem habe ich eins seiner Stücke mit dem Titel ›Persian Set‹ gehört. Er hat auch Stücke im Stil anderer Kulturen geschrieben.

Als ich bei Adolph Weiss in New York studierte, um mich auf den Unterricht bei Schönberg vorzubereiten, habe ich gleichzeitig bei Henry Cowell an der New School studiert und war auch vorübergehend sein Assistent. So brauchte ich keine Studiengebühr zu zahlen. Ich hatte sehr wenig Geld. Um Essen, Miete und andere Dinge bezahlen zu können, habe ich die Wände im Christlichen Verein Junger Frauen in Brooklyn getüncht. Ich habe jeden Abend mit Mr. und Mrs. Weiss und Henry Cowell Bridge gespielt, manchmal auch mit den Weiss' und Wallingford Riegger. Um Mitternacht pflegten wir mit dem Kartenspielen aufzuhören, und ich legte mich gewöhnlich für vier Stunden schlafen. Ich stand um vier Uhr früh auf und bereitete mich bis acht Uhr auf meinen Unterricht bei Weiss vor. Anschließend rannte ich in der letzten Minute zur U-Bahn, um in Brooklyn die Wände zu tünchen. Ob ich pünktlich war, erkannte ich daran, daß jeden Morgen im selben Wagen dieselben Leute saßen. Auch s i e hatten sich alle in der letzten Minute auf den Weg gemacht, wie ich konnten sie ihren Job nicht ausstehen. Nachdem ich nach Manhattan zurückgekehrt war, ging ich gewöhnlich essen, anschließend hatte ich Unterricht bei Weiss, und dann spielte ich wieder Bridge bis Mitternacht. (Cole Gagne und Tracy Caras, 1975)

Als ich in den 30er Jahren bei Schönberg studierte, zog Strawinsky nach Los Angeles. Ein bekannter Impresario, Mr. Hurok, kündigte ein Strawinsky-Konzert an und pries Strawinskys Musik als »die Musik des größten lebenden Komponisten«. Ich war empört, ging schnurstracks ins Büro des Impresarios und machte ihm klar, daß er es sich zweimal überlegen sollte, eine solche Ankündigung in einer Stadt zu machen, in der Schönberg lebt. Ich war absolut parteiisch. Ich verteidigte Schönberg wie ein Tiger und interessierte mich im Lauf der Zeit immer weniger für Strawinskys Musik. Eines schönen Tages, als Strawinsky noch lebte, wurde ihm zu Ehren im Lincoln Center eine Aufführung von ›L'Histoire du Soldat‹ gegeben, die von Lukas Foss dirigiert wurde. Anstatt das Stück mit Tänzern und so weiter zu präsentieren, hatte man beschlossen, die drei verschiedenen Rollen von drei Komponisten lesen zu lassen. Aaron Copland war der Erzähler, Elliot Carter der Soldat, und ich war der Teufel. Alle meinten, die Rolle wäre direkt auf mich zugeschnitten. Wie dem auch sei, Strawinsky befand sich im Publikum und war über meine Darbietung überaus erfreut, und so fragte ich ihn, ob ich ihn besuchen dürfe. Ich besuchte ihn in einem Hotel auf der 5th Avenue, und wir hatten eine angenehme Unterhaltung. Ich fand ihn äußerst interessant und sagte folgendes: »Wissen Sie, ich habe mich bisher nie darum bemüht, Sie kennenzulernen, weil ich ein fanatischer Verehrer von Schönberg war.« Daraufhin sagte er bemerkenswerterweise: »Wissen Sie, ich habe Schönbergs Musik nie gemocht, weil sie nicht modern ist.« Das erinnerte mich an Dinge, die Schönberg sagte, während er uns unterrichtete.

Er pflegte z. B. eine besondere Notengruppe zu nehmen und zu sagen: »Dies machte Bach mit diesen vier Noten, Beethoven das, Brahms das und Schönberg dies!« Anders gesagt, das, was Strawinsky sagte, stimmte. Schönberg sah sich keineswegs als jemand, der mit der Vergangenheit gebrochen hatte. Er glaubte, Modernist zu sein, d. h. jemand, der etwas Neues schuf. (Jeff Goldberg, 1974)

Xenia [Cages Frau] interessierte sich für kunsthandwerkliche Arbeiten und Buchbinderei. Später hat sie für Marcel [Duchamp] die ›Koffer‹ angefertigt. Wir zogen damals in ein riesiges Haus in Santa Monica, das von Hazel Dreis, einer sehr guten Buchbinderin, unterhalten wurde. Ich meine eine richtige Buchbinderin – nicht jemanden, der den Buchblock einfach in eine Einbanddecke einhängt. Und so banden wir beide Bücher. Xenia übernahm die meiste praktische Arbeit. Mir machte es Spaß, Buchumschläge usw. zu entwerfen. Komponiert habe ich dort auch. Abends wurden dann alle Buchbinder zu Musikern und spielten in meinem Orchester. Da es sich um Percussions handelte, erregte die Musik das Interesse moderner Tänzer. Ich schrieb ein paar Stücke für eine Tanzgruppe der nahegelegenen UCLA und für das Unterwasserballett des Sportinstituts. Durch diesen Auftrag bin ich auf die Idee gekommen, einen Gong in einen Wasserbottich zu tauchen, um so einen Klang zu erzeugen. Ich entdeckte nämlich, daß die Schwimmer unter Wasser nicht hören konnten, was über Wasser gespielt wurde; es war ihnen jedoch möglich, etwas zu hören, wenn die Klänge über und unter dem Wasser erzeugt wurden. Aus dieser Verbindung zu Tänzern ergab sich die Möglichkeit, eine entsprechende Arbeit zu finden. Eines Tages ging ich nach San Francisco und bekam tatsächlich vier Jobs an einem Tag angeboten. Ich entschied mich für [die Choreographin] Bonnie Bird, ein Mitglied der Martha-Graham-Truppe, die auch an der Cornish School in Seattle unterrichtete. Die Cornish School hatte eine besondere Reputation, weil Nelly Cornish darauf bestand, daß die Schüler sich nicht spezialisierten, sondern alle angebotenen Fächer studierten. Ich arbeitete mit Bonnie Bird, schrieb für sie die Musik, organisierte das Percussion-Orchester und ging mit der Truppe jeden Sommer im Nordwesten und zum Mills College auf Tournee. Bei dieser Gelegenheit lernte ich Moholy-Nagy und die Leute von der School of Design in Chicago kennen, und ich wurde nach Chicago eingeladen, um Mitglied der Fakultät zu werden. (Paul Cummings, 1974)

Glücklicherweise mußte ich nie am Krieg teilnehmen. Mein Vater war Erfinder, und ich übernahm Forschungsarbeiten für ihn. Aus diesem Grund mußte ich nicht am Zweiten Weltkrieg teilnehmen, was sonst vielleicht der Fall gewesen wäre. Mein Vater arbeitete an einem System, mit dem sich Flugzeuge im Nebel orientieren konnten. Ich war bei diesem Projekt für die Aufarbeitung der Literatur zuständig. Natürlich hatte diese Tätigkeit indirekt etwas mit dem Krieg zu tun. Für mich war es angenehm, nicht daran teilnehmen zu müssen. Hätte man mich einberufen, dann hätte ich das akzeptiert und mitgemacht. Ich hätte nicht verweigert. Es gibt so viele Beispiele von Leuten, die in der Armee ihre Arbeit fortsetzen konnten. Ich denke dabei z. B. besonders an Ludwig Wittgenstein, der seinen ›Tractatus‹ in den Schützengräben Italiens geschrieben hat. Oder, um ein aktuelles Beispiel zu nennen, an Christian Wolff, der in der Armee viel mehr komponiert hat als sonst. In anderen Worten, ich glaube an das Prinzip »Daniel in der Höhle des Löwen«. Deshalb würde ich nicht verweigern, wenn man mich einberufen würde. Andererseits bin ich ganz froh, nicht am Krieg teilgenommen zu haben, zumal ich in meinem ganzen Leben nie eine Waffe benutzt habe. In meiner Kindheit beeindruckte mich der Grundsatz, die andere Wange hinzuhalten, ich nahm das wörtlich. Ich nahm das sehr ernst. (Alcides Lanza, 1971)

Es gab und gibt immer noch einen wichtigen Club in Chicago: den Arts Club. Rue Shaw, die jetzige Präsidentin des Clubs, hatte schon in den frühen 40ern dieses Amt inne.

Oh, das ist also die Frau, der ›Amores‹ gewidmet war.

Ja, und ihr gehört auch ›Jazz Pieces‹ [Bild, um 1944].

Das ist auch in Richard Kostelanetz' Buch abgebildet.

Sie brachte auch Max Ernst nach Chicago. Rue Shaw, Xenia und ich trafen uns häufig mit den Ernsts, so daß ich ihn gut kennenlernte. Da wir uns so gut verstanden, sagte Max Ernst zu Xenia und mir: »Wenn ihr nach New York kommt, könnt ihr bei uns wohnen.« Damals war er mit Peggy Guggenheim verheiratet, und Ihnen ist wahrscheinlich die Geschichte bekannt, wie wir unser letztes Geld ausgaben, um nach New York zu kommen.

Ja, aus ›Silence‹.

Es war wundervoll, dorthin zu kommen. Es war nicht nur die Stadt New York, die, so meine ich, sehr stimulierend wirkt, wenn man sie das erste Mal besucht. Die ganze Welt der Malerei stand uns offen. Wegen der Situation in Europa lebten viele Maler hier in New York, z. B. Mondrian und Breton. Sehr schnell, nach ein paar Abenden bei Peggy Guggenheim, lernte man das ganze Spektrum amerikanischer und europäischer Künstler kennen. Schon damals interessierte sie sich für Jackson Pollock, auch Joseph Cornell kam regelmäßig zu Besuch. Marcel Duchamp ging dort ein und aus, und ich lernte sogar Gypsy Rose Lee kennen. Die ganze Situation war unglaublich aufregend.

In dieser Zeit haben Sie Jean Erdmann kennengelernt?

Nun, Merce Cunningham und Jean Erdmann arbeiteten mit Martha Graham am Bennington College. Vor meiner Abreise baten sie mich, für einen Tanz, den sie in jenem Sommer aufführen wollten, die Musik zu komponieren. Ich komponierte das Stück [›Credo in Us‹], und als Gegenleistung ließen mich Jean und Joe Campbell in ihrem Apartment am Waverly Place wohnen, in dem sie heute noch leben. Zwar hatten wir nun eine Wohnung, aber – im wahrsten Sinne des Wortes – keinen Pfennig Geld fürs Essen. Ich erinnere mich an einen Tag, an dem ich mich vollkommen frei fühlte, weil ich keinen Pfennig mehr in der Tasche hatte – nichts. Ich glaube, daß ich davor sogar Briefe verschickt hatte, in denen ich meine Situation schilderte, und so ungefähr 50 Dollar per Post geschickt bekam. Und zu dieser Zeit war das viel Geld. Damals besuchte uns John Steinbeck, ein alter Freund, und lud uns zum Essen im Club 21 ein. Ich war völlig entsetzt, weil das Essen weit über 100 Dollar kostete. Ich habe Mittagessen sowieso nie besonders gemocht, weil es den Tag auseinanderreißt und man dadurch zu nichts mehr kommt! (Gwen Deely, 1976)

Als ich das erste Mal nach New York kam, hatte ich ein Schreiben von Martha Graham in der Tasche, das mich glauben ließ, sie würde mir einen Job als Begleiter der Tanzklassen in ihrer Schule geben und mich vielleicht auch für sie komponieren lassen. Deshalb ging ich zu ihr, als ich das erste Mal nach New York kam. Ich erinnere mich, daß das am späten Nachmittag war. Es war schon ziemlich dunkel und muß wohl in der kälteren Jahreszeit gewesen sein. Sie hatte kein Licht gemacht. Sie strahlte etwas sehr Geheimnisvolles und eine starke Kraft aus. Bereits das brachte mich aus der Fassung. Es stellte sich heraus, daß der Brief vollkommen bedeutungslos war und sie nicht die geringste Absicht hatte, mich für sich arbeiten zu lassen, nicht einmal als musikalischer Begleiter für Tänzer. Irgendwie fühlte ich mich erleichtert, als ich mich aus ihrem Bannkreis entfernt hatte. (David Shapiro, 1985)

Ich würde mich gern mit Ihnen über Ihr Konzert im Museum of Modern Art [1943] unterhalten. War das für Sie damals nicht ein wichtiges Ereignis?

Das habe ich gedacht. Es war aber nicht so wichtig, wie ich annahm. Es erhielt viel Presse und wurde häufig rezensiert, sogar im ›Life‹-Magazin, so daß ich den Eindruck hatte, es geschafft zu haben. Ich war sehr naiv und ziemlich ehrgeizig, aber ich entdeckte sehr schnell, daß der Bekanntheitsgrad keine Wirkung darauf hat, ob man eine Arbeit bekommt oder ob jemand deine Arbeit fördert oder irgend etwas für dich tut. (Paul Cummings, 1974)

Ende der 30er Jahre habe ich an der Cornish School einen Vortrag von Nancy Wilson Ross über Zen und Dada gehört, der mich zwar stark beeindruckte, aber mich dennoch nicht zur Lektüre von Zen-Texten angeregt hat. Erst Mitte der 40er Jahre brauchte ich aufgrund persönlicher Schwierigkeiten, die zur Scheidung von Xenia führten, Hilfe, die man normalerweise in der Psychoanalyse findet. Aber bei mir lief es nicht so – über diese Geschichte habe ich schon in meinem Buch [›Silence‹, 1961] ausführlich berichtet. Statt dessen habe ich mich mit fernöstlicher Philosophie beschäftigt, die bei mir die Funktion der Psychoanalyse einnimmt. Zen zu praktizieren heißt, an die Dinge realistisch und letzten Endes humorvoll heranzugehen.

Dann sind all Ihre Aktivitäten entgegen allen bisherigen Vermutungen nicht mit Dada in Verbindung zu bringen, sondern mit Zen.

Ja, außer in der Zeit, bevor ich mich mit Zen befaßte. Ich bin in den 20er Jahren aufgewachsen. Ich war zutiefst von der geometrischen abstrakten Kunst beeindruckt, und mir war auch schon Duchamp etc. ein Begriff. Ich mochte Dada sehr. Dieses Interesse an Dada ist durch mein Interesse an Satie verstärkt worden, der selbst Dadaist war. Dada war mir lieber als das, was danach kam.

Der Surrealismus.
Ich denke schon. (Irving Sandler, 1966)

Als ich ein Kind war, hatten die Kirche und Sonntagsschule keine Antwort auf die Fragen der Zeit. Für die öffentlichen Schulen existierten solche »Bedürfnisse« nicht, und ich war gezwungen, mich mit Dingen zu beschäftigen, mit denen ich nichts mehr zu tun haben wollte – Shakespeare eingeschlossen.

Erst kurz vor meinem 40. Lebensjahr entdeckte ich, was ich brauchte, und zwar im fernöstlichen Denken. Einige Jahre verbrachte ich meine ganze Freizeit (neben der musikalischen Arbeit) mit Lektüre und dem Besuch der Kurse von Suzuki. Ich war ausgehungert und durstig. Zwar wurden diese Themen schon in der protestantischen Kirche angesprochen, aber in einer Form, mit der ich nichts anfangen konnte. Die Worte Jesu: »Verlaß deinen Vater und deine Mutter« bekamen die Bedeutung: »Trenne dich von dem, was dir am nächsten ist.« Im Zen spricht man von »Nicht-Bewußtsein«. Die Idee vom Nirwana ist nicht etwas Negatives, sondern meint das »Auslöschen« der Dinge, die die Erleuchtung verhindern. Das Ego wird als eine Beschränkung für die Erfahrung betrachtet. Unsere innere oder äußere Erfahrung muß zum »Fließen« gebracht werden. Irrationalität oder »Nicht-Bewußtsein« werden als positives Ziel betrachtet, das mit der Umwelt »harmoniert«. (C. H. Waddington, 1972)

Ich erinnere mich daran, wie ich de Kooning kennenlernte. Es war zu der Zeit, als ich begann, mich mit Zufallsoperationen zu beschäftigen und sechs oder sieben Haiku schrieb, von denen ich Kalligraphien auf japanischem oder chinesischem Papier anfertigte. Vielleicht haben Sie diese Arbeiten schon einmal gesehen. Auf dem untersten Teil der Seite befindet sich eine Notenzeile, und der Rest des Blattes ist leer. Ich habe diese Seiten den Leuten gewidmet, die mich finanziell unterstützten oder die es zumindest versucht haben, denn zu der Zeit ging es mir finanziell sehr schlecht. Bill de Kooning war wohl einer von ihnen, denn ich habe eines der Haiku ihm gewidmet. Ich suchte ihn in seinem Atelier auf, um es ihm zu übergeben. Er war von dem Wunsch beseelt, ein großer Künstler zu werden – ein Wunsch, der mir nie in den Sinn gekommen ist. Ich erinnere mich, daß das Licht nicht angeschaltet war und es draußen dunkel wurde. Er sagte: »Wir beide sind sehr verschieden. Ich möchte ein großer Künstler werden.« (Gwen Deely, 1976)

Als wir [Merce Cunningham und ich] Ende der 40er Jahre auf Tournee waren, schrieben wir neben anderen Colleges auch dem Black Mountain College und baten um ein Engagement. Und sie schrieben zurück, daß wir willkommen wären, aber daß sie kein Geld hätten, um uns zu bezahlen, aber wir haben trotzdem eingewilligt. Man versprach uns, für Essen und Unterkunft zu sorgen. Und so fuhren wir zwischen zwei Engagements – ich glaube, eines war in Virginia, und das nächste war in Chicago – zum Black Mountain College. Ich habe vergessen, wie lange wir dort geblieben sind, aber es waren wohl ein paar Tage. Wir hatten viel Spaß. Wir haben viele Parties gefeiert. Als wir zum Auto gingen, um zurückzufahren… Wir hatten vor dem Universitätsgebäude geparkt und das Auto während unseres Aufenthaltes nicht benutzt. Als wir es ausparkten, entdeckten wir einen riesigen Berg von Geschenken, die die Studenten und die Professoren anstatt einer Gage unter unser Auto gelegt hatten. Darunter befanden sich z. B. Gemälde, Lebensmittel, Zeichnungen usw. (Mary Emma Harris, 1974)

Was hat Sie an der Pilzkunde gereizt?

[Ende der 40er bis Anfang der 50er Jahre] wohnte ich in einem Gebäude in Manhattan, das sehr schön gelegen war. Es befand sich an der Ecke Grand Street und Monroe Street, und ich bewohnte die halbe obere Etage des Hauses. Man konnte nördlich bis zur 59. Straße und südlich bis zur Freiheitsstatue sehen. Was den Ausblick, Himmel, Luft, Wasser usw. betraf, war ich also ziemlich verwöhnt. Als das Gebäude abgerissen wurde, bin ich zu den verantwortlichen Leuten gegangen und habe sie gefragt, ob ich nicht in ihrem nächsten Neubau eine Wohnung mit derselben schönen Aussicht bekommen könnte. Man sagte mir jedoch, daß derartige Wünsche nicht berücksichtigt werden könnten. Zufällig – wie das nun einmal so ist – planten genau zu der Zeit ein paar meiner Freunde, die sich über das Black Mountain College kennengelernt hatten, eine Kommune in Stony Point am oberen Hudson im Staat New York zu gründen. Sie fragten mich, ob ich mitmachen würde, und ich war einverstanden. Das war im August. Ich hatte bis zu diesem Zeitpunkt in meiner New Yorker Privatsphäre gelebt, und nun wurde ich auf einmal damit konfrontiert, in einem Bauernhaus in Stony Point zu wohnen. Und damals – d. h., bevor die neuen Häuser gebaut wurden, in denen wir jetzt wohnen – mußte ich mein Quartier mit vier Leuten teilen, eine Einschränkung meiner Privatsphäre, die ich nicht gewöhnt war. Deswegen bin ich viel in den Wäldern spazierengegangen. Es war, wie gesagt, August. Und zu dieser Jahreszeit sind die Pilze die Flora des Waldes. Ich sah die leuchtendsten Farben, die man sich vorstellen kann (sind wir nicht alle wie Kinder?). Ich erinnere mich noch, daß ich mich während der Weltwirtschaftskrise eine Woche nur von Pilzen ernährte. Zu dieser Zeit beschloß ich, mich intensiver mit Pilzen zu beschäftigen. Außerdem befaßte ich mich mit Zufallsoperationen in der Musik, und ich dachte mir, daß es ganz gut wäre, mich mit dem zu beschäftigen, was nicht dem Zufall unterworfen ist. Wie dem auch sei, ich habe gelernt zu experimentieren, und zwar folgendermaßen: Um festzustellen, ob ein Pilz eßbar ist, sollte man ihn kochen, vorerst nur einen kleinen Bissen essen und anschließend einen Tag warten, um herauszufinden, ob sich irgendwelche unerwünschten Nebenwirkungen zeigen. Wenn das nicht der Fall ist, sollte man die Menge geringfügig erhöhen. Schließlich wird man genug über den Pilz wissen. (Yale School of Architecture, 1965)

Warum interessieren Sie sich so sehr für Schach, ein festgelegtes, geschlossenes System?

Um einen Ausgleich zu meinem Interesse am Zufall zu schaffen. Ich glaube, daß das auch bei Marcel Duchamp der Fall ist. Als er mir sein Buch über Schach schenkte, bat ich ihn, eine Widmung hineinzuschreiben. Er schrieb [auf französisch]: »Lieber John, Vorsicht! Noch ein giftiger Pilz mehr.« Schach und Pilze sind, wie man sieht, das Gegenteil von Zufallsverfahren. (Art Lange, 1977)

An welchem Punkt Ihrer Kompositionstätigkeit begannen Sie, sich für Zen und Buddhismus zu interessieren?

Das war zwischen 1946 und 1947. Aber ich habe mich nicht sofort dafür interessiert. Ich begann, mich mit fernöstlicher Philosophie zu beschäftigen. Dann kam Suzuki aus Japan und lehrte an der Columbia University; ich habe ungefähr drei Jahre, also etwa bis 1951, an seinen Kursen teilgenommen. Das hatte zur Folge, daß sich einerseits das, was ich mit meiner Arbeit sagen wollte, und andererseits die Methode, wie ich meine Arbeit machte, veränderte. Der Inhalt meiner Arbeit, ihre Aussage war sehr stark von fernöstlichen Begriffen wie Schöpfung, Bewahrung, Zerstörung und Ruhe geprägt. Darüber hinaus beschäftigte ich mich sehr intensiv mit den Jahreszeiten und der indischen Vorstellung von Emotionen, die die Grundlage der künstlerischen Tätigkeit sind: die vier weißen und vier schwarzen Gefühlszustände sowie der zentrale Gefühlszustand, dem keine Farbe zugeordnet ist, der alles bestimmende Seinszustand, der immer dominiert, gleichgültig, welche anderen Emotionen noch zum Tragen kommen. All dem versuchte ich in bestimmten Arbeiten Ausdruck zu verleihen. Dann begann ich, diese Ideen kompositorisch umzusetzen, zuerst auf Karten und Diagrammen, ohne meine eigenen Absichten einzubringen. In anderen Worten, ich arbeitete im Bewußtsein, das Gegebene zu akzeptieren, anstatt es kontrollieren zu wollen. Auch wollte ich mein Leben an meiner Kunst messen usw. (Yale School of Architecture, 1965)

Die meisten Leute, die glauben, ich sei am Zufall interessiert, begreifen nicht, daß ich Zufall als eine Methode benutze. Man denkt im allgemeinen, ich benutze den Zufall als eine Möglichkeit, um mich einer Entscheidung zu entziehen. Aber meine Entscheidungen bestehen darin, welche Fragen überhaupt gestellt werden.

Und auch darin, wie den Antworten nachgegangen werden sollte.

Nun, in meiner Arbeit benutze ich das ›I Ging‹ nur als Zufallsgenerator. Ich glaube aber, wenn man das ›I Ging‹ als ein Buch der Weisheit benutzt, ist es schwierig zu wissen, wie man eine Frage stellen muß.

Oft kann man auch eine Frage formulieren, und aufgrund der Antwort wird man sich einer vollkommen neuen Dimension bewußt, an die man vorher nicht gedacht hat.

Wenn ich dem ›I Ging‹ als Buch der Weisheit eine Frage stelle, frage ich gewöhnlich: »Was sagst du dazu?« Dann höre ich, was es mir sagt, und achte darauf, ob die Antwort bei mir etwas auslöst oder nicht.

Also benutzen Sie es...

...wenn ich mir Sorgen mache. Das ist aber schon lange nicht mehr passiert, d. h., es war nie so schlimm, daß ich das ›I Ging‹ fragen mußte. (Robin White, 1978)

Die zentrale Zahl des ›I Ging‹ ist die Zahl 64. Ich habe herausgefunden, wie man es auf größere oder kleinere Zahlen als 64 anwenden kann, so daß jede Frage, die sich auf eine Vielzahl von Möglichkeiten bezieht, mit dem ›I Ging‹ beantwortet werden kann. Ich habe das ›I Ging‹ jetzt computerisiert und kann so schnell eine Entscheidung treffen, indem ich es wie einen Computer benutze. Als ich mit Lejaren Hiller ›HPSCHD‹ komponierte, ist mir klargeworden, daß der Einsatz des Computers ökonomisch ist, wenn man auf eine Frage eine große Anzahl von Antworten erhalten möchte. Will man jedoch auf eine Frage nur eine Antwort haben, dann sollte man einfach das Buch zu Rate ziehen. Wenn ich das ›I Ging‹ benutze, verwende ich einen Ausdruck, der mittlerweile computerisiert ist. Meist möchte ich nur eine Antwort auf eine Frage und kann das dann zu Hause erledigen, ohne ins Computerzentrum gehen zu müssen. Diese verschnürte Schachtel hier drüben ist voller ›I Ging‹-Ausdrucke. Also besitze ich einen riesigen Vorrat von Antworten, deren Fragen ich noch nicht einmal gestellt habe. (Hans G. Helms, 1972)

Wie denken Sie über Ihre Kritiker, nachdem Sie nun schon so viele Jahre künstlerisch arbeiten? Glauben Sie, daß die Leute offener und freundlicher geworden sind?

Das sind sie sicherlich. Wir traten einmal in einem Museum in Columbus, Ohio, auf. Es war Winter – ich glaube, es war 1949, als man Lebensmittel für die Indianer in Arizona einfliegen mußte, da praktisch die ganzen Vereinigten Staaten zugeschneit waren –, und wir waren auf Tournee. Wir kamen aus Chicago und mußten anschließend nach Portland. Um dort hinzukommen, blieb uns nur der Weg über Arizona. Wir mußten unser Auto in Sacramento lassen und auf den Zug umsteigen. Anschließend flogen wir nach Denver und dann wieder zurück nach Sacramento, um das Auto zu holen, mit dem wir nach Columbus fuhren. Als wir dort ankamen, hatten wir wegen der zeitraubenden Fahrt keine Verschnaufpause vor unserer Aufführung. Damals tanzte Merce eine Serie von Soli, und ich begleitete ihn auf dem präparierten Klavier. Die Bühne war ziemlich schlecht. Jedesmal, wenn Merce einen Sprung machte, konnte man seinen Kopf nicht mehr sehen. Anschließend gab man für uns eine Party, und alle Gäste sagten uns, daß unsere Aufführung schrecklich gewesen sei, und legten uns nahe, diese Arbeit aufzugeben, weil wir keine Ahnung von Tanz oder Musik hatten. Wir dachten, daß unser Auftritt in Columbus ein völliger Reinfall war und daß wir nicht hätten auftreten sollen. Nun, zehn Jahre später erhielt ich einen Brief von einem jungen Mann, der schrieb, daß er die Vorstellung gesehen und daß sich dadurch sein Leben geändert hätte. (Middlebury College, 1981)

Ich machte nur andere Jobs, wenn es unbedingt nötig war, z. B., um zu essen. Ich hielt aber ziemlich lange ohne Arbeit, ich meine, ohne einen Job, durch. Als ich in den frühen 50er Jahren begann, die ›Music of Changes‹ zu komponieren, faßte ich den Entschluß, mich ausschließlich dem Komponieren zu widmen und nicht nach einer anderen Arbeit zu suchen. (David Shapiro, 1985)

Momentan bin ich nicht auf Beurteilungen, sondern auf Abenteuer aus. (›Newsweek‹, 1954)

Ich habe bis zu meinem 50. Lebensjahr mein Geld nicht hauptsächlich mit Komponieren verdient, sondern mit Vorträgen, Konzerten, also dem ganzen musikalischen Drum und Dran. Anschließend lebte ich vom Komponieren. Ich kann nun, ohne Konzerte zu geben, ganz gut über die Runden kommen, wenn ich halbwegs anspruchslos lebe. Das Einkommen aus meiner bisherigen Arbeit reicht aus, um ein relativ bescheidenes Leben führen zu können. Oft habe ich Merce Cunningham vorgeschlagen, sich zur Ruhe zu setzen, und er fragte: »Wohin möchtest du denn?« Ich antwortete: »Nach Bolivien.« »Aber warum?« fragte er. Ich sagte: »Weil es dort ganz bestimmt niemanden gibt, der sich für moderne Musik interessiert.« Ich möchte dorthin, wo kein Telefon klingelt. Anrufbeantworter lehne ich grundsätzlich ab. Ich halte sie für eine Form der Unmoral des 20. Jahrhunderts.

Wieso?

Weil man sich durch sie von der Gesellschaft absondert. Eine Form von Egoismus.

Steht Ihr Name im Telefonbuch?

Nein, aber nicht meinetwegen. Das war Merce' Wunsch, weil er mit einer großen Tanztruppe und einer Schule zu tun hat. Wenn also sein Name im Telefonbuch stünde, wäre das einfach schrecklich. Trotzdem finden die Leute die Telefonnummer heraus, ob sie im Buch steht oder nicht. (Stephen Montague, 1982)

Ich arbeite sehr viel und fühle mich dabei wohl. Aber das Leben ist so kompliziert – man gerät in unvorhergesehene Situationen, und nicht immer können wir das tun, was wir am liebsten tun würden. Aber gerade diese Unterbrechungen sollte man akzeptieren können, um in der Lage zu sein, die Arbeit vorübergehend ruhen zu lassen und das zu tun, was auf uns zukommt und was getan werden sollte.

Wenn mich ein Telefonanruf stört und ich mich nicht auf den Gesprächspartner, wer er auch immer sei, konzentrieren kann, habe ich den Eindruck, daß ich meine Arbeit falsch anpacke. Unterbrechungen sollten mir nichts ausmachen. Ich meine, die Arbeit wird gut getan, wenn man durch Unterbrechungen nicht gestört wird. Ich habe bemerkt, daß viele Leute, die sich vor Unterbrechungen schützen, eine Trennung zwischen ihrer Arbeit und ihrem Leben vollziehen. Telefonieren und arbeiten machen mir Spaß, wenn ich bei der Sache bin.

Manche halten mich für einen schlechten Musiker, finden aber einige meiner Ideen interessant. Demzufolge sagen sie, ich sei kein Musiker, sondern ein Philosoph. Die meisten Philosophen hingegen halten mich nicht für einen guten Philosophen, sondern für einen guten Musiker. Und manchmal fragt man mich, was für mich wichtiger sei, meine Kompositionen, meine Musik oder meine Texte. Die Antwort habe ich schon in unserem Gespräch angedeutet – wenn man Musik schreibt, dann ist das Musikschreiben wichtig, schreibt man seine Gedanken nieder, dann ist das das Interessante. Diese Einstellung möchte ich auf viele andere Dinge in meinem Leben ausweiten – auf das Kochen, auf das Telefonieren. Tatsächlich ist es das Leben, das uns immer wieder in unserem Tun unterbricht. (Rose Slivka, 1978)

Als Sie um 1956 an der New School unterrichteten, arbeiteten Sie sowohl mit Performance-Material als auch musikalisch. Welche Anforderungen stellten Sie an die Studenten?

Die Kurse [[in Komposition experimenteller Musik]] wurden gewöhnlich damit eingeleitet, daß ich mich den Studenten vorstellte, damit sie sich einen Eindruck über meine Interessen und Aktivitäten machen konnten. Ebenso verlangte ich von ihnen, sich zu fragen, wer sie waren und was sie taten. Die pädagogische Frage, wie ich den Lehrstoff in ihre Köpfe bekommen würde, interessierte mich nicht.

Wenn es die Situation erforderte, gab ich ihnen anhand der Kompositionslehre einen Überblick über eigene frühere Werke und Werke anderer Komponisten. Meist behandelte ich jedoch das, womit ich mich augenblicklich beschäftigte, wie ich dazu angeregt wurde und warum ich daran interessiert war. Anschließend ermahnte ich sie, den Kurs zu verlassen, wenn sie nicht ihre Arbeitseinstellung ändern würden, und daß meine Funktion – wenn überhaupt – darin bestünde, sie zu dieser Änderung anzuregen.

Haben daraufhin viele aufgehört?

Es waren von Anfang an nicht sehr viele, die meist auch blieben. Höchstens acht oder zehn Personen. Einige haben sich mit ziemlich konventioneller Musik beschäftigt. Sie wußten, daß ich mich bemühen würde, sie etwas auf Trab zu bringen. Bei manchen klappte das auch. Nach der allgemeinen Einführung wurden in den folgenden Unterrichtsstunden einfach Arbeitsergebnisse vorgeführt. Wenn ich glaubte, etwas sagen zu müssen, sagte ich es. Ich animierte sie auch dazu, über ihre eigenen Arbeiten zu sprechen... Aber das ist im modernen Unterricht allgemein üblich, nicht wahr? Wir hatten sehr wenig Arbeitsmaterialien: einen Schrank voller Schlaginstrumente, ein defektes Klavier und andere Dinge, die die Studenten mitbrachten. Der Raum war sehr klein, und wir nutzten ihn, so gut wir konnten.

Ich erinnerte sie daran, daß sie, obwohl uns so wenig Material zur Verfügung stand, Dinge produzieren müßten, die auch machbar wären. Sie sollten nichts planen, was nicht praktisch umgesetzt werden konnte. Das Praktische erschien mir immer das Wesentliche. Die Vorstellung eines Künstlers, Dinge tun zu wollen, die nicht machbar sind, war mir schon immer ein Greuel.

War es nicht erstaunlich, in einem derartigen Musikkurs auch Maler zu haben?

Es erstaunte mich nicht, da ich zuvor, Ende 40, Anfang 50, aktives Mitglied des Artists Club war. Schon früh habe ich mitbekommen, daß gerade die Musiker mich nicht mochten. Die Maler mochten mich dagegen. Die von mir organisierten Konzerte wurden sehr selten von Musikern oder Komponisten besucht. Das Publikum setzte sich aus Leuten zusammen, die an Malerei oder Skulptur interessiert waren. (Michael Kirby und Richard Schechner, 1965)

Ihre Musik wurde erst nach einem Exklusivvertrag mit Peters Ende der 50er Jahre in Druckform veröffentlicht. Wie ist es zu diesem Vertrag gekommen?

Zu der Zeit lebte ich auf dem Land und hatte ziemliche Schwierigkeiten, die Interessenten meiner Musik mit Kopien zu beliefern. Zuerst ging ich mit meinen Notationen zu Schirmers, aber Mr. Heinsheimer sagte, von meiner Musik bekäme man lediglich Kopfschmerzen. Das einzige Stück, das er mochte, war die ›Suite for Toy Piano‹, aber er sagte: »Natürlich werden wir den Titel ändern müssen.« Daraufhin sagte ich: »Das müssen Sie nicht; ich werde einfach meine Musik wieder einpacken.« Und ich nahm meine Partituren wieder mit aufs Land.

Leute schrieben mir weiterhin Briefe, in denen sie um Kopien meiner Notationen fragten, und ich komponierte weiterhin. Bis ich eines Tages – als ich die Begleitmusik für Jackson Mac Lows Stück ›The Marrying Maiden‹ schrieb – meinen Stift beiseite legte und den Entschluß faßte, keine einzige Note mehr zu schreiben, bis ich einen Verleger gefunden hatte. Ich nahm die Gelben Seiten und ging alle Musikverlage durch, bis ich auf Peters stieß. Meine Wahl fiel auf diesen Verlag, weil mir irgend jemand – ich glaube, jemand von einem Streichquartett – einmal gesagt hatte, daß Mr. Hinrichsen an amerikanischer Musik interessiert sei. Also rief ich einfach an und bat um ein Gespräch mit ihm. Er hörte sich sehr begeistert an und sagte: »Ich freue mich, daß Sie mich anrufen. Meine Frau wollte schon immer, daß ich Ihre Musik herausgebe.« Am selben Tag trafen wir uns zum Essen und unterzeichneten den Vertrag.

Eine seiner guten Angewohnheiten war, weder zu zensieren noch irgendein Urteil über die Musik abzugeben. Er sah seine Funktion ausschließlich darin, die Musik zu veröffentlichen. Wenn er beschloß, etwas zu publizieren, dann hinterfragte er es nicht. Wahrscheinlich habe ich aus diesem Grund einen Exklusivvertrag mit Peters unterzeichnet. Er akzeptierte all meine Arbeiten und gab mir alle Freiheiten. Ich kann machen, was ich will. Ein Privileg, daß mir erst zuteil wurde, als ich auf die 50 zuging, und das ich weder mit meinen Notationen noch mit meinen Texten vorher je genossen hatte. Jetzt kann ich alles veröffentlichen, was ich schreibe; früher war das überhaupt nicht möglich. Walter Hinrichsen war der erste, der in dieser Form mit mir zusammenarbeitete. (Cole Gagne und Tracy Caras, 1980)

Wenn ich in den 50er Jahren ein Konzert gab, kamen trotz aller Pressekampagnen höchstens 125 Leute. Als ich im letzten Jahr ›HPSCHD‹ in Illinois aufführte, kamen 7000 bis 9000 Leute aus den ganzen Vereinigten Staaten und sogar aus Europa! Ein Jahr zuvor führte ich den ›Musicircus‹ in Illinois auf, und es kamen 5000 Besucher; der Eintritt war umsonst. In diesem Jahr haben wir den ›Musicircus‹ in Minneapolis aufgeführt; auch dort kamen 3000 Besucher bei freiem Eintritt. Die Dinge ändern sich.

Es gibt Leute, die behaupten, daß Sie als »Avantgardekünstler« der Hofnarr der bürgerlichen Gesellschaft seien. Was würden Sie auf diesen Vorwurf erwidern?

Zwischen den USA und Europa gibt es sicher einen Unterschied, und zwar schon seit geraumer Zeit. Diejenigen, die sich in Europa mit Kunst beschäftigen, sind meist keine Studenten, da diese in Europa viel zu sehr mit ihrem Studium beschäftigt sind. Überwiegend sind es Leute, die die Muße haben, sich mit Kunst zu befassen. Aus diesem Grund meinen die Europäer, sie besäßen im Verhältnis zu den Amerikanern mehr Kultur. In Europa ist man der Ansicht, die Amerikaner hätten wenig Tradition und Kultur, wären also recht unzivilisiert. Nun, in den USA läuft es wie folgt: Wenn man einen Job bekommt und sich mit den politisch-ökonomischen Strukturen des Kapitalismus einrichtet, hat man für die Kunst keine Zeit mehr. Man interessiert sich einfach nicht mehr für die Kunst; nur noch einige wenige Leute haben dann Interesse. Diejenigen, die sich für Kunst interessieren, sind die Studenten.

Deshalb reise ich auf meinen amerikanischen Tourneen von Universität zu Universität. In Europa dagegen fahre ich von einem Festival zum anderen oder von einem Radiosender zum andern und reise von Konzertsaal zu Konzertsaal. Das Publikum hat sich geändert. Früher bestand es ausschließlich aus Erwachsenen ohne Kinder. Das heißt, der Vorwurf, ein Hofnarr zu sein, kommt aus Europa. (Max Nyffeler, 1970)

Ist es Ihnen gleichgültig, was man über Sie sagt?

Natürlich ist mir das gleichgültig, das ist ausschließlich Sache der Kritiker. Ich habe schon sehr früh gelernt, mir nichts aus Kritik zu machen. In einer Kritik zu meinem Konzert in Seattle wurde gesagt, die Aufführung sei lächerlich gewesen. Ich wußte ganz genau, daß das nicht stimmte. Deswegen interessierte mich die Kritik überhaupt nicht. Mir wurde bewußt, gerade dann auf der Hut zu sein, wenn meine Arbeit gelobt wurde. Es ist wichtig, so weiterzuleben wie zu der Zeit, bevor sich die Gesellschaft für mich interessierte.

Haben Sie Ressentiments gegen die Gesellschaft?

Ich glaube, die Gesellschaft ist für einen Künstler das größte Hindernis, das man sich vorstellen kann. Marcel Duchamp würde sicherlich derselben Meinung sein. Als ich in jüngeren Jahren auf Unterstützung angewiesen war, hat mich die Gesellschaft ignoriert, weil man meiner Arbeit mißtraute. Als man sich jedoch, dank meiner Ausdauer, für mich zu interessieren begann, versuchte man mich daran zu hindern, etwas Neues zu machen. Man wollte, daß ich nur das wiederkäue, womit ich vorher Erfolg hatte. Die Gesellschaft versucht immer, den Künstler an dem zu hindern, was eigentlich getan werden sollte.

Meinen Sie mit »Gesellschaft« auch das Publikum?

Für mich ist die Gesellschaft nicht das Publikum, sondern vielmehr etwas, was man eine ökologische Gegebenheit nennen könnte.

Demnach interessieren Sie sich für Menschen und nicht für das Publikum. Sie möchten das Publikum in Menschen verwandeln.

Wie Duchamp möchte ich die Unterschiede zwischen Kunst und Leben, zwischen Lehrer und Schüler, zwischen Darsteller und Publikum usw. aufheben. (Moira und William Roth, 1973)

Eines Tages klopfte Bob [Rauschenberg] an meine Tür und brachte ein Bild, das er gerade vollendet hatte. Es war das Neueste aus seiner schwarzen Serie. Ich glaube, er war der Meinung, meine Reaktion sei nicht enthusiastisch genug. Ich war von seiner Arbeit immer begeistert gewesen, und vielleicht hatte er diesmal den Eindruck, ich sei enttäuscht. Auf jeden Fall wurde mir mit einem Mal klar, daß er sich furchtbar aufregte und den Tränen nahe war. Er fragte mich, ob mit dem Bild irgend etwas nicht stimme. Nun, ich habe mich daraufhin ausführlich mit ihm unterhalten. Ich sagte ihm, er dürfe sich auf keinen Fall von der Meinung anderer abhängig machen und seine Bestätigung niemals im Urteil anderer suchen. (Calvin Tomkins, 1980)

Den größten Teil des Tages arbeite ich. Manchmal unterbreche ich meine Arbeit und gehe Pilze suchen oder Schach spielen, wozu ich eigentlich kein Talent habe. Marcel Duchamp beobachtete mich einmal beim Spielen und regte sich auf, weil ich nicht gewann. Er warf mir vor, daß ich nicht gewinnen wolle. Um gut zu spielen, muß man eine außergewöhnliche Aggressivität besitzen.

Als ich heiratete, war ich 23, aber die Ehe dauerte nur zehn Jahre. Jetzt lebe ich mit Merce Cunningham in einer Wohnung.

Ich habe Merce Cunningham in den 30er Jahren kennengelernt, bevor er der Martha Graham Dance Company beitrat. Ich begann, für ihn Musik zu schreiben, und wir gingen gemeinsam auf Tournee. Anschließend wurde ich musikalischer Direktor seiner eigenen Truppe. Ich gehe immer noch mit ihnen auf Tournee und halte auch Vorträge, ein Grund, weshalb ich nicht unterrichte. Ich reise zuviel umher, der Unterricht erfordert dagegen Kontinuität. (Jeff Goldberg, 1976)

Um 1960 oder 1961 verließ ich Stony Point zum ersten Mal, um eine Stelle als wissenschaftlicher Mitarbeiter an der Wesleyan University anzutreten. 1967 verließ ich Stony Point nochmals, als ich einen Zeitvertrag als Komponist an der Universität von Cincinnati bekam. In den folgenden zwei Jahren, von 1967 bis 1969, war ich an der University of Illinois und an der University of California in Davis. Das viele Geld, das ich in dieser Zeit als wissenschaftlicher Mitarbeiter und mit Zeitverträgen verdiente, kam mir sehr gelegen, weil meine Eltern im Alter auf meine Unterstützung angewiesen waren. Ich mußte einfach viel Geld verdienen. Dagegen wußte ich bis 1958 nie, woher ich das nötige Kleingeld nehmen sollte. 1958 habe ich in einem italienischen Fernsehquiz gewonnen. Das war das erste Mal, daß ich soviel Geld bekam. Der größte Teil dieses Geldes ging für einen VW-Bus drauf, damit die Tanztruppe auf Tournee gehen konnte. (Mary Emma Harris, 1974)

Wenn man z. B. nach Paris fährt und sich die ganze Zeit nur als Tourist die Sehenswürdigkeiten anschaut, wird man meiner Ansicht nach die Stadt nie kennenlernen. Am besten lernt man Paris kennen, wenn man nicht unbedingt etwas kennenlernen will, sondern dort einfach lebt wie ein Franzose. Kein Franzose käme zum Beispiel je auf die Idee, Notre Dame zu besichtigen.

Und mit Duchamp gelang es Ihnen, in Paris zu leben, ohne die Sehenswürdigkeiten abzuklappern?

Meine Absicht war, mit ihm so oft wie möglich zusammen zu sein und die Dinge auf mich zukommen zu lassen, anstatt sie zu forcieren. Eine eher fernöstliche Einstellung. Nach Meister Eckhart vervollkommnen wir uns nicht durch unsere Taten, sondern durch das, was uns zustößt. Auch Marcel lernt man nicht dadurch kennen, indem man ihm Fragen stellt, sondern im Zusammensein.

Was geschah, wenn Sie Schach spielten?

Ich habe selten gespielt, weil er so gut und ich so schlecht war. Aus diesem Grund habe ich mit Teeny gespielt, aber auch sie war viel besser als ich. Hin und wieder pflegte Marcel einen flüchtigen Blick auf unsere Partie zu werfen, dann machte er wieder ein Nickerchen. Er meinte, wir wären beide dumm. Manchmal wurde er sehr ungeduldig mit mir. Er warf mir vor, daß ich offenbar nicht gewinnen wollte. Eigentlich war ich so glücklich, mit ihm zusammensein zu können, daß mir der Gedanke zu gewinnen überhaupt nicht in den Sinn kam. Wenn wir spielten, gab er mir einen Springer vor. Er war äußerst intelligent und gewann fast jedes Spiel. Keiner aus unserem Bekanntenkreis konnte so gut spielen wie er, außer einem, der manchmal gewann. (Moira und William Roth, 1973)

Wann haben Sie angefangen, mit Sprache zu arbeiten?

In den 30er Jahren fand man meine Musik ungewöhnlich und hatte deswegen Fragen. Meine Schriften waren daher zuerst eine Reaktion auf diese Fragen, ein Erklärungsversuch meiner Aktivitäten. Im Lauf der Zeit begann ich immer häufiger, so zu schreiben, wie ich komponierte. Zwar beantwortete ich damit keine Fragen direkt, konnte jedoch anhand dieser Beispiele meine Verfahrensweise erklären. Die »Mesosticha« auf den Namen Joyce sind etwas anderes. Hier handelt es sich um eine von mir ersonnene Form der poetischen Betrachtung, die es mir ermöglicht, ein Buch durchzulesen, das ich sonst nicht lesen würde. Wenn ich mich auf eine Art Erkundungsreise begebe, kann ich Situationen meistern, mit denen ich sonst Schwierigkeiten hätte. Hätte ich mir vorgenommen, ›Finnegans Wake‹ zu verstehen, dann hätte mich die Lektüre des Buches nicht so gereizt. Aber indem ich es las, machte ich so etwas wie eine Entdeckungsreise. So etwas fasziniert mich. (Robin White, 1978)

Gibt es jemanden, der Sie mehr als andere beeinflußt hat?
Ich habe den Eindruck, im Lauf der Zeit von immer mehr Leuten beeinflußt zu werden.
Gibt es irgendein Gebiet, auf dem Sie am meisten geleistet haben?
Nein.
Was wäre Ihres Erachtens Ihr größtes Vermächtnis an die kommenden Generationen?
Gezeigt zu haben, daß nichtintentionale Kunstwerke realisiert werden können.
Welche Art Weisheit spricht Sie am stärksten an?
Die ›Huang Po Doctrine of Universal Mind‹. Sie enthält keine weisen Redewendungen, sondern einen wirklichen Text.
Warum fühlen Sie sich zu dieser Art von Philosophie hingezogen?
Ich habe keine Ahnung. (Jay Murphy, 1985)
Materielle Dinge sind mir ziemlich gleichgültig. Deshalb habe ich alles weggegeben. Ich habe sogar meine Pilzbücher einer Universität überlassen [[VC – Santa Cruz; Musikmaterial der Northwestern University und geisteswissenschaftliche Literatur der Wesleyan University]]. Ich bewahre alles in Kartons auf und verschenke oder verschicke sie so schnell wie möglich, weil ich mich permanent auf der Suche nach einer gewissen Leere befinde. In dieser Gesellschaft ziehe ich die Dinge an wie ein Magnet. Ununterbrochen werden mir Sachen zugesandt. Ich kann nur überleben, wenn ich mich dieser Dinge entledige. Das mag rücksichtslos sein, aber es ist notwendig. (David Cope, 1980)
Der Photograph Mark Haven sagte einmal, daß in Ihrem Studio durch die vielen Drucke von Jasper Johns und anderen Malern eher zeitgenössische Graphik als Musik präsent ist. Offenbar gibt es in Ihrer Wohnung kaum einen Hinweis auf Ihre eigene Arbeit.
Das mag sein, obwohl kürzlich ein Artikel in einer italienischen Zeitschrift mit Bildern von meinem Studio erschienen ist, in dem stand, meine Wohnung sei wie Musik. Alles in diesen Räumen ist sichtbar, wie Musik hörbar ist. Die ungleichmäßig aufgehängten Bilder ähneln Noten in einem Notensystem. Aber die Musik, die in den Räumen zu hören ist, sind überwiegend die Straßengeräusche der 6th Avenue.
Mögen Sie diesen Lärm?

Ich liebe ihn!

Sie haben keine Doppelfenster. Erklärt sich das dadurch, daß Sie schon immer von Klängen, Geräuschen usw. fasziniert waren?

Mein Interesse an Geräuschen hat Oskar Fischinger, ein abstrakter Filmemacher, vor geraumer Zeit geweckt. Er machte eine Bemerkung, die mich beeindruckte: »Jeder Gegenstand hat eine Seele, und diese Seele kann befreit werden, indem der Gegenstand in Schwingung versetzt wird.« Daraufhin begann ich, auf Gegenstände zu schlagen, sie zu stoßen, zu reiben, mit Percussions zu arbeiten und mich für Geräusche zu interessieren. Ich würde nicht im Traum daran denken, Doppelfenster einzusetzen, denn ich liebe alle Klänge. Der Verkehr ebbt nicht ab, ob bei Tag oder bei Nacht. Hin und wieder hört man eine Hupe, eine Sirene, kreischende Bremsen – sehr interessant und immer überraschend. Anfangs dachte ich, ich könnte deswegen nicht schlafen. Es gelang mir jedoch, die Geräusche in Bilder umzusetzen, die ich in meinen Träumen verarbeite, ohne daß sie mich aufwecken. (Stephen Montague, 1982)

Heute brauche ich kein Klavier mehr. Ich habe die 6th Avenue, die Geräusche. Ich übersetze die Geräusche in Bilder, so daß meine Träume nicht gestört werden. Die Dinge vermischen sich. Eines Nachts läutete eine Alarmglocke. Erstaunlicherweise dauerte das ziemlich schrille Geräusch zwei Stunden an. Es schien mal stärker, mal schwächer zu werden. In meinen Träumen verwandelte es sich in eine Form wie von Brancusi, in eine subtile Kurve. Es störte mich überhaupt nicht. (David Sears, 1981)

Wie sind Sie darauf gekommen, sich mit Makrobiotik zu beschäftigen?

Vor einigen Jahren hatte ich so etwas wie eine Blutvergiftung in meinem Fuß. Zuletzt ertaubten die Zehen meines linken Fußes, und die Krankheit schien auf den rechten Fuß überzugehen. Trotz sogenannter modernster Untersuchungsmethoden der Ärzte konnte man keine Ursache feststellen. Der Blutkreislauf schien in Ordnung zu sein, alles schien in Ordnung zu sein. Ich war kerngesund, aber ich konnte meine Zehen nicht bewegen! Dieser Zustand dauerte einige Jahre. Ab 1960 kam dann noch Athritis im Handgelenk hinzu, und meine Finger schwollen an. Das zog sich über 15 Jahre hin. Ich nahm zwölf Aspirin am Tag, die einzige Medizin, die man mir empfehlen konnte. Es war vorauszusehen, daß sich mein Zustand verschlechtern würde. Während eines längeren Aufenthaltes in Paris wollte ich es mit Akupunktur versuchen. Ein Chinese besuchte mich und sagte: »Akupunktur wird Ihre Schmerzen nur lindern, aber Sie nicht heilen.« Er sagte: »Sie sollten [[eine Blutuntersuchung machen lassen und dann]] Ihre Ernährung umstellen.« Ich fragte ihn, was ich ihm für diesen Rat schulde. Aber er lehnte jede Bezahlung ab und sagte: »Ich habe nichts für Sie getan.« Er lehnte es auch ab, mich zu akupunktieren. Bei meinem nächsten Parisaufenthalt vor ungefähr zwei Jahren wurde ein Buch von mir veröffentlicht, und ich mußte viele Interviews geben. Es war furchtbar anstrengend. In einem ungeheizten Kellerraum wurde ein Fernsehinterview gegeben. In dieser Nacht konnte ich nicht schlafen. Ich hatte einen unerträglichen Schmerz hinter meinem linken Auge. Da ich von der [[herkömmlichen]] Medizin keine Hilfe erwartete, begann ich, Freunden mein Leid zu klagen. [[Meine Astrologin, Julie Winter, hatte mir gesagt, ein Arzt, der nicht nach herkömmlichen Methoden behandele, werde meine Ernährung umstellen und so meine Gesundheit bessern.]] Unter anderem jammerte ich auch Yoko Ono und John Lennon etwas vor, die sich schon seit sieben Jahren von makrobiotischer Kost ernährten. Yoko sagte mir: »Du mußt unbedingt zu Shizuko Yamamoto in New York gehen. Sie wird dir einen neuen Ernährungsplan zusammenstellen.« Mit einem Mal war mir klar, was ich tun mußte. Ich wartete nicht länger, sondern machte mich sofort auf den Weg. [[Shizuko Yamamoto bedeutet im japanischen »Ruhe am Fuße des Berges«.]]

Bereits die ersten Worte von Shizuko machten einen starken Eindruck auf mich, schon weil ich auch das Glück hatte, Ende der 40er Jahre für zwei Jahre Vorlesungen von Daisetz Suzuki über Zen-Buddhismus zu hören, die einen entscheidenden Einfluß auf meine Musik und mein Denken hatten. Sie sagte: »Iß, wenn du hungrig bist, und trink, wenn du Durst hast.« Ihre Worte standen vollkommen im Einklang mit dem Buddhismus. Ich war begeistert. Shizuko klärte mich im folgenden über die Bedeutung des Vollkorns als Grundnahrungsmittel auf. Sie überzeugte mich vollkommen. Zu der Zeit hatte ich mich nach den Kochbüchern von Julia Childs orientiert, in denen mit viel Butter, Sahne usw. gekocht wird. Der

Gedanke, ohne Butter oder Sahne zu kochen, erschien mir anfangs sehr schwierig. Ich wußte nicht, was ich tun sollte. Glücklicherweise ließ mir John Lennon durch einen Assistenten einen ganzen Stapel makrobiotischer Kochbücher zukommen. Das ermutigte mich. Ich begann, die makrobiotische Küche zu entdecken, und mir wurde sofort klar, daß ich eine wunderbare Erfahrung machen würde.

Wann lernten Sie Shizuko kennen?

Ungefähr vor zwei Jahren. Ich stellte mich sofort auf den neuen Ernährungsplan ein. Seitdem habe ich keine Medikamente mehr eingenommen, auch meine Schmerzen sind verschwunden. Eine Woche nach meiner Ernährungsumstellung ließ der Schmerz hinter meinem linken Auge nach. Meine Handgelenke lassen zwar immer noch zu wünschen übrig, aber ihr Zustand hat sich enorm verbessert. Auch bin ich ziemlich viel [[30 Pfund]] Übergewicht losgeworden.

Bevor ich meine Ernährung umstellte, litt ich häufig an Verstopfungen. All diese Probleme habe ich jetzt nicht mehr. Bemerkenswert ist auch – eine Tatsache, die im Vergleich zu anderen Leuten leicht festzustellen ist –, daß man schon beim Aufstehen eine Energie verspürt, die man kontinuierlich über den ganzen Tag beibehält. Man ist keinen Schwankungen unterworfen, bleibt beständig und kann konzentrierter arbeiten. Ich hatte zwar schon immer viel Energie, aber neuerdings ist es geradezu außergewöhnlich.

Vor kurzem folgte ich einer Einladung nach Kalifornien, um Radierungen herzustellen. Einmal arbeiteten wir bis drei Uhr nachts. Die Leute, mit denen ich zusammenarbeitete, pflegten ungefähr alle zwei Stunden zu sagen: »Laßt uns eine Pause machen und ausruhen.« Ich hingegen hatte nicht das geringste Bedürfnis, mich auszuruhen, und arbeitete einfach weiter. Die anderen machten nicht nur Pausen, sondern tranken Kaffee, um sich fit zu halten, mit dem Erfolg, daß sie anschließend noch viel müder waren. Im Gegensatz zu mir schwankte ihre Aktivitätskurve permanent.

Seitdem ich meine Eßgewohnheiten geändert habe, bin ich aktiver als in der Zeit nach 1952, also vor mehr als 25 Jahren. In diesem Jahr werde ich 67. Damals war ich um die 40, und ich war auf vielen Gebieten sehr aktiv. In diesem Jahr werden drei Bücher von mir veröffentlicht, hinzu kommen fünf Ausgaben meiner Radierungen und viele, viele Musikstücke. Ich glaube, daß ist alles auf diese Veränderung meiner Essensgewohnheiten zurückzuführen. Auch bewahre ich mehr Distanz zu meinen Emotionen, bin ruhiger geworden.

Haben Sie den Eindruck, daß Sie sich durch die Makrobiotik einschränken müssen?

Wenn mich jemand zum Essen einlädt, sage ich meist: »Ich habe meine Ernährung umgestellt und bringe lieber mein eigenes Essen mit.« Entweder läßt man mich mein eigenes Essen mitbringen, oder man kocht ebenfalls makrobiotisch. Ich habe festgestellt, daß die Leute immer mehr gewillt sind, ihre Ernährung zu ändern.

Heute abend bin ich bei einer Freundin zum Essen eingeladen, die anfangs makrobiotische Kost ablehnte. Heute dagegen wird sie makrobiotisch kochen – und es wird auch ihr schmecken!

Auf Reisen ist es kein Problem, makrobiotisch zu essen. Ich habe immer einen Dampfkochtopf für den Reis und einen elektrischen Wok dabei. Damit verwandle ich ein Hotelzimmer in eine Küche. (Maureen Furman, 1979)

Früher habe ich mindestens drei Packungen am Tag geraucht. Alles, was passierte, war für mich ein Anlaß, mir eine Zigarette anzuzünden. Schließlich teilte ich mich in zwei Hälften: eine Hälfte, die wußte, daß sie mit dem Rauchen aufgehört hatte, und die andere, die es nicht wußte. Jedesmal, wenn die eine Hälfte zur Zigarette griff, lachte die andere, bis die erste die Zigarette wieder weglegte.

Trinken Sie im allgemeinen, Guinness oder irischen Whisky?

Nun, seitdem ich mich makrobiotisch ernähre, trinke ich keinen Alkohol mehr. So seltsam es klingen mag, ich habe auch nicht das geringste Bedürfnis danach. Aber als ich noch Alkohol trank, bevorzugte ich einen guten Malt-Whisky. Lassen Sie mich mal überlegen, was ich heutzutage gerne trinke. Wahrscheinlich Wasser. Es löscht den Durst.

Gehen Sie jemals ins Kino?

Nein.

Was machen Sie in Ihrer Freizeit?

Ich habe keine Freizeit. Aber nicht, weil ich mich abrackere. Mir macht meine Arbeit Spaß, und nichts ist für mich anregender als meine Arbeit. Deshalb arbeite ich. Deshalb brauche ich keine Zerstreuung. Da meine Arbeit nicht wirklich ermüdend ist, brauche ich nicht zu entspannen. Merce' Arbeit ist dagegen körperlich anstrengend, deshalb sitzt er gern vor dem Fernseher. Ich tue es nicht so gern. Befinde ich mich jedoch in einer Situation, in der ich, trotz all meiner Energie, nicht arbeiten darf, dann sehe auch ich fern. (Stephen Montague, 1982)

Also gibt es kein Geheimnis, wie Sie Ihre Arbeit bewältigen?

Nun, der Tag beginnt mit Blumengießen und endet mit Schachspielen. Darüber hinaus mache ich meine Übungen. Gewöhnlich gehe ich auch einkaufen, obwohl ich das heute nicht getan habe.

Wenn Sie am Ende des Tages eine Partie Schach spielen . . .

. . . stelle ich ein Gleichgewicht zu meiner Arbeit mit Zufallsoperationen her. Wenn ich mit meinem Springer einen falschen Zug mache, verliere ich die Partie. Beim Spielen befindet man sich in einer ernstzunehmenden Erfolgs- oder Verlustsituation. Die Arbeit mit Zufallsoperationen ist dagegen frei von solchen Zwängen. Man arbeitet wie in einem Zustand der Erleuchtung. (Kathleen Burch, 1986)

Als man mich vor kurzem in einem Interview fragte, wie man sich denn so in meinem Alter fühlt, wie es ist, wenn man so alt geworden ist, kam ich darauf zu sprechen, daß man allem gegenüber aufgeschlossen sein sollte. Als ich 20 war, war es für mich wichtig, mich auf einen Gegenstand zu konzentrieren und mich entweder für die Musik oder die Malerei zu entscheiden. Ich wählte die Musik. Heute dagegen scheint es mir ganz natürlich, für alles Mögliche offen zu sein, weil ich nicht mehr lange leben werde. Am besten ist es, mit Genuß so viele Dinge wie möglich zu tun, solange man lebt. (Rose Slivka, 1978)

Vor ungefähr fünf oder sechs Jahren wurde ich gebeten, bei der Crown Point Press in Kalifornien Radierungen herzustellen. Obwohl ich davon keine Ahnung hatte, habe ich sofort zugesagt, weil ich 20 Jahre zuvor eine Einladung zu einer Himalaja-Reise abgelehnt hatte. Nachdem ich erfahren hatte, daß die Reise auf Elefantenrücken mit Elefantenboys stattfinden sollte, habe ich immer bedauert, diese Gelegenheit nicht wahrgenommen zu haben. Ich dachte, ich hätte zuviel zu tun. Heute versuche ich, meine Interessen auszuweiten, denn es ist meine letzte Gelegenheit. Ich weiß nicht, was demnächst auf mich zukommt. Mein Arzt sagte, in meinem Alter müsse man mit allem rechnen. Er hat recht. Ich habe meine Arthritis mit makrobiotischer Ernährung geheilt; die Arbeit wird zum Spiel, und je älter ich werde, desto mehr möchte ich tun. Wenn man nicht mehr genug Zeit hat, etwas zu vollenden, sollte man die Arbeit als beendet betrachten, sobald man sie erst einmal begonnen hat. Das Resultat wird der Venus von Milo ähneln, die auch sehr gut mit nur einem Arm auskommt. (Stephen Montague, 1982)

Haben Sie Angst, daß Ihre Werke nach Ihrem Tod nicht mehr existieren werden?

Ich denke, sie werden mich überdauern. Ich war auf so vielen Gebieten tätig – ich meine Texte, graphische Arbeiten, Musik –, daß es sehr schwer wäre... Es wäre schwierig, all das zu zerstören... Sogar für mich, wenn ich mich dazu entscheiden würde, wäre es unmöglich; mein Werk ist einfach zu umfangreich, und es gibt zu viele Kopien meiner Arbeit. Ich denke, mein Werk wird noch sehr lange existieren. Es mag schwächer werden, wie ein Kranker, um sich anschließend wieder zu erholen.

Auch das Interesse am ›I Ging‹ nahm für einige 100 Jahre ab, um sich dann wieder zu verstärken.

Im allgemeinen bemüht sich eine bestimmte Gruppe innerhalb der Bevölkerung um die Dinge, die drohen, unterzugehen, und bemüht sich, daß sie uns erhalten bleiben.

Gefällt Ihnen das?

Ich denke nicht, daß das etwas ist, was mich besonders beschäftigt. Augenblicklich möchte ich möglichst lange leben, um noch so viel wie möglich tun zu können und meinen schon abgeschlossenen Arbeiten sozusagen zu einem eigenen Leben zu verhelfen. (Robin White, 1978)

Ich denke ebensowenig an den Erfolg wie an die Begriffe »gut« und »böse«. Manchmal habe ich den Eindruck, meine Arbeit sei oberflächlich. Sowie ich das bemerke, versuche ich, sie konsequenter zu gestalten. Das traf z. B. auf das Stück ›Apartment House‹ zu. Meine ersten Versuche, eine Änderung in der Harmonie zu erarbeiten, waren oberflächlich. Meine späteren Bemühungen waren dagegen ziemlich radikal. (Art Lange, 1977)

Haben Sie jemals gedacht, Sie würden verrückt?

Dieses Gefühl ist mir unbekannt. Manchmal glaubte ich, einen Schutzengel zu haben. In letzter Zeit habe ich manchmal das Gefühl, durch einen Unfall oder etwas Ähnliches zu sterben. Früher hingegen dachte ich, das könne mir nicht passieren, weil noch so viel zu erledigen war. Gegenwärtig habe ich das vielleicht etwas überhebliche Gefühl, mehr oder weniger das getan zu haben, was zu tun war. Deshalb könnte ich ebensogut sterben. Das wäre kein großer Verlust. (Jeff Goldberg, 1976)

Haben Sie jemals eine große Enttäuschung erlebt? Was hat Sie am meisten enttäuscht?

Verzeihen Sie, aber ich glaube, diese Frage ist belanglos.

Ich habe sehr viel aus dem Buch ›Gespräche mit Marcel Duchamp‹ gelernt. Schon auf der allerersten Seite stellt man ihm dieselbe Frage, und er erwidert, es gäbe nichts, worüber er sich beschweren könne. Ich habe alles genossen, alles. Thoreau machte eine ähnliche Bemerkung. Als ihn ein Verwandter auf dem Sterbebett fragte, ob er seinen Frieden mit Gott geschlossen hätte, sagte er, daß ihm nicht bewußt sei, sich je mit ihm gestritten zu haben. (Rose Slivka, 1978)

Sie sind nun 70 Jahre alt und stehen am Beginn eines neuen Jahrzehnts. Ihre Lebensweise und die makrobiotische Kost scheinen Ihnen gut zu bekommen. Sie erfreuen sich bester Gesundheit, und es scheint Ihnen gutzugehen.

Mit der Zeit habe ich gelernt, auf mich aufzupassen. Es hat lange gedauert. Wahrscheinlich werde ich zum Zeitpunkt meines Todes in perfekter Verfassung sein. (Stephen Montague, 1982)

John Cage über seine Vorgänger

Mit wem würden Sie sich am liebsten unterhalten, wenn Sie die Möglichkeit hätten, mit jemandem aus der Vergangenheit zu sprechen? Einer wäre gewiß Thoreau...

James Joyce, Gertrude Stein, Erik Satie. Gingen wir noch weiter in die Vergangenheit, würde ich gern Mozart kennenlernen.

Warum Mozart?

Meiner Meinung nach war er ein großer Musiker, schon wegen seiner Neigung zur Komplexität, die gegen das Einheitliche gerichtet war. Bach würde ich lieber links liegenlassen. Beethoven oder Haydn würden mich auch nicht interessieren.

Warum nicht Haydn?

Seine Kadenzen sind unmöglich [[zumindest, wenn man, wie ich, immer weniger Interesse an der Punktierung hat]].

Und wenn Sie die Möglichkeit hätten, einen Komponisten des 19. Jahrhunderts kennenzulernen? Wagner zum Beispiel.

Ich hätte Grieg gern kennengelernt. Er ließ sich von niemandem beeinflussen. Eines seiner kompositorischen Stilmittel waren diese vielen Quinten, und das zu einer Zeit, als Quinten gegen die Regeln des sogenannten guten Komponierens verstießen. (Stephen Montague, 1982)

Welchen Stellenwert messen Sie der klassischen Musik bei?

Wie meinen Sie das?

Ich meine die Werke von Beethoven, Haydn und anderen.

Die Vergangenheit ist nichts Festumrissenes. Sie ist vielmehr ein großer Bereich, in dem sich sehr viel abspielte. Ich fragte einmal einen Historiker: »Wie schreiben Sie Geschichte?« Er antwortete: »Oh, man muß sie erfinden.« Wir erfinden Geschichte durch unsere Aktivitäten. Je mehr wir uns für eine Sache engagieren, desto weiter blicken wir in die Vergangenheit zurück, um herauszufinden, ob es

John Cage bei ›Nachtcagetag‹
in der Aula der Musikhochschule Dagobertstraße, Köln,
15. 2. 1987. (Ausschnitt)

schon einmal das gab, womit wir uns gerade beschäftigen. Wenn ja, erweckt sie unser Interesse, und wenn nicht, dann nicht. Heutzutage wird kaum noch jemand Themen wiederholen, wie es bei den von Ihnen erwähnten Komponisten noch üblich war. Aus diesem Grund lehne ich diese Musik auch ab. Mir scheint es vollkommen ausreichend, wenn man eine Melodie nur einmal hört. Neben der Melodie und dem gewöhnlichen Rhythmus stört mich vor allem die Harmonie.

Demnach scheinen Sie die fernöstliche Idee der kontinuierlichen Variation zu bevorzugen?

Diese Idee ist schon bei Schönberg so angelegt. Das Konzept der Zwölftonmusik entspricht der Idee der kontinuierlichen Variation, Schönbergs faszinierendem Gedanken, daß sich die Variationen im Laufe der Entwicklung vervielfältigen. Das ist ein guter Gedanke. Er entspricht Ives' Wunsch nach einer Musik, die das Hörvermögen differenziert. (Anthony Brown, 1975)

Und wie verhält es sich mit Leuten aus anderen Bereichen wie z. B. Literatur, Malerei, Poesie?

Ich glaube, jeder intelligente Mensch würde sich freuen, Leonardo kennenzulernen. Wußten Sie, daß Joyce das Werk Ibsens liebte? Nun, ansonsten mag ich Dostojewski, aber dann müßte ich russisch lernen. Was die Malerei betrifft, bin ich sehr froh, im 20. Jahrhundert zu leben. Die früheren Epochen der Malerei finde ich nicht so interessant wie die gegenwärtige. Giotto wäre vielleicht ganz interessant gewesen. Ich hätte gern Meister Eckhart, einen Zeitgenossen Dantes, kennengelernt. Und ich hätte ungeheuer gern Milarepa als Distel über die tibetanische Landschaft schweben sehen. Milarepa war ein bedeutender tibetanischer Heiliger, wenn das überhaupt die passende Bezeichnung ist, oder Yogi oder etwas Ähnliches. (Stephen Montague, 1982)

Ich erinnere mich, Bach geliebt zu haben. Zu dieser Zeit kannte ich einen großen Musiker, Richard Buhlig, der Bachs ›Kunst der Fuge‹ für zwei Klaviere transkribierte. Ich hatte auch das große Vergnügen, viele Aufführungen der ›Kunst der Fuge‹ in Südkalifornien zu hören, als Buhlig noch lebte. Ich hatte das Gefühl, daß ich eigentlich keine andere Musik zu hören brauchte; ich war zutiefst beeindruckt. Ich kann mich noch erinnern, daß ich ziemlich überrascht war, als Buhlig eines Tages sagte, er hoffe, lange genug zu leben, um Mozart spielen zu können. Ich fragte ihn, was er damit meine... Er entgegnete, daß Bach zwar recht gut war, aber Mozart dennoch der größere Musiker sei. Er wollte in seinen letzten Tagen Mozart spielen, befürchtete aber, daß es zu schwierig sei.

Später machte ich glücklicherweise zwei Erfahrungen: die eine war, Mozart zu hören, und die andere bestand in einer Art Mozart-Studium, das mich zu einer Musikauffassung führte, die sich von der von Bach geprägten unterschied. Bei Bach fügt sich alles zusammen, um uns schließlich der Existenz einer Ordnung zu versichern. Mozart dagegen vermittelt uns eine Musik, die sich durch Vielfalt auszeichnet. Man hat den Eindruck, wenn etwas existiert hätte, was er uns über ›Don Giovanni‹ hinaus hätte geben können, hätte er es gern getan. Bei Mozart mag ich, daß das Unbekannte, die Fähigkeit, sich zu begeistern, und das Leben als solches angesprochen werden, anstatt daß eine Ordnung bestätigt wird. (Anne Gibson, 1984)

Wenn man irgendeine Notenseite bei Mozart genauer anschaut, wird man wahrscheinlich nicht nur auf einen, sondern auf viele Gedanken stoßen. Meiner Meinung nach kann man bei Mozart eine Neigung zur Vielfalt feststellen. Diese Richtung interessiert mich stärker als die Tendenz zur Einheit. Sie kommt der Natur viel näher. Wenn ich einen Baum, einen einzelnen Baum betrachte und mir anschließend die Blätter anschaue, so werden gewiß alle eine ähnliche Struktur aufweisen. Betrachte ich sie näher, stelle ich fest, daß kein Blatt dem anderen vollkommen gleicht. Ich beginne, die Unterschiede wahrzunehmen und freue mich bei jedem Blick auf den Baum aufs Neue, denn alles, was ich sehe, ist neu für mich. (Bill Shoemaker, 1984)

Schönberg überzeugte mich, daß Musik einer Struktur bedarf, um die Teile eines Ganzen zu differenzieren. Als ich anfangs mit [dem abstrakten Filmemacher Oskar] Fischinger arbeitete, habe ich die serielle Technik im Zusammenhang mit musikalischen Elementen angewandt, die ich überhaupt nicht variierte. Dann habe ich mich dem Rhythmus zugewandt. Jedes Stück basierte auf einer Anzahl von Takten, aus der man die Quadratwurzel ziehen konnte, so daß in einer Einheit die längeren Teile in immer derselben Relation zum Ganzen standen wie die kürzeren. Dadurch wurde die Struktur am

Anfang betont, um anschließend in vielfache Variationen überzugehen.

Fischinger erzählte mit, daß alle Gegenstände eine Seele besäßen, die durch ihren Klang befreit werden könne. Obwohl ich kein Anhänger des Spiritismus war, klopfte ich auf jeden Gegenstand, den ich sah. Ich erforschte alles durch seinen Klang. Das brachte mich auf den Gedanken, mein erstes Percussion-Orchester zu gründen. (Joan Peyser, 1976)

Als ich mir mit Mitte 40 Gedanken darüber machte, warum man innerhalb dieser Gesellschaft künstlerisch tätig ist, bin ich eigentlich nicht vom Theater, sondern von der Musik ausgegangen. Meine Beschäftigung mit der Musik war der Auslöser für die Frage, warum man künstlerisch tätig ist.

An den Akademien hatte man mich gelehrt, daß Kunst eine Frage der Kommunikation sei. Nach meinen Beobachtungen schrieben jedoch alle Komponisten völlig unterschiedliche Musik. Wenn Kunst Kommunikation war, sprachen wir verschiedene Sprachen. Also befanden wir uns in einer Situation wie beim Turmbau zu Babel, in der keiner den anderen verstand. Deshalb beschloß ich, entweder einen anderen Grund zu finden oder alles aufzugeben.

Lou Harrison und andere Komponisten unterstützten mich bei meinen Nachforschungen. Zur selben Zeit lernte ich eine Musikerin aus Indien kennen, die sehr besorgt war wegen des Einflusses westlicher Musik auf die indische traditionelle Musik. Sie studierte sechs Monate sehr intensiv bei einigen Lehrern westlicher Musik. Wir trafen uns fast täglich.

Bevor sie nach Indien zurückging, lernte ich von ihr, aus welchem traditionellen Grund in Indien ein Musikstück komponiert wird: »Zur Läuterung des Geistes, um ihn für die göttlichen Einflüsse empfänglich zu machen.«

Während dieser Zeit las Lou Harrison einen alten englischen Text – ich glaube, aus dem 16. Jahrhundert –, in dem der Grund, ein Musikstück zu komponieren, so angegeben wurde: »Zur Läuterung des Geistes, um ihn für die göttlichen Einflüsse empfänglich zu machen.«

Nun erhebt sich die Frage: Was ist ein geläuterter Geist? Als nächstes stellt sich eine zweite Frage: Was sind göttliche Einflüsse?

Heute verändert sich die Gesellschaft unter anderem deswegen, weil der Osten und der Westen nicht länger voneinander isoliert sind. Fuller und McLuhan haben immer wieder darauf hingewiesen, daß die Welt, in der wir leben, ein großes Dorf ist.

Früher glaubten wir, daß der Ferne Osten nichts mit uns zu tun hätte, daß er uns völlig fremd wäre. Heute wissen wir es besser. Das fernöstliche Denken hat uns gelehrt, daß die genannten göttlichen Einflüsse tatsächlich nichts anderes sind als die Umwelt, in der wir leben. Ein geläuterter Geist bedeutet, daß der Fluß der Dinge, die unsere Sinne aufnehmen und die bis in unsere Träume vordringen, nicht von unserem Ego gestört wird. Unsere Aufgabe im Leben besteht darin, zwischen unserer Person und dem Leben, das wir leben, eine Übereinstimmung herzustellen, und Kunst kann uns dabei helfen. (Stanley Kauffmann, 1966)

Wie haben Sie Duchamp kennengelernt?

Ich kam aus Chicago und wohnte im Apartment von Peggy Guggenheim und Max Ernst. Peggy erklärte sich bereit, für den Transport meiner Schlaginstrumente von Chicago nach New York aufzukommen. Ich sollte zur Eröffnung ihrer Galerie ›The Art of this Century‹ ein Konzert geben. Jung und ehrgeizig wie ich war, hatte ich auch ein Konzert im Museum of Modern Art vereinbart. Als Peggy davon erfuhr, sagte sie nicht nur das Konzert ab, sondern weigerte sich auch, die Transportkosten für die Instrumente zu übernehmen. Als sie mir das sagte, brach ich in Tränen aus. Im Nebenzimmer, im hinteren Teil des Hauses, saß Marcel Duchamp in einem Schaukelstuhl und rauchte eine Zigarre. Als er mich fragte, warum ich weine, erzählte ich ihm alles. Er sagte eigentlich nichts, aber schon allein seine Anwesenheit beruhigte mich. Als ich mich später in Europa über Duchamp unterhielt, hörte ich ähnliche Geschichten. Selbst im Unglück behielt er die Ruhe. (Jeff Goldberg, 1976)

Bleiben wir ein wenig bei Duchamp: War er ein guter Schachlehrer?

Für mich war Schach ein Vorwand, um in seiner Nähe zu sein. Unglücklicherweise habe ich zu seinen Lebzeiten nie gelernt, wirklich gut zu spielen. Jetzt kann ich besser spielen, aber immer noch nicht allzugut. Gut genug jedoch, um ihn zufriedenzustellen, wenn er wüßte, daß ich nun besser spiele. Als er mir das Spiel beibrachte, dachte ich weniger in Begrifflichkeiten, die sich auf das Schachspielen beziehen, sondern empfand Schach mehr als eine Parallele zum fernöstlichen Denken. Er empfahl mir z. B. auch, nicht nur meine, sondern beide Seiten des Spiels zu verfolgen. Ein brillanter Ratschlag, der etwas anspricht, was Menschen ein Leben lang versuchen zu lernen – nicht nur im Hinblick auf das Schachspielen, sondern in allen Bereichen. (Paul Cummings, 1974)

Warum ist Henry David Thoreau heutzutage wichtig?
Weil wir endlich auf ihn aufmerksam geworden sind.
Warum ist ein Anarchist des 19. Jahrhunderts heute von Bedeutung?
Weil die einzelnen Regierungen den Fortbestand des Lebens auf diesem Planeten bedrohen. Das, worum es uns eigentlich geht, ist nicht politischer, sondern allgemeiner Natur. (Jay Murphy, 1985)

Mich überrascht bei der Lektüre Thoreaus immer wieder, fast all das wiederzuentdecken, was mir denkenswert erscheint. Ich finde Thoreau sehr aktuell und immer wieder innovativ. Nehmen wir z. B. eine Stelle, auf die ich in den letzten Jahren gestoßen bin: »Welches Recht habe ich, mich in den Wäldern aufzuhalten, wenn diese Wälder nicht in mir sind?« Genau das habe ich schon immer in meinen Büchern gesagt. Vor kurzem habe ich Thoreaus Zeichnungen für mich entdeckt. Vielleicht bin ich der erste, der sie schön findet. Thoreau sagte einmal, daß keine Seite seines Tagebuchs so eindrucksvoll ist wie die, auf der zusätzlich eine Skizze ist. Ich habe den Eindruck, daß sie um so eindrücklicher wirken, je weniger man versucht, sie zu interpretieren. (Anthony Brown, 1975)

In meiner Jugend spielten insbesondere die Dichter Cummings, Pound, Eliot, Joyce und Stein eine bedeutende Rolle. Das war unsere Welt. Cummings war wegen der Typographie und seiner vielseitigen Experimente faszinierend. Heutzutage könnte man ihn mit Apollinaire vergleichen. Ich mochte ›Der ungeheure Raum‹ und ›Eimi‹ und andere Stücke, und ich sammelte seine Bücher. Von diesen fünf Dichtern war T. S. Eliot der erste, der mich nicht mehr interessierte. Dann folgten Cummings und Stein. Pound und Joyce sind die einzigen, die bis heute nicht an Faszination und Vitalität verloren haben. (Art Lange, 1977)

Ich ging früher [Ende der 40er Jahre, in ein Konzert von Anton Webern] und saß ganz aufgeregt auf der Kante meines Sitzes. Die Musik war so ganz anders als alles, was ich jemals gehört hatte. Natürlich kann man Webern nicht mit Schönberg vergleichen. Schönberg ist einfach großartig. Es war wohl Boulez, der meine Aufmerksamkeit auf Webern lenkte, und ich glaube zu wissen, warum. Schönbergs Musik ist traditionell. Sie setzt auf großartige Weise die musikalische Tradition fort. Webern dagegen scheint mit der Vergangenheit zu brechen. Er gibt einem das Gefühl, daß er mit der Vergangenheit brechen könnte. Er gab das Prinzip der Klänge in ihrer Beziehung untereinander zu Gunsten des Klanges als solchem auf. Dennoch sind bei Webern die Verhältnisse der Tonhöhen untereinander bestimmend, so daß er in Wirklichkeit in der Tradition verhaftet bleibt. [Im Gegensatz dazu] ist bei Satie die Komposition nicht durch die Tonhöhe bestimmt, sondern wird durch den Zeitfaktor festgelegt. Durch Virgil Thompson lernte ich die Musik Saties genau zu der Zeit kennen, als ich Webern zum ersten Mal hörte. Seitdem setze ich die beiden Komponisten unwillkürlich miteinander in Verbindung. (Joan Peyser, 1976)

Ende der 40er, Anfang der 50er Jahre waren Sie ein ausgesprochener Bewunderer der Musik Weberns. Ende der 60er Jahre erwähnten Sie in einem Interview, daß Sie lieber den Konzertsaal verließen, als sich diese Musik anzuhören. Ich möchte gerne zweierlei wissen: Könnten Sie erstens erklären, warum Sie sich nicht mehr für Weberns Musik interessieren, und reagieren Sie zweitens auf Saties Musik in den letzten Jahren genauso?

Nein, ich habe Erik Saties Musik immer gemocht und mag sie noch immer. Man muß nicht unbedingt daran interessiert sein, um Freude an ihr zu haben. Bei Webern hingegen sollte man schon etwas Interesse aufbringen.

Meinen Sie damit Interesse an ihrem Aufbau?

Und an der gesamten Konzeption und so weiter. Ansonsten glaube ich nicht, daß sie sehr reizvoll ist. Einige Stücke sind es gewiß ganz und gar nicht. Satie hingegen bleibt für mich immer sehr lebendig, da er trotz seines Charmes interessant ist. Ich denke, er ist eine der vitalsten musikalischen Persönlichkeiten, zumindest in diesem Jahrhundert.

Vor vielen Jahren habe ich ihn in einem Text mit Webern verglichen. Vielleicht würde ich Webern wieder mögen, wenn ich ihm die nötige Aufmerksamkeit entgegenbrächte. Aber danach habe ich kein Bedürfnis. Der Einwand gegen ihn bezieht sich an und für sich auf jede Musik, die man schon kennt. Man sollte sich vielmehr der Musik öffnen, die man noch nicht gehört hat – oder die noch nicht geschrieben worden ist. Viele Leute sammeln Platten, die sie gern hören und die sie häufig hören. Ich mache das Gegenteil: Ich umgebe mich nicht mit Musik, denn ich bin von Geräuschen umgeben. (Cole Gagne und Tracy Caras, 1980)

Das Thema [»Zeit- und Raumkonzepte in der Musik und der bildenden Kunst«] regte mich dazu an, meine Ideen, die ich bis heute vertrete oder die ich in der Vergangenheit vertreten habe, zu überprüfen. Gewöhnlich bleibe ich bei einer Idee, wenn sie sich als nützlich erweist, lasse sie jedoch fallen, wenn sie mir unbrauchbar erscheint. Probleme mit Zeit und Raum habe ich nicht. Schwierigkeiten bereitet mir jedoch das Wort »Konzept«. Man sollte dieses Wort irgendwie loswerden. Ich glaube, es gibt zwei Möglichkeiten, das zu tun. Ich bin auf diese Möglichkeiten durch eine Vorlesung von Daisetz Suzuki gestoßen. Zu Beginn dieser Vorlesung ging Suzuki nach vorn und malte eine elliptische Figur und links daneben zwei parallele Linien an die Tafel. Auf die parallelen Linien deutend, sagte er, dies sei das Ego, die eiförmige Figur dagegen sei die Struktur des Geistes. Er fügte hinzu, daß das Ego die Fähigkeit besitzt, sich den von ihm gemachten Erfahrungen zu verschließen, die über und durch die Sinne in die Welt, die uns umgibt – die sogenannte bedingte Welt –, eindringen und anschließend über die Träume oder, wie Meister Eckhart sagen würde, über den »Grund« zurück zum Ego kehren. Durch Werturteile, durch Ablehnung oder Annahme der Dinge der Außenwelt, kann das Ego sich von der bedingten Welt distanzieren. Die Erinnerung an diese Werturteile, die, teilweise verzerrt, in unseren Träumen verarbeitet werden, verfestigt diese Tendenz. Es besteht also die Möglichkeit, sich vollkommen von der Außenwelt abzuschließen. Man kann aber auch die Dinge in einer Kreisbewegung in sich aufnehmen, was Rilke folgendermaßen umschreibt: bei der Betrachtung eines Baumes sich zu fragen, ob man der Baum oder man selbst sei. Nach Suzuki entspricht ein solches Verhalten eher der Lehre des Zen als die Methode, sich durch den Rückzug auf das eigene Ego von der Außenwelt fernzuhalten.

Diese Vorlesung und andere Erfahrungen überzeugten mich, mich für den Weg nach außen zu entscheiden, anstatt dem inneren meditativen Weg zu folgen, da die Bewegung des Kreises immer wieder zum Anfang zurückführt. Also fragte ich mich, wie man die Außenwelt durch die Sinne erfassen kann, ohne dabei ein Konzept zu verfolgen.

Ob man durch Träume, den Lotussitz oder Atemübungen zu sich findet – und was es an Yoga-Übungen noch gibt –, immer kommt man zum selben Ergebnis: Man darf kein Konzept haben. Sicherlich zielen alle Koans des Zen-Buddhismus darauf ab, jedes Konzept zu Staub zu zermahlen, bis nichts mehr übrig ist.

Aus diesem Grund arbeite ich mit Zufallsoperationen. Und zwar benutze ich sie weniger, um eine Entscheidung zu treffen, sondern vielmehr, um eine Vielzahl von Fragen ins Spiel zu bringen. Wenn es mir vergönnt sein sollte, meine Tätigkeit fortzusetzen, wird mein Werk immer weniger Züge eines persönlichen Schöpfungsprozesses aufweisen und schließlich ein nicht personengebundenes Ereignis werden.

Der mit täglicher Körperdisziplin verbundene Tanz unterscheidet sich stark von meiner Tätigkeit, ruhig zu sitzen und Tinte aufs Papier zu bringen. Der Tanz ähnelt den Techniken des In-sich-Gehens (Sitzen, Atmen usw.). Obwohl Merce Cunningham hin und wieder auf seine Art – also anders als ich – Zufallsoperationen verwendet, scheint der Tanz den Körper von der Neigung des Egos, sich von der Außenwelt abzuschließen, zu befreien: Jedes Konzept verflüchtigt sich, und man führt einfach eine Körperbewegung aus.

Noch eine weitere Vorlesung Suzukis beschäftigt mich bis heute. Bei uns im Westen versucht man, unter vielfältigen räumlichen und zeitlichen Ereignissen das Vorteilhafteste herauszufinden. Hierbei wird eine Trennung zwischen dem Subjekt und seinen Zielvorstellungen vollzogen. In der von Suzuki gelehrten Kegan-Philosophie ist jedoch jedes Sein Buddha, ob fühlend wie die Menschen oder nichtfühlend wie die Klänge und Steine. Das hat nicht das geringste mit Spiritismus zu tun. Es bedeutet ganz einfach, daß sich das Sein im Zentrum des Universums befindet. Demzufolge spricht die Kegan-Philosophie von einer Vielzahl von Zentren, die alle von derselben Wertigkeit sind. (Richard Kostelanetz, 1977)

Wir verstehen, begreifen Dinge durch unsere praktischen Handlungen, d. h., vollkommene Passivität führt dazu, daß wir nichts mehr wahrnehmen. In dem Moment, in dem wir etwas tun, werden wir uns durch diese Handlung der vergangenen und zukünftigen Dinge bewußt. Unter »Handlung« verstehe ich eine Tat, einen Schöpfungsakt oder unsere Hingabe an etwas. Diese Handlung ermöglicht es, etwas anderes als uns wahrzunehmen. Wenn man sagt, diese oder jene Sache sei eine Verallgemeinerung oder eine Schlußfolgerung, so ist das möglich, weil man durch das, was man tut, in der Lage ist, die Dinge so zu sehen. Würde man sich mit etwas anderem beschäftigen, würde man vielleicht den ehemals unbeachteten Dingen eine sehr große Bedeutung beimessen. Über viele Jahre konnte ich mit Charles Ives' Musik nichts anfangen. Nachdem ich jedoch meine eigene Musik geändert hatte, wurde Ives für mich ein äußerst bedeutender Musiker. (C. H. Waddington, 1972)

Als ich mit dem Studium der fernöstlichen Philosophie begann, war man immer noch der Ansicht, daß Asien nichts mit uns zu tun hätte, wir keinen Anspruch auf diesen Kulturbereich geltend machen könnten und er uns fremd wäre. Nachdem ich mich wieder dem westlichen Denken zugewandt hatte, stellte ich jedoch fest, daß die grundlegenden Ideen beider Bereiche dieselben sind. Erst kürzlich fand ich bei der Lektüre des ›Journal‹ von Thoreau das gesamte fernöstliche Gedankengut wieder, das er, ebenso wie ich, der fernöstlichen Philosophie entnommen hatte. Sogar im frühchristlichen Denken und in der Gnosis kann man den Gedanken von der Vielheit der Buddhas wiederfinden: Spalte den Stab, und Jesus tritt in Erscheinung. Ich möchte noch auf einen anderen fernöstlichen Gedanken hinweisen, der für mich auch heute noch sehr wichtig und nützlich ist. Er besagt, daß wir nicht nur nach einem Prinzip leben, sondern nach einer Anzahl von Prinzipien, die sich durch eine konkrete Situation, in der man sich befindet, ändern können. Vom westlichen Standpunkt betrachtet, würde man diese Flexibilität und diese Wandelbarkeit als heuchlerisch bezeichnen. In der indischen Philosophie gibt es jedoch vier Arten des Denkens: »artha«, das zielbewußte Denken, wie z. B. beim Kochen, Pilzesuchen, ein Spiel gewinnen, einen Feind unterwerfen usw., »kama« betrifft die Schönheit und die Freude sowie die Lust an der Sexualität, »dharma« ist das Wahre und das Falsche, das Gute und das Böse, und »moksha« bedeutet die Befreiung von allen Prinzipien.

Ein Europäer würde sich von vornherein für die Befreiung entscheiden, ohne die anderen Kategorien zu berücksichtigen. Auf die Pilzsuche angewandt, würde das jedoch den sicheren Tod bedeuten. Dieser Gedanke war für mich immer sehr hilfreich. Als ich nämlich jünger war und meiner leidenschaftlichen Beschäftigung mit den Zufallsoperationen Ausdruck verlieh, wußte ich auf den berechtigten Einwand, warum ich nach einer Methode komponiere, die beim Pilzsuchen den sicheren Tod bedeute, nichts zu erwidern. Aber komponieren und Pilzesuchen ist eben zweierlei.

Arbeit läßt sich kategorisieren, Menschen aber nicht.

Genau. Ein weiterer Gedanke, der mich bis heute häufig beschäftigt und nicht unbedingt fernöstlichen Ursprungs ist, betrifft unsere gegenwärtigen Verhältnisse. Unsere Aufmerksamkeit gilt nicht mehr einem Objekt, sondern dem, was wir Umwelt oder Prozeß nennen. Die Kunstrichtung, die sich mit dem Anfang und dem Ende auseinandersetzt, war objektbezogen. Die Kunstrichtung dagegen, die sich von diesen Problemen abgewendet hat und die gegenwärtig in der bildenden Kunst, in der Musik oder im Theater dominiert, ist weder zeit- noch raumgebunden. Im Hinblick auf meine Bemerkungen zur indischen Philosophie können wir für beide Richtungen offen sein. Manchmal dominiert die eine, dann die andere, manchmal entstehen Mischungen. (Richard Kostelanetz, 1977)

Ich kann Duchamps Passivität gut verstehen. Mir scheint, daß ich mich augenblicklich in einer ähnlichen Situation befinde, außer, daß ich weiterhin das machen werde, was auf mich zukommt, anstatt nichts zu tun. [[Duchamp war »untergetaucht«. Heute wissen wir, daß er aktiv wie immer war und neben anderen Werken sein ›Étants Donnés‹ schuf.]] In diesem Zusammenhang denke ich gern an das letzte Bild aus der Geschichte vom Ochsen und seinem Hirten, ein Zen-Text, dessen Lehre in Bildern und nicht in Worten dargestellt wird. Wie Sie wissen, gibt es zwei Versionen der Ochsenhirtenbilder. Die eine Version endet mit einem leeren Kreis, dem Nichts –

eine Parallele zu Marcel Duchamp –, und die andere Version schließt mit der Darstellung eines großen, dicken, lächelnden Mannes ab, der geschenkbeladen zum Dorf zurückkehrt. Er kommt ohne tiefere Beweggründe zurück, aber er kehrt zurück. Der Grundgedanke ist hier, daß man sich, nachdem man das Nichts kennengelernt hat, wieder der Arbeit zuwendet. (Calvin Tomkins, 1965)

Was denken Sie über Marshall McLuhan und seine Theorien?

Ich bewundere ihn sehr. Er hat viele Aspekte des Lebens im 20. Jahrhundert analysiert und ist dabei zu Ergebnissen gekommen, die die Ansichten der Dichter, Maler und Musiker innerhalb der Gesellschaft bestärken; Dinge, die wir mehr oder weniger unbewußt taten, aber oft nicht in Worte fassen konnten. All das hat er sehr gut deutlich gemacht. Sein Verstand bewegt sich auf außergewöhnlichen Bahnen. Manchmal kommt er auf Probleme zu sprechen, deren Bedeutung man anfangs nicht einzuschätzen weiß. Dann wieder decken sich seine Aussagen mit den Erfahrungen der Künstler. (Nikša Gligo, 1972)

In meinen Gesprächen mit Bucky Fuller, den ich Ende der 40er Jahre kennenlernte, versuchte er mir zu erklären, wie seine Ideen die Musik beeinflussen könnten. Obwohl er es mir einige Male erklärte, habe ich ihn dennoch nicht so recht verstanden. Das mag daran liegen, daß ich mit meiner eigenen Arbeit zu beschäftigt bin. Wenn man mir also eine andere Arbeitsmethode erklären möchte, bin ich aufgrund meiner eigenen Tätigkeit bei weitem nicht so aufgeschlossen, wie ich wäre, wenn ich nicht meine eigene Arbeitsmethode hätte. Meine Arbeitsmethoden ändern sich jedoch. Das einzige, was mich aus dem Konzept bringt, ist die Mathematik, die sich mit ganz bestimmten Beziehungen auseinandersetzt.

Andererseits hat mich Fullers Werk derartig fasziniert, daß ich ziemlich beunruhigt war, als [mein Buch] ›A Year from Monday‹ erschien. Ich hatte starke Bedenken, ob er mein Buch als eine Kritik an seiner eigenen Arbeit auffassen würde. Das betraf insbesondere den Gebrauch der Zufallsoperationen – würde er sie als Ablehnung seiner Ansichten betrachten? Er tat es nicht. Er fand, daß sich beides vereinbaren ließ. Vielleicht ist es einem anderen als mir vergönnt, die Vision und die Ideen Fullers musikalisch zu verarbeiten. (Walter Zimmermann, 1975)

John Cage bei ›Musik Walk‹
in der Galerie 22, Düsseldorf, September 1958 (Ausschnitt)

John Cage über seine Musik bis 1970

Wie sah die Musik aus, die Sie als erste geschrieben haben?

Sie war mathematisch. Ich habe versucht, Klänge nach einer neuen Methode zusammenzufügen. Leider besitze ich von dieser Musik weder Aufzeichnungen noch ein genaueres Konzept. Die Ergebnisse klangen nach meinem Empfinden so wenig wie Musik, daß ich sie vernichtete. Später, in Kalifornien, habe ich mit einer völlig neuen Kompositionsmethode begonnen. Ich improvisierte und stellte Improvisationen in Beziehung zu griechischen Texten, experimentellen Texten aus dem ›transition‹-Magazin, Gertrude Stein und Aischylos. Nachdem mich Richard Buhlig und andere Leute darauf aufmerksam machten, daß meine Kompositionen in keiner Beziehung zu musikalischen Techniken oder Theorien standen, begann ich die Bücher von Ebenezer Prout aufmerksam zu lesen. Ich betrachtete sie als meinen Lehrer und ging alle Übungen durch, insbesondere die Harmonielehre. Mit dem Kontrapunkt habe ich mich erst später bei Schönberg beschäftigt. (William Duckworth, 1985)

Ich zeigte Adolph Weiss meine ersten Kompositionen. Es handelte sich um eine sehr individuelle Spielart der Zwölftonmusik, für die ich die Tonreihe in Fragmente oder Motive einteilte. Aber anstatt die Tonreihen wie die meisten Komponisten zu variieren, hielt ich sie statisch, wobei ich unter Anwendung aller Transpositionen, Umkehrungen und Rückläufe usw. mosaikartige Arrangements herstellen konnte und die Tonreihe selbst fast nie als solche auftauchte. Außerdem setzte ich die Abwesenheit jedes dieser Motive mit dessen Anwesenheit in Beziehung. Dadurch konnte ich ein Fragment einer Tonreihe durch seine Dauer zum Ausdruck bringen – durch Stille. Wenn ich Weiss eine Komposition dieser Art zusandte, pflegte er zu sagen: »Warum unterbrichst du dein Stück, kurz nachdem du es begonnen hast? Du solltest nicht aufhören, bevor du zum Schluß kommst. Warum hörst du in der Mitte auf?« Ich habe viel darüber nachgedacht, aber ich spürte eine starke Neigung zu Unterbrechungen, und zwar, weil ich mich selbst nicht veränderte oder bewegte. Auch die Musik bewegte sich nicht, war statisch, weshalb sie sehr gut unterbrochen werden konnte, zumal die Unterbrechungen genauso wie die Töne Bestandteil der Musik waren. Die Stille hatte denselben Stellenwert wie der Ton. (Cole Gagne und Tracy Caras, 1975)

1938 gab Syvilla Fort, eine großartige schwarze Tänzerin und Choreographin aus Bonnie Birds Tanztruppe, an der Cornish School in Seattle am Freitag eine Tanzaufführung. Ich war der einzige Komponist weit und breit. Sie bat mich, für ihre ›Bacchanale‹ die Musik zu schreiben. Uns stand nur eine kleine Fläche zur Verfügung, gerade groß genug für einen Flügel. Das Schlagzeug nahm zuviel Raum ein, deshalb mußte ich mir für sie etwas Passendes mit diesem Flügel einfallen lassen. Und das tat ich auch. Am Dienstag bekam ich den Auftrag; ich machte mich sofort an die Arbeit und war am Donnerstag damit fertig.

Haben Sie versucht, afrikanische oder asiatische Musik nachzuempfinden?

Seinerzeit, kurz nach dem Studium bei Arnold Schönberg, schrieb ich entweder Zwölftonmusik oder Schlagzeugmusik. Anfangs versuchte ich, eine Zwölftonmusik zu finden, die afrikanisch klang, aber ich scheiterte. Dann erinnerte ich mich an die Klänge des Klaviers, wenn Henry Cowell auf den Saiten klimperte, sie zupfte oder mit Nähnadeln usw. darüberfuhr. Ich ging in die Küche, holte eine Tortenplatte und legte sie mit einem Buch beschwert auf die Saiten. Ich stellte fest, daß ich auf dem richtigen Weg war. Mit der Platte gab es nur ein Problem, sie sprang über die Saiten. Dann holte ich einen Nagel, klemmte ihn zwischen die Saiten, aber er verrutschte. Also versuchte ich es mit einer Holzschraube, und das klappte. Dann versuchte ich es mit einer Dichtungsleiste, kleinen Muttern auf den Schrauben und verschiedenen anderen Sachen. Ich lud Mark Tobey und Morris Graves ein, um ihnen eine Kostprobe zu geben, und sie waren begeistert. Syvilla, meine Frau Xenia und ich waren ebenso begeistert. Wir waren alle außerordentlich glücklich. Als Lou Harrison zu Besuch kam und die Musik hörte, sagte er: »Oh verdammt! Warum bin ich denn nicht darauf gekommen?« (Stephen Montague, 1982)

Ich möchte sogar sagen oder jemand anderes könnte von mir sagen, daß meine ganze Hingabe an die Musik ein Versuch gewesen ist, die Musik aus den Fängen des A – B – A zu befreien. Als ich mit dem Musikschreiben begann, fertigte ich eine Liste aller Zahlenpermutationen an, die Formen oder Beziehungen von Partien innerhalb einer musikalischen Komposition erzeugen würden. Das machte ich für alle Zahlen von zwei bis elf. Hat man erst die Zahl elf erreicht, sind die Möglichkeiten außerordentlich zahlreich. Wenn man sich all die Möglichkeiten formaler und struktureller Beziehungen vergegenwärtigt, wird man feststellen, daß die europäische Musik nur einen winzigen Bruchteil dieser Möglichkeiten realisiert. Achtet man dagegen einfach auf die Geräusche der Umwelt, so ist man von der schillernden Vielfalt des Nichtstrukturierten zutiefst beeindruckt. (Hans G. Helms, 1972)

Lou Harrison und ich komponierten gemeinsam ›Double Music‹ (1941). Es handelt sich um eine »gestimmte« Percussion-Komposition. Einer schrieb die Partien für Sopran und Tenor, der andere die für Baß und Alt. Nachdem wir uns über eine rhythmische Struktur, die Phrasen und die Abschnitte verständigt hatten, arbeiteten wir unabhängig voneinander. Als wir bei einer Probe die Partien zusammenfügten, mußte keine Note geändert werden. Wir waren begeistert. (David Shapiro, 1985)

Wir würden Sie gerne zuerst zu Ihren Werken aus der Zeit von 1930 bis 1940 befragen. Sind sie für Sie jetzt graue Vergangenheit? Mußten Sie diese Werke vergessen, um Ihre Werke der letzten 30 Jahre komponieren zu können?

Vermutlich sind beide Fragen mit »ja« zu beantworten. Ich interessiere mich weitaus stärker für das, was ich noch nicht geschrieben habe, als dafür, was ich früher geschrieben habe, besonders, wenn es zu lange zurückliegt, obwohl jetzt viele Leute die alten Stücke zu spielen beginnen. Da man mich zu den Konzerten einlädt, höre ich die alte Musik noch sehr oft. Einige dieser Stücke sind gut, andere nicht. Es gibt zwei recht populäre Stücke, die meiner Ansicht nach ganz gut sind: ›Credo in Us‹ und ›Third Construction‹. Ich glaube,

›Second Construction‹ ist ein schlechtes Stück [[obwohl es manchmal sehr gut interpretiert wird]]. Ich war mir nicht bewußt, daß es schlecht ist, als ich es schrieb. Ich fand es seinerzeit sehr interessant. Aber es ist mit Bildung und Theorie befrachtet. Tatsächlich handelt es sich um eine Fuge, die etwas ungewöhnlich strukturiert ist. Ich glaube, Fugen sind heutzutage uninteressant [weil sich das Thema wiederholt]. (Cole Gagne und Tracy Caras, 1980)

[In den ›Sonatas and Interludes for Prepared Piano‹] hatte ich eine vorgegebene Struktur, so daß ich die Längen der Sätze von Anfang bis zum Ende des Stückes kannte. Ich legte Gegenstände auf die Saiten. Ihre Position bestimmte ich anhand der entstehenden Klänge. Es war, als ob ich am Strand entlanglief und Muscheln sammelte, die mir gefielen, anstatt mich um die zu kümmern, die mich nicht interessierten. Indem ich auf der Klaviatur des präparierten Klaviers improvisierte, entdeckte ich Melodien und Klangkombinationen, die mit der vorgegebenen Struktur zusammenpaßten. (Bill Shoemaker, 1985)

[Das Stück handelt von den] »neun Grundemotionen« der indischen Überlieferung. Cooraraswamy betonte nachdrücklich, daß bestimmte Gedanken wahr seien und im Okzident wie im Orient zu finden wären. Anfangs wollte ich diesen Gedanken so gut wie möglich diskursiv ausdrücken und schrieb daraufhin ›Sonatas and Interludes‹. In diesem Stück gibt es einige Stellen mit glockenähnlichen Klängen, die auf Europa anspielen, und andere Stellen mit trommelartigen Resonanzen, die auf den Osten hindeuten. Der letzte Teil ist eindeutig europäisch. Er trägt die Handschrift eines westlichen Komponisten. (Joan Peyser, 1976)

1949 waren Sie für ein paar Monate in Europa. Kurz nach Ihrer Rückkehr haben Sie das ›I Ging‹ in Ihren Kompositionen angewandt. Haben Sie in Europa mit Dingen zu tun gehabt, die Sie dazu angeregt haben?

Nein, diese Entwicklung hatte vielmehr mit meinem Studium des Zen-Buddhismus zu tun. Anfangs wollte ich die Gedanken, mit denen ich in Asien konfrontiert worden war, musikalisch umsetzen. Das ›String Quartet‹ (1950) handelt vom indischen Verständnis der Jahreszeiten, Schöpfung, Erhaltung, Zerstörung und Ruhe, sowie der indischen Kunsttheorie von den neun Grundemotionen, von denen die Ruhe im Mittelpunkt steht. Aber dann kam mir der Gedanke, diese Dinge praktisch umzusetzen, anstatt darüber zu sprechen oder zu diskutieren. Das ließ sich am besten durch eine Musik bewerkstelligen, bei der man von einer »Leere des Geistes« ausgeht. Zuerst versuchte ich, diese Idee mit Hilfe des Magischen Quadrates umzusetzen.

Der dritte Satz des ›String Quartet‹ verwendet einen Kanon als einzelne Zeile [[nach der ersten Hälfte wiederholt er sich, indem er die Anfangsklänge wieder aufnimmt, die durch eine neue rhythmische Struktur etwas verändert wurden]]. Es handelt sich um eine Musik, die nicht von persönlichen Neigungen und Abneigungen bestimmt ist. Es ist so, als ob man nolens volens einem rollenden Ball hinterherläuft. Mindestens zwei Stücke könnte man als Übergangsstücke betrachten: die ›Sixteen Dances‹ und das ›Concerto for Prepared Piano and Chamber Orchestra‹. Beide Stücke basieren auf einem Diagramm, das dem Magischen Quadrat ähnelt. Innerhalb des Diagramms entwickelten sich Bewegungen, die, soweit ich mich erinnern kann, die Sätze voneinander unterschieden. Kompositorisch kann dieses Prinzip verwendet werden, um Unterschiede herauszuarbeiten, indem die Bewegung innerhalb des Diagramms geändert wird. Im Gegensatz zum numerierten Magischen Quadrat arbeitete das Diagramm mit einzelnen Tönen, Intervallen und Verdichtungen. Die Verdichtungen und Intervalle wurden entweder mit einem oder mehreren Instrumenten erzeugt. (Cole Gagne und Tracy Caras, 1980)

[Pierre] Boulez hat damals mit einem ähnlichen Diagramm gearbeitet. Er setzt jedoch Zahlen in die Quadrate, wohingegen ich die Klänge verdichte. Diese Klänge hatten keinen Bezug zur Harmonie und keine notwendige Richtung. Jede Eintragung war ein musikalischer Sachverhalt ohne jegliche Implikation. Durch dieses Verfahren wird eine Klangkontinuität erreicht, die nicht von Harmonie bestimmt wird und gleichzeitig vom Diktat des eigenen Geschmacks befreit ist. (Joan Peyser, 1976)

Während ich mich mit diesen Arbeitstechniken beschäftigte, brachte mir Christian Wolff eine Ausgabe des ›I Ging‹, das sein Vater gerade herausgegeben hatte. Ich bemerkte sofort, daß dieses Diagramm für meine Arbeit besser geeignet war als das Magische

Quadrat. Darauf begann ich, die ›Music of Changes‹ und später die ›Imaginary Landscape No. 4‹ für zwölf Radios zu komponieren. Diese Stücke schrieb ich, weil mir Henry Cowell vorgehalten hatte, daß die ›Music of Changes‹ noch zu stark von meinem eigenen Geschmack diktiert worden sei. Um mich davon zu befreien, schrieb ich die Musik für Radios in der Gewißheit, daß niemand meinen Geschmack darin wiederfinden würde. Dennoch wurde das Stück kritisiert, weil es zu wenig aggressiv sei. So arbeitete ich, gleich was passierte, weiter. (Cole Gagne und Tracy Caras, 1980)

Gewöhnlich schreibt ein Musiker in Takten und weist diesen Takten als gemeinsames Merkmal ein metronomisches Tempo zu wie z. B. »Andante«, »Largo« usw. In dem Stück ›Music of Changes‹, das ich für das ›Buch der Wandlungen‹ komponierte, wurde alles, was ein Musikstück ausmacht, dem Zufallsverfahren unterworfen. Unter anderem wurde auch das Tempo durch Zufallsverfahren bestimmt. Betrachtet man die ›Music of Changes‹ etwas genauer, so wird man feststellen, daß nach einigen Takten, an jedem Gliederungspunkt die Geschwindigkeit entweder zunimmt, abnimmt oder konstant bleibt. Wie stark das Tempo wechselte, wurde vom Zufall bestimmt. Um derartige Tempoangaben in aktuelle Zeit zu übersetzen, mußte sich David Tudor mit einer Richtung der Mathematik auseinandersetzen, die ihm vollkommen unbekannt war. Es war alles sehr schwierig und sehr verwirrend für ihn. (Michael Kirby und Richard Schechner, 1965)

Was ich tat, war, im Übergang von einem festgesetzten Tempo zu Tempowechseln eine rhythmische Struktur zu entwickeln. Damals hatte ich noch nicht auf alle Strukturmittel verzichtet. (Joan Peyser, 1976)

Anschließend änderte ich meine Kompositionstechnik. Ich schrieb nicht mehr in Tempi, sondern nur noch in Zeiteinheiten. Als ich an der New School unterrichtete, war das unter anderem Teil meiner Arbeit, und sie [[die Studenten]] griffen diese Arbeitsweise bereitwillig auf, weil es eine enorme Zeitersparnis ist, seinen Einsatz an einer Uhr ablesen zu können. (Michael Kirby und Richard Schechner, 1965)

Ich glaube, mein bestes Stück, zumindest das, was ich am liebsten mag, ist das stille Stück (›4′33″‹, 1952). Es hat drei Sätze, und in keinem dieser Sätze gibt es einen Ton. Ich wollte mein Werk von meinen Neigungen und Abneigungen befreien, da ich der Ansicht bin, daß Musik nicht von den Gefühlen und Gedanken des Komponisten abhängen darf. Ich habe geglaubt und gehofft, anderen Leuten das Gefühl vermittelt zu haben, daß die Geräusche ihrer Umwelt eine Musik erzeugen, die weitaus interessanter ist als die Musik, die man im Konzertsaal hört. (Jeff Goldberg, 1974)

Die meisten Leute haben das Wesentliche nicht begriffen. Es gibt keine Stille. Das, was man [bei meinem Stück ›4′33″‹] als Stille empfand, war voller zufälliger Geräusche – was die Zuhörer nicht begriffen, weil sie kein Gehör dafür hatten. Während des ersten Satzes [bei der Premiere] konnte man draußen den Wind heulen hören. Im zweiten Satz prasselte der Regen aufs Dach, und während des dritten machte das Publikum allerhand interessante Geräusche, indem sie sich unterhielten oder hinausgingen. (John Kobler, 1968)

Ich hatte Freunde, deren Freundschaft ich schätzte und deren Freundschaft ich wegen des Stückes verlor. Sie dachten, daß man sie mit diesem Stück absichtlich irritieren wollte. (Ellsworth Snyder, 1985)

Die meisten Komponisten mögen einige ihrer Stücke mehr als andere oder sind der Meinung, einige seien wichtiger als andere. Welches eigene Stück oder welche eigenen Stücke würden Sie als das wichtigste bzw. die wichtigsten ansehen?

Nun, das bedeutendste ist mein stilles Stück.

Das ist sehr interessant. Viele Leute würden Ihnen in diesem Punkt zustimmen.

Na ja.

Sie sind derselben Meinung?

Oh ja. Ich denke immer an dieses Stück, bevor ich das nächste Stück schreibe.

Wirklich? Erzählen Sie bitte, wie das Werk entstanden ist!

1948 hatte ich bereits die Idee zu einem solchen Stück und hielt einen Vortrag, der unveröffentlicht ist und nie veröffentlicht werden wird, mit dem Titel ›Bekenntnisse eines Komponisten‹. Ich hielt ihn im Rahmen eines Festivals am Vassar College, an dem Künstler und Denker aus allen Fachrichtungen teilnahmen. Unter ihnen befand sich Paul Weiss, der an der Yale University Philosophie lehrte. Zu der Zeit war ich noch völlig von meiner ersten Begegnung mit der asiatischen Philosophie fasziniert, sie hat zwangsläufig mein Interesse an Stille geweckt: Ich meine, das liegt fast auf der Hand. In der hinduistischen Theorie gibt es neun Grundemotionen. Die zentrale Emotion, die Ruhe, ist »farblos« und liegt zwischen den vier »weißen« und den vier »schwarzen« Formen. Ruhe bedeutet Freiheit von Neigungen und Abneigungen. Logischerweise ist die Abwesenheit von Aktivität ebenfalls ein konstitutives Element des Buddhismus. Das heißt, um es anders auszudrücken, das Rad der erhabenen Weisheiten anzuhalten. Die erste dieser Wahrheiten lautet: »Leben ist Aktivität« und wird manchmal auch als »Leben ist Schmerz« übersetzt. Wenn das Rad angehalten wird, kommt die Aktivität ebenfalls zum Stillstand.

Das Erstaunliche an dieser Geschichte ist, daß man unmittelbar feststellen kann, daß der Rest der Welt nicht stillsteht, obwohl das Rad angehalten wurde. Es gibt keinen Ort ohne Aktivität; das manifestiert sich überall. Nehmen wir an, ich sterbe. Dennoch werde ich als Lebensraum für kleinere Tiere fortleben. Es wird mich einfach immer geben. Übergebt mich der Erde, und ich werde wesentlicher Bestandteil eines anderen Lebens, einer anderen Aktivität. Demzufolge besteht der Unterschied zwischen Aktivität und Passivität ausschließlich im Bewußtsein. Und das Bewußtsein entledigt sich aller Leidenschaften. Joyce würde dem beipflichten: frei von Leidenschaften und Ekel. Deshalb beschäftigte er sich vornehmlich mit der Komödie, weil die Tragödie sich nicht vollständig von Leidenschaft und Ekel befreit hat. Wenn sich also das Bewußtsein auf diese Weise befreit hat, könnte man ebenfalls von Passivität sprechen, obwohl noch eine Art Aktivität fortbesteht. Genau das habe ich getan, und das ist auch der Grund, warum die Kritiker über mein Werk verärgert sind. Sie bemerken, daß ich das ablehne, woran sie glauben.

Welche anderen Werke waren Ihrer Meinung darüber hinaus noch sehr wichtig?

Alle anderen.

Alle anderen? Aber das stille Stück scheint alle zu überragen.

Es ist radikaler. In einem gewissen Sinn sind alle Stücke, die nach dem stillen Stück entstanden sind, radikaler als die, die ich vorher schrieb. Und das, obwohl ich schon in den frühen Stücken der 30er Jahre die Stille mochte. Einer meiner Lehrer beschwerte sich immer darüber, daß ich, kaum daß ich mit etwas begonnen hatte, auch schon wieder aufhörte. Das kann man am ›Duet for two Flutes‹ oder den frühen Klavierstücken aus den 30er Jahren feststellen. In diesen Stücken führe ich gleich zu Beginn die Stille ein. Während jeder rechtschaffene Komponist verstärkt und verdichtet, reduziere ich dagegen immer mehr. (Stephen Montague, 1982)

In ›34′46.776″ for 2 Pianists‹ habe ich die Präparierung des Klaviers nur ganz vage beschrieben und mich auf die Angabe der zu verwendenden Materialien wie Plastik, Gummi, Metall usw. beschränkt. Die einzelnen Entscheidungen habe ich dem Interpreten überlassen. Darüber hinaus habe ich ein weiteres Element, das »x«, in die Komposition eingeführt – ein unvorhergesehenes Element, das dem Interpreten noch mehr Freiheit einräumte.

Dieses Problem, dem Interpreten einen größeren Freiraum zu gewähren, interessierte mich immer mehr. Bei einem Musiker wie David Tudor führte das natürlich zu außerordentlich schönen Ergebnissen. Wenn man jedoch diese Freiheit Leuten gewährt, die undiszipliniert sind und nicht – wie ich in vielen meiner Schriften betont habe – mit Null beginnen (mit Null meine ich die Abwesenheit von Neigungen und Abneigungen), denjenigen also, die sich in anderen Worten nicht als Individuen entwickelt haben, sondern weiterhin in ihren persönlichen Zu- und Abneigungen verharren, dann ist die gewährte Freiheit völlig wertlos.

Bei geschulten Leuten dagegen entsteht etwas ganz Neues. Ich glaube, das war sehr gut bei unserer Performance in Toronto mit David Behrman, Gordon Mumma, David Tudor, Alvin Lucier und Lowell Cross zu beobachten. Auch das Stück ›Reunion‹, das von einigen der schon genannten Personen sowie Marcel und Teeny Duchamp und mir gespielt wurde, mag hier als Beispiel dienen. In beiden Fällen haben wir ein Bild einer veränderten Gesellschaft entworfen. Nicht ein Individuum, sondern eine Gruppe von Individuen hat sich verändert. Wir haben, wie ich das wollte, die Machbarkeit von Anarchie demonstriert. (Hans G. Helms, 1972)

1937 sagten Sie in einem Vortrag [Neudruck in ›Silence‹]: »Das Prinzip der Form wird unsere einzige Verbindung zur Vergangen-

heit bleiben.« Anschließend definierten Sie diese Verbindung als »das Organisationsprinzip oder die normale Fähigkeit des Menschen zu denken.« Später brachten Sie den Begriff der Form mit der »Morphologie einer Kontinuität« und dem »ausdrucksvollen Inhalt« in Verbindung. Könnten Sie etwas zur Entwicklung Ihrer Ansichten über Form sagen?

Gegenwärtig beschäftige ich mich viel mehr mit der U n o r d n u n g und einem Bewußtseinszustand, den man im Zen als N i c h t - B e w u ß t s e i n bezeichnet.

Die Bemerkungen von 1937 sollen dem Leser als eine Art Orientierungshilfe dienen, um ihm anzudeuten, von welchem Punkt ich ausgehe. In diesem Vortrag gibt es gewisse Dinge, mit denen ich heute noch übereinstimme, und andere, mit denen ich nicht mehr einverstanden wäre. Ich kann mir vorstellen, daß ich unter dem damaligen Begriff »Form« das verstand, was ich später »Struktur« nannte (die Teilbarkeit des Ganzen). Später benutzte ich den Begriff »Form«, wie er im allgemeinen für den Begriff »Inhalt« verwendet wird (der Aspekt einer Komposition, dem am stärksten die Fähigkeit innewohnt, frei, spontan, aufrichtig usw. zu sein).

Diese Einstellung zur Form ist irgendwie in der Mitte zwischen meinem gegenwärtigen und meinem früheren Denken anzusiedeln. Heute kann ich unbelastet das Wort »Form« gebrauchen, da ich mich damit beschäftige, Prozesse einzuleiten, deren Fortgang ich nicht vorhersagen kann. Wie kann ich da von »Form« sprechen? (Roger Reynolds, 1961)

1952 arbeiteten wir mit einer in Felder eingeteilten Zeitlängenstruktur, die durch Zufallsoperationen gewonnen wurde. In meinen neueren Werken [seit Anfang der 60er Jahre] befasse ich mich mit dem, was ich Prozeß nenne – einen Prozeß in Gang setzen, der keinen zwangsläufigen Anfang, keine Mitte, kein Ende und keine Abschnitte hat. Obwohl Anfänge und Ende vorgegeben sein können, versuche ich diese Tatsache eher zu verbergen, als das zu tun, was ich gewöhnlich tat, nämlich die Dinge zu messen. Der Begriff des Messens und der Begriff der Struktur interessieren mich gegenwärtig nicht. Ich versuche, durch Beobachtungen aus meinem täglichen Leben herauszufinden, was in der Kunst getan werden sollte. Ich finde das tägliche Leben faszinierend. Wenn sich die Kunst dem täglichen Leben annähert, wird sie uns dessen Schönheiten erschließen. Wenn man sich ein Ziel gesetzt hat, sollten keine Anstrengungen gescheut werden, dieses Ziel zu erreichen. Ansonsten macht man sich der Nachlässigkeit schuldig. Eine Handlung dagegen, die keine Intention in sich birgt, bedarf keiner Anstrengung. Momentan beschäftige ich mich damit, Tätigkeiten ohne Maßgaben durchzuführen und ohne mir sagen zu müssen: Nun, da das getan ist, gehen wir zur nächsten Sache über.

Ich möchte das anhand eines Beispiels verdeutlichen: In diesen beiden Kästen dort drüben befinden sich mindestens 90 Tonbandschleifen von verschiedener Länge. Manche Schleifen sind gerade groß genug für das Tonbandgerät, andere dagegen sind bis zu 13 Meter lang. In der letzten Woche haben wir in Brandeis zu sechst – so viele Personen waren bis zum Aufbau der Anlage eingetroffen – mit 13 Tonbandgeräten eine Performance von ›Rozart Mix‹ gegeben. Die Aufführung bestand nur darin, die Tonbandschleifen auf den diversen Geräten auszuwechseln. Daraus ergab sich eine komplexe Situation auf der Bühne, zumal wir Vorrichtungen aufstellen mußten, um die die Bänder gewickelt wurden, und diese überschnitten sich zum Teil. Die Anzahl der Tonbandschleifen ermöglichte es von vornherein, die Schleifen beliebig auflegen zu können. Auch die Anzahl der Beteiligten und der Geräte trug dazu bei, daß die Aufführung nicht einem bestimmten Plan oder einer Struktur folgte. Eine ähnliche Situation läßt sich auch mit elektronischen Stromkreisen herstellen, indem die Performer den Verstärker manipulieren. Einer arbeitet am Mikrophon oder am Tonkopf, während ein anderer am Verstärker tätig ist. Beiden ist es von vornherein unmöglich, nach einem intentionalen Muster vorzugehen.

Aber diese Beispiele hängen vom Gebrauch eines Gerätes ab, das es für die Beteiligten unmöglich macht, ihre Zielvorstellungen einzubringen.

Wenn eine gewisse Anzahl von Leuten beteiligt ist, wäre es gut, nicht zu wissen, was die einzelnen tun werden. Selbst wenn einer bestimmte Absichten hätte – wenn keiner wüßte, was die Absichten des anderen sind ...

Selbst wenn jeder individuelle Beitrag sehr gut strukturiert wäre, würde die Kombination der Beiträge ...

... in eine unbestimmte, unstrukturierte Richtung weisen und dem ähneln, was ich als tägliches Leben umschrieben habe. Wenn man in der Stadt durch die Straßen geht, kann man beobachten, daß die Leute zielbewußt ihrer Wege gehen, aber ihre Absichten bleiben einem verborgen. Es geschehen viele, viele Dinge, die nicht zielbewußt erscheinen. (Michael Kirby und Richard Schechner, 1965)

Meine letzten Arbeiten waren, zumindestens was die Dauer betrifft, von dieser unbestimmten Qualität. Wenn es die Umstände zulassen, bevorzuge ich längere Stücke. Ich mag es z. B., mit einem Stück anzufangen, ohne daß es das Publikum bemerkt. Das läßt sich auf verschiedene Arten machen. Ich beende auch gerne ein Stück, ohne daß die Leute es bemerken. Das gefällt mir sehr. (David Sylvester und Roger Smalley, 1967)

Wie kamen Sie dazu, ein Stück wie ›HPSCHD‹ zu komponieren?

Als ich vor einem Jahr an der Universität von Cincinnati war, rief mich [Lejaren] Hiller aus Urbana an und sagte, er könne es arrangieren, daß ich ein Stück auf einer Computeranlage komponieren könne. Er wollte wissen, ob ich daran Interesse hätte und was mir bei der Arbeit mit dem Computer vorschwebe. Ursprünglich sollte jemand anders, Gary Grossman, die Programmierung übernehmen, weil ich davon keine Ahnung hatte und es auch nicht lernen wollte. Als ich an der University of Illinois ankam, stellte sich heraus, daß Grossman zu beschäftigt war, die Programmierung zu übernehmen. Deshalb übernahm Jerry Hiller die Programmierung für mich, und da er auf diesem Gebiet viel Erfahrung hatte [[und selbst ein Komponist war]], erarbeiteten wir das Stück gemeinsam. Die ursprüngliche Idee war, wie ich geplant hatte, auf den Computer zugeschnitten, d. h., es war ein gewaltiges Projekt – gewaltig in dem Sinne, daß derartig viele Details berücksichtigt werden mußten, daß das Projekt, wenn man sich mit Füllfederhalter, Tinte und Papier an die Arbeit gemacht hätte, im Hinblick auf die Projektdauer unmöglich am Schreibtisch zu bewältigen gewesen wäre – es war also ein Projekt, das sich nur mit dem Computer durchführen ließ. Die ursprüngliche Idee kam mir beim Nachdenken über die Musik Mozarts und die Art, wie sie sich von der Musik Bachs unterscheidet. Wenn man bei Bach nur einige Takte und die verschiedenen Stimmen betrachtet, stellt man fest, daß sie mehr oder weniger dieselben tonalen Sätze einhalten, d. h., jede Stimme benutzt dieselbe Tonleiter. Betrachtet man hingegen bei Mozart nur einen kleinen Ausschnitt seiner Musik, wird man die chromatische Tonleiter, die diatonische Tonleiter und die tonale Verwendung von Akkorden mit vergrößerten Tonschritten bemerken. Mir kam der Gedanke, dieses »Sich-Entfernen-von-der-Einheit« und diese »Hinwendung zur Vielfalt« mit Hilfe der Computeranlage zu erweitern, um die Details der Töne und die Dauer eines Musikstückes zu vervielfältigen. Daher wurden in diesem Stück die fünf Oktaven in alle nur möglichen Teilungen zerlegt: von fünf bis zu 56 Tönen je Oktave. Nachdem ich große harmonische und melodische Tonschritte analysiert hatte, wurden die diatonischen und die chromatischen sowie noch kleinere Schritte untersucht, die man im Vergleich mit jedem anderen Ton in jeder dieser Oktaven mikrotonal nennen könnte. Eine solche Vorgehensweise ergab sich einerseits aus dem ›I Ging‹, das mit der Zahl 64 operiert, und aus der binären Funktion, auf deren Grundlage der Computer arbeitet – von null zu eins. Multipliziert man 64 mit zwei, erhält man für jeden dieser Töne 129 mögliche Anschläge. Es gibt sehr kurze (mikrotonale) Tonschritte, kurze (chromatische) Tonschritte, längere (diatonische) Tonschritte und sehr lange Tonschritte, die aus Sprüngen in allen Unterteilungen von fünf bis 56 bestehen. Das erklärt aber noch nicht den Namen ›Harpsichord‹, der auf einen Auftrag von Antoinette Vischer aus der Schweiz zurückgeht. Sie hatte mich schon seit Jahren gebeten, ein Stück für das Cembalo zu schreiben. Einige Jahre zuvor hatte mich auch Sylvia Marlowe gefragt, ob ich so etwas komponieren könne. Ich muß zugeben, daß ich dieses Instrument nie besonders mochte. Es hörte sich für mich wie eine Nähmaschine an. Das liegt auch daran, daß es einen sehr geringen Wechsel in der Dynamik hat, und die Tonqualität scheint das Leben der Klänge zu verschleiern, auch die Tonhöhe, oder was auch immer . . .

Jerry Hiller und ich haben versucht, eine präzise Teilungsqualität zu erarbeiten, und zwar nicht nur für die Tonhöhe, sondern auch für die Zeitlängen und die Klangfarbe, die meist den Klang des Cembalos imitiert. Einem kurzen Anschlag folgt ein Tonabfall mit einem Modulationspunkt. Der Tonabfall verläuft nicht geradlinig, sondern kurvenartig; er wird in einem geänderten Abstiegswinkel fortgeführt. Dieser Modulationspunkt kann dann versetzt und der Winkel modifiziert werden, woraus sich »mikrofeine« Variationen in der Klangfolge ergeben, die wir zum Diagramm des ›I Ging‹ in Beziehung brachten. Als erstes ersetzten wir das Werfen von Münzen durch ein »Unterprogramm« für den Computer, um die Zahlen von eins bis 64 zu erhalten. Dieses Unterprogramm benutzten wir, um herauszufinden, an welchem Punkt sich die Modulation – der Wechsel im Tonabfall und innerhalb des Tones selbst – von einer Note zur anderen ändert. Sie sollte nicht nur mikrotonal und mikrozeitlich, sondern auch mikroklangfarben sein. Jedes Tonband ist ein einfaches monophones Band. Bei einer Aufführung ist nicht alles festgelegt. Der Computer verlangt dagegen eine detaillierte Programmierung, um zu funktionieren.

Wie erreichen Sie, daß die Aufführung nicht einer bestimmten Planung folgt?

In der Aufführung werden Tonbänder eingesetzt, von denen jedes einzelne eine unterschiedliche Unterteilung der Oktave aufgezeichnet hat. Neben den 51 Bändern gibt es sieben Live-Soli für Cembalo. Wahrscheinlich werden die Soli verstärkt, damit sie dieselbe Lautstärke wie die Bänder haben. Im Endeffekt werden wir maximal 58 Kanäle einsetzen. Das Stück kann in einer Performance mit ein bis sieben Live-Cembali und ein bis 51 Bändern gespielt werden, je nachdem, wie umfangreich die Performance sein soll. Alle Soli sind eindeutig auf die Zwölftonleiter ausgerichtet. Eines der Soli basiert auf dem Computer-Output für die Zwölftonleiter, die für die Live-Performance notiert wurde. Außerdem gibt es den ›Würfelwalzer‹ mit dem ›Würfelspiel‹, das Mozart zugeschrieben wird, von dem 20 Würfe aus 64 Takten einzeln vom Computer programmiert werden. Zwei weitere Soli beginnen mit dem ›Würfelspiel‹, werden aber dann durch andere Mozart-Stücke mit anderen Tempi ersetzt, die in der Notation in Dreiviertelnoten zu 64 Millimeter übersetzt werden. Innerhalb der 64 Takte von einem der Soli wird ein zweiter Wurf vorgenommen. Indem man weiterhin das Würfelspiel einsetzt, geht man zu einem anderen Mozartstück über und fährt anschließend nach den Regeln der Zufallsoperation mit einem dritten, vierten, fünften, sechsten, siebten und achten Wurf fort. Mit jedem Wurf kommen, glaube ich, 20 Takte neuen Materials hinzu.

Natürlich verstärkt sich bei diesem Verfahren die Komplexität, und das Stück entfernt sich immer mehr vom ursprünglichen ›Würfelspiel‹. Zunächst wird das Stück beidhändig gespielt. Anschließend spielt zunächst die eine, dann die andere Hand in einer dritten Version dieselbe Musikabfolge von Mozarts ›Würfelspiel‹ zu seinen anderen Stücken mit anderen Tempi. Dann machten wir eine grobe historische Gliederung, die bis zum Erscheinen unserer eigenen Werke reichte, in Zeitabschnitte von je 25 Jahren, indem wir in historischer Reihenfolge vom ›Würfelspiel‹ über Beethoven, Chopin, Schumann, Gottschalk, Ives, Schönberg bis zur binären Wahl zwischen einer Klaviersonate von Jerry Hiller und meiner ›Winter Music‹ kamen. Bei dieser Reise durch die Geschichte mußten wir in einigen Fällen die Musik geringfügig ändern, damit sie der Fünf-Oktaven-Tonleiter entsprach, auf die wir uns geeinigt hatten. Das führte dazu, daß wir die Durchläufe von Chopin identisch wiederholten, nachdem sie die Grenze unserer Tonleiter erreicht hatten. Die vierte Version erklärt sich folgendermaßen: Man streift »beidhändig« und dann zunächst mit der linken, im folgenden mit der rechten Hand durch die Geschichte – das ergibt vier. Der Computer-Output ist die fünfte, das reine ›Würfelspiel‹ die sechste, und die siebte Version besteht einfach aus einer Seite mit Anleitungen, die der Cembalo-Spielerin gestattet, ein Mozart-Stück ihrer Wahl auf folgende Weise zu spielen: als ob sie zu Hause ohne Publikum, zum eigenen Vergnügen übt und spielt, als ob sie vor dem Publikum eine Aufführung gibt oder eine Kombination von beidem. Das gesamte Material kann sich auf beliebige Art und Weise überlagern, so daß eine Vielfalt von Performances entstehen kann. Einige Teile können ausgelassen werden. Die Aufführung sollte mit, sagen wir, zwölf Personen durchgeführt werden, die eine Anzahl von Tonbändern an den einzelnen Geräten auswechseln müßten usw.

Was für eine Spieldauer haben die Tonbänder?

Die Tonbänder haben eine Spieldauer von 20 Minuten, die Soli ebenfalls. Indem die Soli, deren verschiedene Tempi in Dreiviertelnoten zu 64 Millimeter übersetzt sind, die Musikgeschichte aufarbeiten, werden komplexe Beziehungen von 13 zu 27 oder zu 24 usw. hergestellt. Die Mensuralnotation hat einen Umfang von 120 Manuskriptseiten für jedes Solo. Die Würfelspiel-Notation wird 60 oder vielleicht auch 40 Seiten lang. Insgesamt hat das Manuskript für die Live-Performance und die 51 Tonbänder einen Umfang von 581 Seiten.

Es war darüber hinaus interessant festzustellen – und ich hoffe, daß sich diejenigen, die mit Computern arbeiten, mehr und mehr dafür interessieren –, wieviel Zeit und gewissenhafte Arbeit in die Herstellung eines operationsfähigen Unterprogrammes investiert werden mußte. Die Erarbeitung des Unterprogrammes für das Werfen der Münzen – eine Sache, die ich im allgemeinen nach den Regeln des ›I Ging‹ mit der Hand gemacht hatte – dauerte allein schon sechs Wochen. Zur Herstellung des gesamten Stückes, das noch nicht aufgeführt werden kann, benötigten wir zehn Monate. Das ist ein Monat länger, als ich für die ›Music of Changes‹, ›Williams Mix‹ oder irgendein anderes Stück, in das ich viel Zeit investierte, benötigte. Dieses mit Unterprogrammen arbeitende Stück erinnert meiner Ansicht nach an die Akkorde, mit denen sich die Musiker früher beschäftigen mußten. Die Meinung, daß ein Akkord einer bestimmten Person zuzuschreiben ist, wird immer weniger vertreten. Ist erst einmal ein Programm entwickelt, so muß die Entwicklung nicht mehr als eine individuelle, sondern als eine gesellschaftliche Leistung betrachtet werden. Wie bei den Akkorden kann bei geringfügiger Abwandlung ein ganz anderes Ergebnis erzielt werden, als es ursprünglich beabsichtigt war. Hat man erst einmal die Logik eines Programmes durchschaut, lassen sich Ideen entwickeln, die über die ursprünglichen Vorgaben hinausgehen. Das wird immer mehr zu einer Vervielfältigung der Musik beitragen, die nicht allein für den privaten Gebrauch einer Person, sondern für die Allgemeinheit zur Verfügung steht.

Wir hören oft von den Auswirkungen der Technik auf unser Leben, indem die Arbeit reduziert wird. Man spricht zum Beispiel über das Freizeitproblem in der Zukunft. Ich finde, das steht im Gegensatz zu der einfachen Tatsache, daß wir trotz zehnmonatiger Arbeit das Stück immer noch nicht abgeschlossen haben. Weiß Gott, wie lange es noch dauern wird, bis es fertig oder ob es überhaupt jemals fertig wird. Wenn ja, werden wir bestimmt nicht sofort darüber nachdenken, ob es anders gemacht werden könnte. In dieser Hinsicht ist die Freizeit kein Problem. Man sollte sich vielmehr fragen: »Wie steht es mit unserer Energie? Haben wir immer noch soviel wie früher? Wie könnten wir sie verstärken?«

Mich interessiert Ihre Bemerkung, daß Sie mit dieser Arbeit eine Musik für die Allgemeinheit schaffen, d. h. eine Musik für jede Art von Personen oder eine Musik für jedermann oder wie man es auch immer ausdrücken will.

Ich möchte damit nur sagen, daß immer mehr Leute einen Computer benutzen werden, daß es immer mehr Unterprogramme geben wird und daß die Möglichkeit, Programme zu erarbeiten, die die an verschiedenen Orten hergestellten Unterprogramme verwenden können, eine vollkommen neue Musik hervorbringen wird. Und gewiß werden sich einige, vielleicht auch viele daran erfreuen. Oh, uns ist zu unserem Stück noch einiges eingefallen. Es wird an einem Programm gearbeitet... Auf jeden Fall muß zuerst das Stück aufgenommen werden. Dafür haben wir einen Vertrag mit Nonesuch Records – auf der einen Seite der Platte wird ›HPSCHD‹, auf der anderen das mikrotonale Quartett von Ben Johnson zu hören sein. Momentan arbeiten wir an einem Programm mit dem Titel ›KNOBS‹. Aufgrund von 20 Computer-Outputs wird es dem Hörer möglich sein, seine eigene Musik abzurufen. Das Angebot von 20 verschiedenen akustischen Möglichkeiten auf einer Platte soll dazu auffordern, mehrere Versionen zu wählen. Auf beiden Kanälen kann man das Solo als Zwölfton-Computer-Output hören, während das ›Würfelspiel‹ von Mozart auf nur einem Kanal erklingt. Auf dem anderen Kanal läuft die Reise durch die Musikgeschichte, einmal mit der rechten und einmal mit der linken Hand gespielt. Jeder Kanal spielt 25 Magnetband-Outputs, wobei wahrscheinlich die Bänder mit den geraden Zahlen auf dem einen und die mit den ungeraden Zahlen auf dem anderen Kanal zu hören sein werden. Wenn man dann noch zusätzlich die Lautstärke und die Klangregler verändert... (Larry Austin, 1968)

John Cage bei ›Nachtcagetag‹
in der Aula der Musikhochschule Dagobertstraße, Köln,
15. 2. 1987. (Ausschnitt)

John Cage über seine Musik ab 1970

Sie sagten einmal, die Aufgabe der Komponisten bestehe darin, Schönheit zu verbergen.

Das hat mit dem Öffnen unseres Bewußtseins zu tun, weil sich unser Begriff von Schönheit mit dem deckt, was wir akzeptieren. Wenn wir die Schönheit durch unsere Musik verbergen, wird unser Bewußtsein erweitert.

Das verstehe ich nicht ganz.

Mir scheint das ganz klar zu sein! Wenn ich nur alles »schön« machte, würde es weder mir noch einem anderen nutzen. Nichts hätte sich geändert.

Demnach denken Sie an andere Leute, wenn Sie schreiben.

Nicht unbedingt. Ich weiß nicht einmal, wie meine Musik klingt, bevor ich sie gehört habe. Ich wüßte nicht, wie ich komponieren sollte, wenn ich daran dächte, was jemand anderes dabei hören würde. Ich versuche meine Arbeit so gut wie möglich zu machen. Mehr kann ich nicht tun. Dächte ich an die Hörer, wüßte ich nicht, an welche ich denken sollte. (Arnold Jay Smith, 1977)

Obwohl ich mit meinen Kompositionen den Interpreten alle Freiheiten lasse, treffe ich hin und wieder einen, der sagt: »Ich möchte nicht frei sein. Man soll mir sagen, was ich zu tun habe.« Ich habe ein Stück geschrieben, das sowohl die freie als auch die exakte Interpretation zuläßt. Das Stück heißt ›Etcetera‹ (1973), und es wird dirigiert. Die Musiker können entweder unter Anleitung des Dirigenten oder für sich allein spielen... Mit diesem Stück versuche ich ein Beispiel einer Gesellschaft zu zeigen, in der es beides gibt, Freiheit und Unfreiheit. In einigen Stücken gebe ich ein Beispiel für die Freiheit und in anderen wiederum ein Beispiel für die Unfreiheit. Es mag wohl zutreffen, daß manche gesagt bekommen müssen, was zu tun sei. Sie können mit der Freiheit nichts anfangen. Es gibt aber auch andere, wie mich z. B., die Freiheit brauchen und es hassen, gesagt zu bekommen, was zu tun sei. In der Zukunft wird es hoffentlich beides geben. (Monique Fong und Françoise Marie, 1982).

Könnten Sie etwas zu dem Thoreau-Stück sagen, das Sie gerade komponiert haben?

Es heißt ›Lecture on the Weather‹. Ich bin davon ausgegangen, daß mir bei diesem Auftrag [der Canadian Broadcasting Corporation] 30 Minuten Sendezeit vorgegeben werden, wie es bei Radiosendungen üblich ist. Da eine Zweihundert-Jahr-Feier etwas mit der Vergangenheit zu tun hat, dachte ich mir, nicht nur auf die Vergangenheit hinzuweisen, die im wesentlichen durch mein stilles Stück ›4′33′′‹ aus dem Jahr 1952 geprägt ist. Keines der Musikstücke, die ich seitdem geschrieben habe, hat meines Erachtens die Grundaussage dieses Stückes in Frage gestellt. So multiplizierte ich 4′33′′ mit verschiedenen Zahlen und kam natürlich zu dem Ergebnis, daß jede Dauer ein Vielfaches von 4′33′′ ist und nur unser mathematisches System uns dazu bringt, es dabei zu belassen, 4′33′′ mit fünf, sechs oder sieben zu multiplizieren. Es gibt andere Verfahren, ein Vielfaches zu erhalten, und es gibt nichts, was nicht ein Vielfaches von 4′33′′ wäre. Die Grenzen sind hier fließend, so daß sich die Frage nach den Verhältniszahlen stellt. (Cole Gagne und Tracy Caras, 1975)

Wie Sie wissen, wurde das ›Journal‹ von Thoreau illustriert. Ich habe seine Zeichnungen herausgenommen und statt dessen in durch Zufallsoperationen ermittelte Zwischenräume musikalische Notationen von der Dauer eines Atemzuges eingefügt, die von Reden umrahmt werden. Der Interpret hat somit ein Buch, das mit musikalischen Notationen illustriert ist; er spricht, liest und vokalisiert die einzelnen Atemzüge. Das Stück in seiner Gesamtheit vervielfältigt die Schwingungsverhältnisse meines älteren stillen Stückes; es beginnt, wie bei der Uraufführung des ersten Stückes in Woodstock, mit dem Geräusch des Windes. Im zweiten Satz beginnt es zu regnen, wie in dem stillen Stück, das von David Tudor in Maverick Hall in den Wäldern bei Woodstock gespielt wurde. Im dritten Satz haben die Leute ursprünglich zu sprechen begonnen, als sie merkten, daß der Pianist keine Klänge erzeugte. Da das ganze Stück hindurch gesprochen wird, hat ›Lecture on the Weather‹ nicht die Reihenfolge »Wind, Regen, Gespräch«, sondern »Wind, Regen, Donner«. Bei der Live-Aufführung im Saal, die direkt übertragen wird, wird das Licht gedämpft, und im letzten Teil werden die Zeichnungen von Thoreau als Blitze aufleuchten. (Ellsworth Snyder, 1975)

Ich habe in vielen Stücken mit Umweltgeräuschen gearbeitet, wie z. B. in ›Score with Parts‹ (1974), das ich für das St. Paul Chamber Orchestra geschrieben habe. Ich benutzte die Umweltgeräusche vom Sonnenaufgang bei Stony Point, New York, wo ich auch die Musik geschrieben habe. David Behrman machte Tonbandaufnahmen dafür. Er machte auch noch eine andere Aufnahme für mein Stück ›Etcetera‹. Es handelte sich dabei ebenfalls um Umweltgeräusche, aber nicht vom Sonnenaufgang, sondern einer x-beliebigen Tageszeit. Ich hatte das Stück für einen Tanz mit dem Titel ›Un Jour ou Deux‹ (›One Day or Two‹) komponiert, den Merce in Paris aufführte. Als mich die CBC bat, ›Lecture on the Weather‹ für die Zweihundert-Jahr-Feier zu schreiben, dachte ich, daß David Behrman die Aufnahmen für den Wind, den Regen und den Donner machen könnte. Irgendwie ist aber der Brief, den ich ihm geschickt hatte, verloren gegangen. Er war an der York University in Toronto, und der Brief landete irgendwo anders. Er erhielt ihn einfach nicht. Schließlich rief ich ihn an, aber leider mußte er aus Termingründen absagen. Er schlug mir vor, Maryanne Amacher mit dieser Arbeit zu beauftragen, da sie seiner Meinung nach die besten Aufnahmen von Umweltgeräuschen machte. Ich wußte, daß ihre Arbeiten sehr schön waren. Ich hatte sie schon einmal gehört und war einverstanden. Ich engagierte sie für diese Arbeit, und ihr Freund Luis Frangella, ein Argentinier, sollte einen Film mit Blitzen von Thoreaus Zeichnungen machen. Thoreau selbst sollte den Donner darstellen. Die Sprecher sollten vorzugsweise Amerikaner sein, die die amerikanische Staatsbürgerschaft aufgegeben hatten und Kanadier werden wollten. Es war also ein d ü s t e r e s Stück für eine Zweihundert-Jahr-Feier. Wie Thoreau kritisierte es den Staat und dessen Geschichte. Die zwölf Sprecher zitierten Stellen aus ›Über die Pflicht zum Ungehorsam gegen den Staat‹, dem ›Journal‹ und ›Walden‹, die durch Zufallsoperationen ermittelt wurden.

Man könnte ein Werk produzieren, das ausschließlich einen Gedanken verfolgt. Ich habe ein Stück mit dem Titel ›Variations IV‹ geschrieben, in dem nichts über dessen Klänge steht. Es enthält nur Angaben darüber, wo sie hergestellt werden sollten, d. h. Anleitungen darüber, wo sie zu spielen sind. Man könnte auch eine Komposition machen, in der nichts über Klänge gesagt wird, sondern nur, wann sie erzeugt werden sollten. (Richard Kostelanetz, 1977)

Waren die ›Etudes Australes‹ eine Auftragsarbeit?

Nein, Grete Sultan arbeitete an meiner ›Music of Changes‹, die ich eigentlich für David Tudor geschrieben hatte. In dem Stück muß das Klavier mit Stößeln und auch mit den Händen geschlagen werden, und es schien mir etwas befremdlich, daß eine ältere Dame auf ein Klavier einschlagen sollte. Deshalb sagte ich Grete, ich würde ein paar Stücke für sie schreiben, und die ›Etudes‹ sind das Resultat.

Haben Sie lange überlegt, bevor Sie auf diese Idee gekommen sind?

Es dauerte Monate, bevor ich diese Idee hatte.

Bis Sie die Idee mit den Sternkarten hatten?

Nein, diese Idee hatte ich von Anfang an. Das Originelle an diesem Stück war die Vorstellung, die Etüden für zwei Hände zu schreiben, bei denen jede Hand getrennt von der anderen spielte. Ich glaube kaum, daß irgend jemand schon einmal auf diesen Gedanken gekommen ist. Das tiefere Notenschlüsselpaar in jedem System ist für die linke Hand, und das obere Paar für die rechte, und beide gehen über den gesamten Stimmbereich. Die Rechte geht vom tiefen A im Baßschlüssel zum oberen Ende der Tastatur, und die Linke umfaßt das untere Ende bis zum C über dem Sopran, so daß sich die Hände fortwährend überkreuzen. Das ist das Charakteristische dieser Etüden. (Tom Darter, 1982)

Ich habe, wie üblich, die Zufallsoperationen des ›I Ging‹ verwendet, wann immer sich eine Frage stellte. Darüber hinaus verwendete ich die Sternkarten des Atlas Australia – deswegen heißen die Stücke ›Etudes Australes‹. Wie einige meiner Stücke entwickeln sie sich von einer Situation zur anderen, so daß sich in der ersten Etüde die wenigsten Verdichtungen, die wenigsten Akkorde befinden. Die letzte Etüde hat theoretisch die meisten Akkordverdichtungen – zwei, drei, vier, fünf Noten auf einmal. Ich hatte einen Katalog darüber angefertigt, welche Dreiklänge, Vierklänge und Fünfklänge von einer einzigen Hand gespielt werden könnten, ohne daß die andere zu Hilfe genommen werden müßte. Es stellte sich heraus, daß auf jede Hand ungefähr 550 Vierton- und Fünftonakkorde kamen. Das machte es möglich, eine Musik zu schreiben, die nicht auf Harmonien fußte, aber dennoch die Einbeziehung von Harmonien in eine solche nichtharmonische Musik zuließ. In politischen Begrifflichkeiten gesprochen wäre das eine Einstellung, die sich aufs Soziale übertragen läßt. Institutionen, Organisationen oder Gruppen könnten sich in einer Welt ohne Nationalstaaten zusammenfinden. (Ellsworth Snyder, 1975)

Wie benutzten Sie die Sternkarten bei der Komposition des Stükkes? Offenbar haben Sie die Karten nicht einfach auf das Notenpapier übertragen.

Ich habe einen $\frac{3}{4}''$ breiten Klarsichtstreifen über die Karten gelegt. Diese spezielle Breite reduzierte die Anzahl der Sterne. Sonst steht man vor dem Problem, daß sich auf einer Sternkarte zu viele Sterne befinden, um daraus ein Musikstück zu machen. Innerhalb dieses Streifens konnte ich die zwölf Töne einer bestimmten Oktave aussondern. Es war, als ob ich einen Streifen in der Breite einer Oktave über die Karte legte. Durch Zufallsoperationen übertrug ich diese Töne auf die zur Verfügung stehenden Oktaven, und zwar für die linke und die rechte Hand. Die übertragenen Noten entsprechen demzufolge nicht den vertikalen Positionen der Sterne, sondern den horizontalen. Das betrifft aber nicht alle Sterne, da die verwendeten Karten unterschiedlich koloriert waren. Durch Zufallsoperationen ermittelte ich entweder nur die blauen und grünen, die roten und orangenen, die gelben und violetten Sterne oder Kombinationen.

In welcher Beziehung stand das zu den von Ihnen schon erwähnten Gesamtklängen?

Nachdem ich die Noten gefunden hatte, fragte ich unter anderem, welche von ihnen als Gesamtklänge und welche als einzelne Noten behandelt werden sollten. In der ersten ›Etude‹ ergab das nur eine Zahl [aus 64 durch das ›I Ging‹ bestimmten Möglichkeiten], in der 32. ›Etude‹ ergaben sich hingegen 32. Schließlich führt das zu einer Situation, in der die Hälfte der Töne als Gesamtklänge und die Hälfte als Einzeltöne fungieren kann.

Interessieren Sie sich für Synthesizer?

David Tudor und ich haben gemeinsam auf dem Gebiet der sogenannten elektronischen Live-Musik gearbeitet. Ich habe immer versucht, die Dinge im Fluß zu halten, die Arbeit mit dem Synthesizer läuft dagegen auf die Tonbandversion einer statischen Situation hinaus. Ich sammele keine Schallplatten. Die wenigen Platten, die ich besitze, kann ich nicht einmal spielen, weil ich keinen Plattenspieler habe.

Als Sie mit David Tudor zusammen gearbeitet haben, benutzten Sie elektronische Schaltkreise, die speziell für Ihre Aufführungen aufgebaut wurden.

Das ist zum Beispiel bei ›Cartridge Music‹ sowie bei den neuen Stücken ›Child of Tree‹ und ›Branches‹ der Fall, in denen die Geräusche von Pflanzenmaterialien verstärkt werden. Für diese Stücke habe ich Improvisationsanleitungen beigefügt; denn die Improvisation kann sich weder auf Geschmack noch Gedächtnis berufen, weil man die Instrumente nicht kennt.

Und wie funktioniert das genau?

Ich befestige an einem Stück Kaktus ein Kontaktmikrophon oder einen Tonkopf mit einer Nadel. Der Kaktus und seine Stacheln werden mit dem Tonsystem verbunden. Indem ich an den Stacheln zupfe oder sie mit Papier oder Stoff berühre, erzeuge ich einen wunderschönen Grundton. Tonhöhenverhältnisse zwischen den Stacheln eines einzigen Kaktusses sind meist sehr interessant – mikrotonal. (Tom Darter, 1982)

Die meisten Leute, die mit Ihrem Leben vertraut sind, wissen, daß Sie ein Mykologie-Experte sind. Steht Ihre Beschäftigung mit Pilzen in Beziehung zu Ihrer musikalischen Arbeit?

Im Hinblick auf die Pilze trifft das in meinem Fall zu. Lange Zeit hatte ich den Wunsch, Pilze zu hören. Das ließe sich mit einer sehr sensiblen Technik realisieren: Die herunterfallenden Sporen erzeugen bestimmt ein Geräusch, wenn sie auf dem Boden ankommen. Ich habe das in dem letzten, dem humoristischen Artikel in ›Silence‹ erwähnt. Ich würde das immer noch gerne machen. Gewiß läßt das darauf schließen, daß letztendlich alles auf der Welt hörbar ist, zumal sich alles im Zustand der Vibration befindet. Nicht nur Pilze, auch Stühle und Tische sind also »hörbar«. Man könnte eine Klangausstellung besuchen, auf der die Exponate nicht nur zu sehen, sondern auch zu hören sind. Das würde ich gern tun.

Vor etwa acht Jahren wurden Pflanzen mit Elektroden versehen, die mit Synthesizern verbunden waren. Kennen Sie diese Arbeiten?

Ja, das habe ich auch gemacht.

Mit welchem Resultat?

Es war sehr interessant. Ich arbeite auch an einem Projekt (unglücklicherweise konnte es bis jetzt noch nicht verwirklicht werden), einen Stadtpark für Kinder mit Verstärkern auszurüsten. Das sollte in Ivrea bei Turin, dem Standort von Olivetti, realisiert werden. Dort befindet sich im Stadtzentrum eine schöne Anhöhe, die einen wunderbaren Ausblick auf die Alpen bietet. Da dort der Verkehrslärm nicht zu hören ist, wäre es möglich, die Geräusche der Pflanzen zu vernehmen. Das Projekt kam nicht zustande. Man bat mich, ein ähnliches Projekt in Zagreb und in Rom durchzuführen. Ich habe nicht zugesagt, bis ich einen passenden Ort gefunden habe. Ich bin durch die wunderbare Situation in Ivrea verwöhnt, wo die Stille hörbar und schön war, wenn man nicht gerade mit den Pflanzen Musik machte. Es war wie in einem Konzertsaal. Ich wollte die Kinder die Stille der Anhöhe hören lassen, nachdem sie die Geräusche, die sie beim »Spielen« mit den Pflanzen erzeugten, gehört hätten. Es war vorgesehen, das Spiel der Pflanzen von Zeit zu Zeit auszuschalten, damit die Kinder auch die Stille wahrnehmen könnten. Ansonsten hätten sie nur Lärm gemacht.

Haben Sie die Kaktus-Musik (›Child of Tree‹) gehört? Daraus ist diese Idee entstanden. Ich benutzte Kakteen für einen Tanz von Merce Cunningham. Ich erzeugte auf Kakteen und anderen Pflanzen Klänge. Das führte zu der Idee, einen Park mit Verstärkern auszurüsten, und darüber hinaus zu einer weiteren faszinierenden Idee: ein Musikstück mit Tieren, mit Schmetterlingen zu machen. Es hört sich phantastisch an, aber es wäre mit unserer heutigen Technik wahrscheinlich machbar. (David Cope, 1980)

Ich habe von dem Violinvirtuosen Paul Zukofsky einen Brief erhalten. Wenn meine gegenwärtige Arbeit abgeschlossen ist, werde ich ein Stück für ihn schreiben. Er drückte in seinem Brief die Hoffnung aus, daß ich nach meiner Rückkehr – und er bezog sich dabei auf ›Etudes Australes‹, die Klavieretüden, die ich für Grete Sultan komponiert habe – zur strengeren Notation auch etwas für Violine schreiben würde. Als ich ihn neulich besuchte, fragte ich ihn, warum er das in den 50er Jahren geschriebene Stück für Violine nicht präzise genug fände, da es doch graphisch festgelegt sei. Er hatte jedenfalls, aus welchem Grund auch immer, angenommen, daß es eine spontane Improvisation nahelegen würde! Dabei ist an und für sich nichts präziser als eine graphische Notation, die man exakt ausmessen kann – was ich bei der Niederschrift tat –, um genau herauszufinden, was gespielt werden sollte. Tatsächlich ist die Notation so streng, daß ich Befürchtungen hatte, dem Interpreten damit eine Zwangsjacke anzulegen. Tendenziell folgte es denselben Kriterien, nach denen ich ›Music of Changes‹ schrieb, was schließlich dazu führte, daß ich mich anschließend für mehr Unbestimmtheit entschloß, die dem Interpreten größere Freiheit gewährte.

Es gibt zwei Stücke für einen Violinspieler, die sich von Aufführung zu Aufführung sehr unterschiedlich anhören können, was auf die Einteilung der graphischen Darstellung zurückzuführen ist. Stört Sie das Problem, daß die graphische Darstellung zu detailliert war?

Nein. Sie konnten sich unterschiedlich anhören, weil ich nicht genauer ausführe, was mit einer einzelnen Saite gemacht werden kann. In einem Gespräch mit dem New Music String Quartet – Broadus Erle, Claus Adam, [Matthew] Raimondi und [Walter] Trampler – habe ich erfahren, daß es im allgemeinen keine Übereinstimmung darüber gibt, was auf einem Saiteninstrument gespielt werden kann. Fragen Sie zwei Leute, wieviel Noten auf einer G-Saite gespielt werden können, und Sie erhalten zwei verschiedene Antworten. Zur Zeit erforscht Zukofsky die Möglichkeiten der Violine sehr intensiv und schreibt auch darüber. Irgendwo unter den Papieren befinden sich die Tabellen, die er mir gegeben hat. Er wird noch mehr Tabellen anfertigen, was man tatsächlich spielen kann und welche physischen Aktivitäten damit verbunden sind. (Cole Gagne und Tracy Caras, 1975)

Ich nenne diese Stücke [[›Branches‹, ›Inlets‹ und ›Child of Tree‹]] jetzt ›Improvisation 1‹ und ›2‹; ›3‹ und ›4‹ [[und ein neueres Stück für ›BL Lacerta‹, ›A‹ und ›B‹]] werden folgen. ›3‹ wird für Merce Cunninghams Tanz ›Duets‹ gespielt, und ›4‹ ist für ›Fielding Sixes‹. In diesem Stück werden Kassettenrecorder verwendet, auf denen die

Kassetten nach einer besonderen Methode gespielt werden. In Nummer ›3‹ werden einfach alle Kassetten pianissimo gespielt; das erfordert vier Spieler. Jedem wird in der gesamten Spielzeit ein Crescendo zugestanden, eine komplexe Situation. Jede Person verfügt über dasselbe Material. Für dieses Stück werden sechs Kassetten eingesetzt. Für ›Fielding Sixes‹ hat John Fullemann eine Möglichkeit gefunden, die Geschwindigkeit des Gerätes zu variieren. Wir verfügen über zwölf Aufnahmen, deren Abspielgeschwindigkeit permanent verändert wird. Während vier Leute dieselben Kassetten spielen, werden gleichzeitig andere Kassetten abgespielt. – Manchmal werden auch dieselben gespielt, aber nie synchron. [[Dieses Stück wurde 1986 überarbeitet und der ›Improvisation 3‹ spiegelbildlich angepaßt. Es gibt kein Crescendo; die Musik fällt von einer im allgemeinen mittleren Amplitude ohne eine Tempoveränderung zurück in die Stille.]] (Andrew Timar, 1981)

In welchem Stadium befindet sich die Arbeit an den Freeman Etudes?

Die ersten 16 waren fertig. Dann stellte [Paul] Zukofsky fest, daß ich schon fast zu viel über die Violine dazugelernt hatte. Das H über dem Sopranschlüssel konnte auf jeder der vier Saiten gespielt werden. Hatte ich jedoch den Eindruck, daß es sich eher für die erste oder zweite Saite eignen würde, klammerte ich die dritte und vierte Saite bei den Zufallsoperationen aus. Als er das bemerkte, schlug er – mit meinem Einverständnis – vor, anhand der Saitenangaben nochmals zu überprüfen, welche Saite benutzt werden sollte, unter der Bedingung, daß es physisch überhaupt realisierbar wäre. Wir überarbeiten jedes Stück erneut, und wenn sich herausstellt, daß einige Stellen zu schwierig bzw. nicht realisierbar sind, lehnt er die Zufallsoperation ab. Da er einige akzeptiert, andere dagegen ablehnt, wird das Stück nie ausschließlich vom Zufall bestimmt. Aber es wird jetzt mehr vom Zufall bestimmt als zuvor.

Also werden die Stücke überarbeitet. Die ersten sechs sind fertig, und zwei weitere wurden schon überarbeitet, sind aber noch nicht kopiert worden. Anschließend werden die restlichen Stücke überarbeitet. Mit den letzten 16 Stücken habe ich schon begonnen. [[Janos Negyesy wird die Aufnahmen für die Stücke IX–XVI machen. Die Aufnahmen der Stücke I–VIII wurden von Zukofsky gespielt.]]

Die Arbeit hat Zukofsky von Dingen, die realisierbar sind, in Kenntnis gesetzt, von denen er vorher nichts wußte. Ich habe all seine Antworten auf meine Fragen aufgezeichnet, und er hat den Vorschlag gemacht, das Manuskript zu überarbeiten und zu publizieren. (Cole Gagne und Tracy Caras, 1980)

Einige dieser Stücke sind sehr schwierig.

Das stimmt, ja, sie sind sehr schwierig.

Hatten Sie vor, etwas technisch Anspruchsvolles zu schreiben?

Ja, ich habe ganz bewußt versucht, die Stücke so schwierig wie möglich zu gestalten, weil ich der Ansicht bin, daß wir in unserer Gesellschaft mit sehr ernsthaften Problemen konfrontiert sind. Wir neigen sogar dazu, die Situation als hoffnungslos zu bezeichnen, so daß es unmöglich scheint, etwas zu unternehmen, um alles zum Besseren zu wenden. Ich glaube, daß diese Musik, die man kaum spielen kann, als Beispiel für die Machbarkeit des Unmöglichen dient. (Laura Fletcher und Thomas Moore, 1983)

Sind Sie darüber beunruhigt, daß durch das Interesse an Ihren früheren Werken Ihre neueren Arbeiten weniger Beachtung finden?

Nein. Das trifft meines Erachtens nicht zu, weil einige Leute auch die neuere Musik spielen. Insbesondere die neuen Etüden für Klavier und Violine stoßen auf großes Interesse. Ich glaube daher nicht, daß es da irgendein Problem gibt.

Meine Grundeinstellung ist die, daß ich mein Leben führe und meine Musik ihr eigenes. Beide sind unabhängig voneinander. Natürlich bin ich am Leben meiner Musik interessiert, aber nach meinem Tod ist sie auf sich gestellt, weshalb ich von vornherein darauf bedacht bin, daß ihre Selbständigkeit gewahrt bleibt.

Haben Sie bei Ihrer neuesten Musik den Eindruck, daß die Stücke sich sehr ähneln?

Nein, so kann man das nicht sagen. Ich mache in einer bestimmten Zeitspanne die verschiedensten Sachen. Ich mache nicht ausschließlich Musik, sondern schreibe auch Texte und stelle gerade Radierungen her. Bei all dem gehe ich nach unterschiedlichen Methoden vor. Manche Ideen lasse ich wieder fallen, andere entlehne ich der Vergangenheit. Ich arbeite also nicht linear, sondern unterschiedliche Schichten überschneiden sich. Es gibt zum Beispiel einerseits die ›Freeman Etudes‹ für Violine, deren Interpretation sehr festgelegt ist. Ihre Notation ist so exakt, wie es nur möglich war. (Das geschah auf Wunsch von Paul Zukofsky, mit dem ich sie gemeinsam geschrieben habe.) Gleichzeitig entwickele ich aber ein Interesse an Improvisation, die wahrscheinlich freier ist als all das, was ich je zuvor komponiert habe (einschließlich der nicht festgelegten Stücke). (Cole Gagne und Tracy Caras, 1980)

In den letzten Jahren habe ich viel intensiver mit sogenannten akustischen als mit elektronischen Instrumenten gearbeitet. Einige junge Leute machen jetzt schon sehr schöne Sachen mit der Elektronik. Auch mein langjähriger Mitarbeiter David Tudor und David Behrman sind auf diesem Gebiet sehr erfolgreich, so daß ich den Eindruck habe, daß wirklich etwas geschieht. In den letzten Jahren habe ich versucht, selbst Gegebenheiten, die stark traditionell geprägt sind, Aktualität und Originalität abzugewinnen: dem unpräparierten akustischen Klavier, der Violine und neuerdings der Flöte, der Stimme und dem Kontrabaß. Meine neueren Arbeiten beschäftigen sich nicht mit der Elektronik. In dem Arrangement ›Ryoanji‹ – es handelt sich hierbei nicht um das Ensemble für Schlagzeug oder Orchester, sondern um das für Solisten für Oboe, Flöte, Stimme und Kontrabaß – habe ich die Glissandi innerhalb dieses begrenzten Klangbereichs untersucht. Der Tonumfang ändert sich von Stück zu Stück. Manchmal ist er eng, manchmal weit, aber niemals überschreitet er die Oktave. Ich habe in jedem entsprechenden Fall für jedes Instrument den Teil des Klangbereiches ermittelt, der in ein sehr sanftes Glissando übergeht. (Bill Shoemaker, 1984)

Im Gegensatz zu [Harry] Partch und Lou Harrison, die sich für die Intonation und die Kontrolle von Mikrotönen interessieren, bin ich nach meiner Beschäftigung mit der Zwölftonmusik immer mehr vom Universum der Klänge fasziniert. Ausgangspunkt waren für mich die Geräusche. Ich versuche nicht – wie Partch und Harrison – zwischen dem Musikalischen und Nichtmusikalischen zu differenzieren, sondern beginne beim Geräusch und benutze keine Klänge, die nicht den Charakter eines Geräusches haben. Ich gebe zu bedenken, ob diese Praktiken nicht zu einer Verbesserung der Gesellschaft beitragen könnten. Anstatt wie üblich unsere Gesetze auf die Reichen zuzuschneiden, sollten sie statt dessen von den Bedürfnissen der Armen ausgehen. Wenn es uns gelingen sollte, Gesetze zu erlassen, die aus der Armut eine Wohltat machten, würden sie auch den Reichen zugute kommen. Umgekehrt bedeutet es Unterdrückung. (David Cope, 1980)

Ich höre gerade die Geräusche auf der Straße, und ich bin dabei, ein Stück zu schreiben, in dem eine Aufnahme dieser Straßengeräusche teilweise verarbeitet wird.

Insbesondere dieses Geräusch, wenn die Autos über abgedeckte Baugruben fahren?

Ja, ein immer wiederkehrendes Geräusch.

Es hat also keinen regelmäßigen Rhythmus?

Nun, es wird einen derartig langsamen Rhythmus haben, der Takt der Musik wird so schwerfällig sein, daß er meines Erachtens überhaupt nicht als Rhythmus wahrgenommen werden kann. (Birger Ollrogge, 1985)

Ich möchte immer wieder bei Null beginnen und, wenn möglich, eine Entdeckung machen. Einige Werke können natürlich in einer Werkgruppe zusammengefaßt werden, wie zum Beispiel die ›Sonatas and Interludes‹. Bei den neueren Stücken bilden die Quartette für Orchester und verstärkte Stimmen sowie die Stücke für Orchester und ›Hymns and Variations‹ für zwölf verstärkte Stimmen ebenfalls eine Werkgruppe. So ist ein neues Stück in einer solchen Werkgruppe ein zusätzliches Stück in einem Bereich von Möglichkeiten, wobei der Bereich selbst schon entdeckt worden ist. Manchmal wird diese Entdeckung im Bereich der Materialien (Pflanzenmaterialien wie in ›Child of Tree‹ und ›Branches‹, wassergefüllte Muscheln wie in ›Inlets‹ oder, noch früher, Radios wie in ›Imaginary Landscape No. 4‹) und manchmal durch kompositorische Mittel gemacht, wie in den ›Music of Changes‹ oder vor kurzem in den ›Freeman Etudes‹ für unbegleitete Violine und in ›Roaratorio‹ für Folk-Musiker, Rede und Tonband. Ich weiß nicht, welche Rolle dieser Wunsch, bei Null zu beginnen, in meiner Musik spielt, außer, daß mein Vater ein Erfinder war und ich mich bemühte, seinem Beispiel zu folgen, obwohl er Elektroingenieur und kein Musiker war. (›10 Questions: 270 Answers‹, 1980/81)

Haben Sie irgendwelche Ziele, die Sie noch nicht erreicht haben?

Da gibt es noch einige Projekte, die ich nicht abgeschlossen habe. Insbesondere würde ich gern an einem Projekt arbeiten, das ich

›Thunder Piece‹ nenne, für das ich eine Tonaufnahme von einem Gewitter machen und die von einem Chor gesungenen und elektronisch transformierten Donnerschläge aus ›Finnegans Wake‹ benutzen werde [[um die Klangräume auszufüllen]]. Das Orchester würde dann den Regen »spielen«. Dieses Projekt wurde vor Jahren von Marshall McLuhan vorgeschlagen. (Jeff Goldberg, 1976)

Sie meinen ein Werk über Regen?

Ja, ›Atlas Borealis of the Ten Thunderclaps‹. Ich habe damit noch nicht angefangen.

Dann haben Sie also nichts dagegen, über Ihre Ideen zu sprechen, bevor Sie angefangen haben, sie zu verwirklichen? Fürchten Sie nicht, daß man sie stehlen könnte?

Ideen können heutzutage nicht mehr als Eigentum betrachtet werden, deshalb können sie auch nicht gestohlen werden. Falls jemand ›Atlas Borealis of the Ten Thunderclaps‹ machen möchte, brauche ich es nicht mehr zu tun. Deshalb mache ich es so oft publik wie möglich. (Geneviere Marcus, 1970)

Könnte man sagen, daß Ihren kompositorischen Werken ein streitbares Moment innewohnt? Möchten Sie lieber die Art und Weise, wie das Publikum, die Interpreten und die Komponisten mit der Musik umgehen, oder die Geschichte der Musik selbst ändern?

Ich glaube, meine Musik enthält ein didaktisches Moment. Ich denke, daß Musik etwas damit zu tun hat, daß man sich ändert. Es fängt damit an, daß der Komponist sich ändert, und man kann sich vorstellen, daß sich diese Veränderung auch auf die Zuhörer auswirkt. Die Einstellung des Publikums verändert sich nicht zwangsläufig, aber beim Komponisten tritt auf jeden Fall eine Bewußtseinsveränderung auf, nicht nur im Hinblick auf die Musik, sondern auch in anderen Bereichen. (Cole Gagne und Tracy Caras, 1980)

Betrachten Sie vielleicht Ihre Musik als ein Mittel, einer Zukunft oder einer Gesellschaft ohne Institutionen den Weg zu bahnen?

Das kann ich nur hoffen, aber ich bin mir nicht sicher, ob die Musik in dieser Hinsicht von Nutzen ist.

Warum nicht?

Nun, was mich betrifft, weiß ich, daß ich mich durch meine musikalische Betätigung ändern kann, daß ich ein anderer Mensch werden kann. Mein Bewußtsein kann sich ändern. Meine Gedanken über Klänge und meine Erfahrung mit ihnen haben sich durch das Musikmachen gewandelt. Was sich verändert hat, ist, daß ich mein größtes akustisches, ästhetisches Vergnügen einfach in den Klängen der Umwelt finde und nicht auf Musik angewiesen bin, um meinen Ideen oder Gefühlen Ausdruck zu verleihen. Deshalb brauche ich heute weder die Musik anderer noch meine eigene. Ich bin glücklicher ohne jede Musik. Der einzige Grund, weshalb ich mich weiterhin mit Musik beschäftige, besteht darin, daß die Leute darauf bestehen.

Seitdem ich festgestellt habe, daß sich mein Bewußtsein im Hinblick auf Musik revolutioniert hat und ich mit Marshall McLuhan übereinstimme, daß die ganze Gesellschaft heutzutage eine Erweiterung des zentralen Nervensystems ist, kann ich nur hoffen, daß sich der Weltgeist, an dem jeder von uns teilhat, wandeln kann. Ich bin aber nicht sicher, daß er sich durch Musik ändert.

Was würden Sie tun, wenn man Sie nicht bitten würde, Musik zu machen?

Vielleicht sollten wir auf mein stilles Stück ›4′33′′‹ zurückkommen. Die drei Sätze dieses Stückes können an und für sich beliebig lang sein. Ich glaube, daß wir im musikalischen Bereich eine sehr lange Aufführung dieses Stückes brauchen. In gewisser Weise komme ich mit diesem Stück meiner Verantwortlichkeit gegenüber anderen Leuten nach. Eigentlich wollte ich damit zeigen, daß Musik selbst dann entsteht, wenn man nicht musiziert. (Nikša Gligo, 1972)

Warum schreiben Sie denn überhaupt noch Musik?

Die Antwort ist einfach. Ich habe Schönberg, meinem Lehrer, versprochen, mich der Musik zu verschreiben. Die Tatsache, daß ich an allen Klängen Gefallen finde, bedeutet nicht, daß ich mit dem Schreiben von Musik aufhören sollte, die anderen Leute eine ähnliche Entwicklung ermöglichen kann, oder?

Was würde ich außerdem sonst mit meinem Leben anfangen? Natürlich habe ich viel zu tun, und mit fortschreitendem Alter interessieren mich immer mehr Dinge, Makrobiotik einbegriffen. Aber ich würde weiterhin Musik schreiben, obwohl ich sie persönlich nicht brauche. (Maureen Furman, 1979)

John Cage über seine Performances

Soweit mir bekannt ist, wurden all meine Musikstücke aufgeführt. Als ich mit Adolph Weiss zusammenarbeitete, beeindruckte mich besonders die Tatsache, daß fast keines seiner zahlreichen Stücke jemals gespielt wurde. Das hat ihn etwas verbittert, und ich habe damals beschlossen, daß ich meine Aufgabe nur halb erfüllt hätte, wenn meine Kompositionen nicht aufgeführt würden. Ein Stück ist nicht dann abgeschlossen, wenn es nur niedergeschrieben ist. (Jeff Goldberg, 1976)

Ich habe mir zur Regel gemacht, nur dann ein Stück zu schreiben, wenn es auch aufgeführt wird, und ich werde keine Mühe scheuen, bis es aufgeführt worden ist. Meine früheren oder jetzigen Reisen habe ich meist deswegen unternommen. Grob gesagt war 1952 oder vielleicht 1954 der Wendepunkt. Vor dieser Zeit mußte ich mich selbst um die Aufführung meiner Musik bemühen. Heutzutage regeln das andere Leute für mich, und ich unternehme dann die entsprechenden Reisen. (Alcides Lanza, 1971)

Was verstehen Sie unter Theater?

Ich bemühe mich, mit meinen Definitionen nichts auszuschließen. Ich würde einfach sagen, daß eine Sache wie das Theater Augen und Ohren in Anspruch nimmt. Sehen und Hören sind die beiden sinnlichen Tätigkeiten des Publikums; Schmecken, Berühren und Riechen sind eher dem intimen, nichtöffentlichen Bereich zuzurechnen. Ich möchte meine Definition von Theater so einfach wie möglich halten, damit selbst das tägliche Leben als Theater betrachtet werden kann.

Hat ein Konzert einen Theater-Charakter?

Ja, sogar ein konventionelles Stück, das von einem konventionellen Symphonieorchester gespielt wird. Zum Beispiel wird der Hornist von Zeit zu Zeit seinen Speichel aus dem Horn schütteln.

John Cage bei ›Mushrooms et Variations‹
in der Kirche St. Georg, Köln, 2. 4. 1985. (Ausschnitt)

[[Wenn man mich als Kind in ein Konzert mitnahm]], erregte das bei mir viel mehr Aufmerksamkeit als die Melodien oder die Harmonien usw.

Wie steht es mit dem Hören von Schallplatten oder Tonbändern?

Das kann sehr interessant sein, wenn man dabei etwas in seiner Umgebung beobachten kann. Wenn man sich in einem Raum befindet und bei geöffnetem Fenster eine Schallplatte läuft, während eine leichte Brise mit den Vorhängen spielt, sind meines Erachtens alle Bedingungen erfüllt, die ein Theatererlebnis ausmachen. Wenn ich mich hinlege und zuhöre, befinde ich mich in einem intimen Theater, das in meinem Inneren stattfindet und das nichts mit meiner Definition des Theaters als öffentliches Ereignis – wenn man schon etwas ausschließt – zu tun hat. In anderen Worten, man macht etwas ganz allein für sich, was man sehr schwer beschreiben oder einem anderen genau erzählen könnte. Ich verstehe unter Theater ein Ereignis, das eine unbegrenzte Anzahl von Personen – also mehr als eine Person – einbezieht. (Michael Kirby und Richard Schechner, 1965)

Mich würde interessieren, was Sie empfanden, als Sie eines Ihrer früheren Werke, wie z. B. ›Variations II‹, das von einer beliebigen Anzahl von Interpreten gespielt werden kann, zum ersten Mal hörten. Macht es für Sie einen Unterschied, wie es gespielt wird? Interessiert es Sie, wie sich die Aufführung von ›Variations II‹ im Verhältnis zu einer anderen anhört?

Wenn der Interpret eines Werkes offensichtlich nicht nur im Geist der Komposition spielt, sondern sich dabei auch von seinen eigenen Neigungen befreit, spielen die Resultate keine Rolle, weil wir schließlich nicht an Ergebnissen interessiert sind. Resultate sind wie der Tod. Uns interessieren vielmehr die Dinge, die sich in einem Prozeß befinden, ihre Veränderungen und nicht ihr statisches Sein. Wenn jedoch jemand ein Stück in diesem Sinne interpretiert, wird unter »frei« meist verstanden, daß man mit dem Stück machen kann, was man will. Ich sage zum Beispiel: »Trage es diszipliniert vor«, sage also gerade nicht: »Mach, was du willst«. Und dennoch wird das von vielen Leuten mißverstanden. Erst vor kurzem fühlte ich mich nach einer schlechten Aufführung der ›Song Books‹ in einem Seminar dazu verpflichtet, nochmals darauf hinzuweisen, daß die von mir gewährte Freiheit keineswegs erlaubt zu machen, was man will. Vielmehr sollte sie die Leute dazu anregen, sich von ihren Neigungen und Abneigungen zu befreien und sich zu disziplinieren. (Cole Gagne und Tracy Caras, 1975)

Selbst eine schlechte Aufführung kann Musikern und Zuhörern helfen, sich in die Möglichkeiten eines neuen Werkes einzuhören, und ihre Fähigkeit erweitern, aufgeschlossen für Erfahrungen zu sein. (Calvin Tomkins, 1965)

Was würden Sie von jemandem denken, der Ihre Musik jenseits Ihres ursprünglichen Konzeptes, Ihrer kompositionellen Idee interpretieren würde?

Oh, das fände ich ausgezeichnet. Dafür gibt es im Zen-Buddhismus, mit dem ich mich schon länger beschäftige, ein gutes Beispiel. Wenn der Schüler dem Lehrer eine Frage stellt, erhält er vom Lehrer die Antwort. Anschließend stellt der Lehrer dem Schüler dieselbe Frage, und wenn der Schüler dieselbe Antwort wie der Lehrer gibt, bekommt er deswegen einen Schlag auf den Kopf. (Nikša Gligo, 1972)

Ich glaube, die Idee des Happenings ist durch das zufällige Zusammentreffen mehrerer Leute im Black Mountain College entstanden – Merce war dort, David Tudor und Publikum... Viele Leute, viele Möglichkeiten und die schnelle Realisierung, all das hat zur Entstehung des Happenings beigetragen. Ich habe am Vormittag über eine Idee nachgedacht, und am Nachmittag wurde sie umgesetzt – mir war es möglich, einen umfassenden Plan zu entwerfen. (Deborah Campana, 1985)

Was haben Sie versucht zu tun?

M. C. [Richards] hatte ›Das Theater und sein Double‹ von [Antonin] Artaud übersetzt. Durch die Lektüre dieses Buches erfuhren wir von der Idee, daß das Theater nicht auf einem Text basieren muß, daß der Text nicht alle anderen Handlungen vorschreiben muß, so daß sich Klänge, Aktivitäten usw. unabhängig voneinander entfalten können, ohne aufeinander zu verweisen. Weder sollte der Tanz Ausdruck der Musik noch die Musik Ausdruck des Tanzes sein. Beide konnten unabhängig voneinander bestehen, ohne daß einer den anderen kontrollierte. Wir haben diesen Gedanken auf die Poesie, die Malerei usw. und das Publikum ausgeweitet. Die Aufmerksamkeit des Publikums wurde nicht ausschließlich in eine bestimmte Richtung gelenkt.

Demzufolge wurde dieses Ereignis geplant und verfolgte eine bestimmte Absicht?

Natürlich. Es wurde sehr schnell umgesetzt, aber die Ideen existierten schon vorher. Eine Partitur gab es ebenfalls.

Ich schrieb eine Partitur – ich glaube, sie ist verloren gegangen –, die sogenannte »Zeitklammern« vorgab. Wenn [Charles] Olson z.B. seine Poesie vortragen wollte, standen ihm dafür besondere »Zeitklammern« zur Verfügung. Mein Stück enthielt lange stille Passagen. (Mary Emma Harris, 1974)

[Im ersten Happenning] am Black Mountain 1952 wurden die Sitze in einem Quadrat aufgestellt, das aus vier Dreiecken bestand, die auf ein Zentrum ausgerichtet waren, sich jedoch nicht berührten. Der Raum im Zentrum sowie die Gänge zwischen den vier Dreiekken waren groß genug, um sich bequem bewegen zu können. Die Zuschauer konnten einander beobachten, der Vorteil eines Theaters, in dem die Zuschauer in einem Kreis um die Bühne sitzen. Der größte Teil der Handlungen fand außerhalb des Zentrums statt. Auf jedem Zuschauersitz befand sich eine Tasse ohne eine Gebrauchsanweisung für das Publikum. Manchmal wurde sie als Aschenbecher benutzt. Die Performance wurde durch eine Art Ritual beendet, indem Kaffee in die Becher gegossen wurde.

Könnten Sie die ganze Performance beschreiben?

An einer Stirnwand des rechteckigen Saals wurde ein Film gezeigt, am anderen Ende wurden Dias projiziert. Ich stand auf einer Leiter und hielt einen Vortrag, der stille Passagen enthielt. Eine weitere Leiter wurde abwechselnd von M.C. Richards und Charles Olson benutzt. In gewissen Zeitabschnitten, die ich Zeitklammern nannte, konnten die Interpreten innerhalb bestimmter Grenzen machen, was sie wollten. Man könnte hier auch von Feldern sprechen, Feldern, die nicht ausgefüllt werden mußten, sondern ausgefüllt werden konnten. Erst innerhalb dieser Felder konnten die Spieler nach Belieben agieren, ansonsten mußten sie abwarten. Robert Rauschenberg ließ Musik auf einem altmodischen Phonographen mit einem Trichter und einem lauschenden Hund auf der Seite abspielen. David Tudor spielte Klavier. Merce Cunningham und andere

Tänzer bewegten sich durch und um das Publikum herum. Über uns waren Rauschenbergs Bilder aufgehängt …

Das waren die »weißen Bilder«?

Genau. Zu der Zeit malte er auch schwarze Bilder, aber ich glaube, wir benutzten nur die weißen. Sie wurden in verschiedenen Winkeln aufgehängt, ein Baldachin von Bildern über dem Publikum. Ich kann mich an nichts mehr erinnern, außer an das Ritual mit der Kaffeetasse. Ich erinnere mich, wie zu Beginn der Vorstellung eine Dame, Mrs. Jalowitz, hereinkam. Sie war die Witwe des ehemaligen Dekans der Musikabteilung. Sie hatte darauf bestanden, sehr früh zu kommen, um den besten Platz zu kriegen. Sie fragte mich, welches der beste Platz sei, und ich sagte ihr, sie wären alle gleichgut. (Michael Kirby und Richard Schechner, 1965)

Ich glaube, ich könnte an einer Hand abzählen, welche der von mir besuchten Theateraufführungen mich wirklich interessiert oder beeindruckt haben.

Der traurige Zustand des Theaters hat aber nicht nur einen Stillstand in der Entwicklung des Theaters verursacht, sondern auch zwei Dinge bewirkt, die ich erwähnen möchte. Als erstes wäre die Entwicklung des modernen Tanzes zu nennen, sofern er sich vom klassischen Ballett gelöst hat. Er stellt eine neue Form von Theater dar, die in vielfältigen Ausprägungen existiert.

Dann, nachdem sich bei uns der moderne Tanz in den 30er Jahren entwickelt hatte, haben sich in den 40er Jahren viele von uns mit dem Denken und Wirken Antonin Artauds auseinandergesetzt. Dadurch wurde schon ein Theater vorbereitet […], das seine Mittel nicht im Literarischen erschöpfte, und es entwickelte sich eine andere Theaterform, als sie Artaud vorschwebte. Diese Theaterform wird »Happening« genannt.

Zur Zeit glaube ich – und danach richte ich meine Arbeit aus –, daß ein mittelmäßiges Happening eine größere Bedeutung hat und sich mehr für das Theater eignet als ein noch so gutes literarisches Werk. (Stanley Kauffmann, 1966)

Würden Sie sagen, daß Sie gegen das Theater sind, so wie es manchmal Jasper Johns nachgesagt wird?

Nein. Ich liebe das Theater. Als wir – Earle Brown, Morton Feldman, Christian Wolff, David Tudor und ich – [Anfang und

Mitte der 50er Jahre] eng zusammenarbeiteten, hatte ich den Eindruck, daß sich meine Arbeit aufgrund ihres theatermäßigen Charakters von ihren Arbeiten unterschied. Mortys Arbeit hatte für mich nichts Theatermäßiges an sich. Sie hatte vielmehr, sagen wir einmal, etwas Lyrisches. Christians Arbeit schien mir mehr musikalisch, eigentlich rein musikalisch zu sein. Das trifft jedoch nicht auf seine spätere politisch-idealistische Arbeit zu. Earle war meines Erachtens eher konventionell, europäischer. Er beschäftigte sich sozusagen immer noch mit den musikalischen Diskursformen, während ich mich eher mit dem Theater auseinandersetzte. Was könnte wohl mehr mit Theater zu tun haben als das stille Stück – jemand betritt die Bühne und tut überhaupt nichts. (David Shapiro, 1985)

Also befürworten Sie Verhältnisse, wie sie vielleicht in der Zeit der Renaissance anzutreffen waren, ohne daß sich die Leute dessen so bewußt waren? Sie hielten Bankette in größeren Sälen ab, lauschten der Musik, aber unterhielten sich dabei. Meinen Sie, daß das vielleicht die zukünftige Rolle der Kunst sein könnte?

Ich glaube, die Kunst hat heute bereits eine solche Funktion. Diese Erfahrung machte ich erstmals in Washington, als David Tudor und ich meine ›Variations IV‹ aufführten. Zuerst gingen diejenigen, die die ganze Vorstellung unerträglich fanden. Diejenigen, die interessiert waren, sind geblieben, liefen von Raum zu Raum und unterhielten sich. Diejenigen mit dem größten Interesse setzten sich in die Nähe der Bühne, um zu sehen, was wir taten, und während wir spielten, verwickelten sie uns manchmal in ein Gespräch, das sich entweder auf die Situation bezog oder auch nicht. Als ich dagegen vor ungefähr zwei Jahren ›Variations IV‹ in einer Kunstgalerie in Hollywood aufführte und einige Leute an mich herantraten, während ich spielte, wollte ich nicht mit ihnen sprechen, weil ich dachte, daß ich zu beschäftigt war. Als sie mich ansprachen, antwortete ich nicht, oder ich sagte zum Beispiel zu einem besonders Hartnäckigen: »Sehen Sie nicht, daß ich beschäftigt bin?« Bei ›Variations VI‹ dagegen entfiel dieser Druck. Die Arbeit ging wie von selbst, was mich an das Haiku ›Ein Nickerchen machen‹ erinnert. »Während ich ein Nickerchen mache, dresche ich den Reis«. Das heißt, beim Nichtstun regeln sich die Dinge von selbst.

Das ist wahr und falsch zugleich.

Ich glaube, Sie haben recht. Ja, es stimmt und stimmt auch nicht; das Haiku ist von einer tiefen Wahrheit.

Hat für Sie Musik eigentlich eine Beziehung zum Rituellen, ist sie ein ritueller Akt?

Ich kann mir vorstellen, daß die zukünftige Musik durchaus rituell sein könnte. Dabei würde es sich ganz einfach um eine technologisch erzeugte Klangoffenbarung handeln, und zwar dort, wo man es am wenigsten vermutet. Man könnte im Publikumsbereich die Dinge so arrangieren, daß zum Beispiel dieser Tisch, an dem wir sitzen, akustisch wahrgenommen wird, ohne ihn zu berühren. Wie wir wissen, vibriert er ständig. Aus diesem Grund erzeugt er einen Klang, aber wir wissen noch nichts über die Beschaffenheit dieses Klanges. (David Sylvester und Roger Smalley, 1967)

Wie sind Sie mit dem Theater in Kontakt gekommen?

Das hat sich aus meiner Erfahrung mit dem Tanz ergeben. Der Grundgedanke war wohl, daß ein Mensch nicht nur Ohren, sondern auch Augen hat. Um 1945, '46 und '47 beschäftigte ich mich mit Musik, und ich beschloß, mich erst dann weiter mit Musik zu beschäftigen, wenn es sich als nützlich erwies und ich auf Antworten stieß, die meinen Entschluß rechtfertigten, mein Leben der Musik zu widmen. Durch asiatische Philosophie und durch meine Arbeit mit Suzuki wurde mir klar, daß das, war wir tun, leben ist, und daß wir uns nicht auf ein Ziel hinbewegen. Wir befinden uns sozusagen immer am Ziel und ändern uns mit ihm. Und der einzige Nutzen der Kunst kann nur darin bestehen, uns für diese Einsicht die Augen zu öffnen. Vor dem ›Theatre Piece‹ [1960] machte ich zwei Stücke für das Fernsehen. Eines hatte den Titel ›Water Walk‹ [1959], das andere hieß ›Sounds of Venice‹ [1959]. Ich nannte das eine ›Water Walk‹ in Anlehnung an ›Music Walk‹ [1958], und ich denke, Sie werden mir beipflichten, daß ›Music Walk‹ ein theaterhaftes Stück ist. Vor ›Music Walk‹ hatte ich ›Water Music‹ geschrieben. Diese Titel sollten verdeutlichen, daß all diese Werke miteinander verwandt sind. Die ›Water Music‹ stammt aus dem Jahr 1952, ich glaube aus demselben Jahr, als das Happening in Black Mountain stattfand. Es war meine unmittelbare Reaktion auf dieses Ereignis.

Könnten Sie die Entstehungsgeschichte dieses Werkes kurz beschreiben?

Die ›Water Music‹ sollte eine Musikstück sein, das aufgrund seiner visuellen Elemente als Theaterstück rezipiert werden kann. Das heißt, das Musikstück nimmt Elemente des Theaters auf. Das erste theatermäßige Moment besteht darin, daß der Klavierspieler auf die Partitur sieht. Gewöhnlicherweise kann sie außer ihm niemand sehen. Da nun der Akt des Sehens thematisiert werden soll, versuchen wir, diese Handlung zu betonen, damit sie vom Publikum wahrgenommen wird. Damals ermittelte ich anhand von Zufallsoperationen und einem Diagramm, welcher Klang zu welcher Zeit und mit welcher Lautstärke ertönen sollte. Ich trug in das Diagramm einfach nicht nur die Daten ein, die auf einen Klang verwiesen, sondern auch solche, die eine interessante Handlung in Gang setzten. Irgendwo hatte ich gehört, daß die Erde aus Wasser, Erde, Feuer usw. besteht; und ich dachte, es wäre gut, sich auf das Wasser zu konzentrieren. Deshalb verzeichnete ich im Diagramm überwiegend, wenn auch nicht ausschließlich, Gegebenheiten, die mit Wasser zu tun haben.

Und das waren zum Beispiel?

Wasser von einem Becher in den anderen gießen, eine Pfeife benutzen, die nur mit Wasser funktioniert, diese Pfeife im Wasser verschwinden und wieder auftauchen lassen.

Können Sie sich noch an die Elemente erinnern, die nichts mit Wasser zu tun haben?

Es gab noch ein Glissando auf der Tastatur, auch einen Dominantseptakkord. Ich war auch damals schon daran interessiert, den Ausschluß banaler Elemente zu vermeiden. In der Entwicklung der Zwölftonmusik hatte die Konsonanz eine Sonderstellung; man versuchte, Konsonanzen zu vermeiden oder nur sehr selten einzusetzen. Oktaven, die Quinte und insbesondere der Dominantseptakkord sowie Kadenzen sollten möglichst nicht auftauchen. Ich habe immer Partei für das Verbotene ergriffen und nach Möglichkeiten gesucht, die ausgeschlossenen Elemente wieder ins Spiel zu bringen. Deshalb verarbeitete ich Klänge, die damals vom musikalischen Standpunkt aus verboten waren. Selbst die aufgeklärtesten modernen Komponisten lehnten es seinerzeit ab, banale musikalische Klänge zu verarbeiten.

Als Sie 1960 mit dem ›Theatre Piece‹ begannen ...

Davor kam ein Zeitlängen-Stück für einen Pianisten, das ungefähr 34 Minuten dauert. Ich wurde beauftragt, ein Stück für zwei präparierte Klaviere zu schreiben, aber ich führte ein »x«-Konzept für Nebengeräusche ein. Ich hatte also verschiedene Geräuschgruppen: eine, die im Klavier erzeugt wurde, eine andere, die außerhalb, auf dem Klavier erzeugt wurde, und Geräusche, die unabhängig vom Klavier erzeugt wurden – mit Pfeifen. Die Teile stehen in keinem Verhältnis innerhalb der Partitur, sie existieren unabhängig voneinander. Dazu schrieb ich ein Stück, das Geräusche wie Haarkämmen und Küssen enthielt und das gleichzeitig von Gesten begleitet wurde, um ihm eine theaterhafte Note zu verleihen. Ich denke, daß sich Elemente des Theaters kontinuierlich durch mein Werk ziehen.

Als ich ›Theatre Piece‹ schrieb, ging ich prozessual vor, indem ich alle Elemente einander überlagern ließ und ausmaß. Ich arbeitete dieses Konzept aus, bis ich es schriftlich niederlegen konnte, ohne jedoch die Einzelheiten festzulegen. Das überließ ich den Interpreten. Ich unterbrach den Prozeß vor seiner Vollendung, die dem einzelnen Künstler zugedacht war.

Der Grund war der: in einer Unterhaltung, die ich Anfang desselben Jahres mit Karlheinz Stockhausen geführt hatte, fragte er mich: »Wenn Sie ein Lied schrieben, würden Sie es für den Sänger schreiben, oder würden Sie einfach Musik schreiben?« Ich erwiderte, ich würde für den Sänger schreiben. Daraufhin sagte er: »Darin unterscheiden wir uns, ich würde Musik schreiben.« Zu dieser Zeit wollte er ein Lied für Cathy Berberian komponieren und dabei alle Techniken der Stimmerzeugung einbeziehen, die ihm bekannt waren. Er interessierte sich für afrikanische Klick-Klacklaute, und da sie diese Technik beherrschte, verarbeitete er sie in seiner Komposition. Er interessierte sich auch für das Pfeifen. Ihm ist jedoch nicht der Gedanke gekommen, daß sie nicht pfeifen konnte. Es ist ihr völlig unmöglich zu pfeifen. Er verlangte also Sachen von ihr, die sie nicht konnte. Aus diesem Grund habe ich für ›Theatre Piece‹ keine Einzelheiten festgelegt. Ich wollte von keinem etwas fordern, was er nicht konnte.

Die Wörter sollten nach dem Zufallsprinzip dem Wörterbuch entnommen werden.

Ganz richtig.

Dennoch sollten sie als Grundlage der Handlung dienen.

Richtig. Ich wollte dem Interpreten alle Freiheit lassen. Er sollte nicht in eine Situation kommen, die er nicht bis zum Schluß durchführen wollte. (Michael Kirby und Richard Schechner, 1965)

Wie würden Sie reagieren, wenn jemand während der Aufführung Ihrer Musik einschlafen, losbrüllen oder protestieren würde? Wären Sie gekränkt, beleidigt oder entmutigt?

Nein, jeder lebt sein eigenes Leben. Selbst wenn jemand zuhört, wird er auf eine nur ihm eigene Art zuhören. Es gibt eigentlich keinen Grund, beleidigt zu sein, denn wir sind sozusagen eine Vielheit von Seinseinheiten ...

Ihr erstes Beispiel über den Mann, der während des Konzertes einschläft, erinnert mich an ein Haiku: »Während ich ein Nickerchen mache, dresche ich den Reis.« Das heißt, einer schläft, und einer drischt den Reis.

Wollen Sie damit sagen, daß jeder sich nur nach seinen eigenen Prinzipien richtet?

Ja, und wir arbeiten sozusagen zusammen, so daß derjenige, der Reis drischt, nicht das Bedürfnis hat zu schlafen, und es für den Schläfer keinen Grund zum Singen gibt.

Aber strukturieren Sie Ihre Arbeit nicht irgendwie?

Sie spielen auf eine Reinheit an, die wir niemals erreichen werden. Wenn man »Ziellosigkeit« sagt, meint man eigentlich »beabsichtigte Ziellosigkeit«. Im Lauf der Zeit wird man feststellen, daß das nicht nur so dahingesagt ist, sondern die Wahrheit ist. Aus diesem Grunde lehne ich Definitionen ab. Wenn eine Definition gelingt, schneidet man den Begriff von einer Sache ab, und dadurch wird ihr das Leben genommen. Er besitzt dann nicht mehr die Wahrheit, die die Sache in ihrem undefinierten Zustand hatte.

Aber manche Leute sind hilflos, wenn die Dinge nicht definiert werden.

Diese Ansicht wird sie nicht zu Einsichten bringen. Der ganze Wunsch nach Definitionen stammt aus der Renaissance, in der man Klarheit verlangte und sie bekam. Wir leben nun in einer anderen Epoche, und derartige Definitionen sind für uns nutzlos geworden. (Michael Kirby und Richard Schechner, 1966)

Was geschah nach dem ›Theatre Piece‹?

Ungefähr zur selben Zeit wurde meine Musik verlegt, und es dauerte sehr lange, dafür einen Katalog zu erarbeiten. 1958 begann ich Stücke zu schreiben, die ich ›Variations‹ nannte. Das erste setzte sich mit Klangparametern auseinander. Unter Verwendung von aufgelegten Klarsichtfolien konnte jeder Interpret Messungen vornehmen, um die Klänge im Raum zu lokalisieren. Während meines Aufenthalts an der Wesleyan [University] benutzte ich für das erste Stück eine einzige Klarsichtfolie, auf die ich fünf Notenlinien gemalt hatte. Da ich noch nicht genau wußte, wie ich sie auflegen wollte, zeichnete ich sie sehr schnell. Während ich mich an der Wesleyan [University] mit einigen Studenten unterhielt, kam mir plötzlich die Idee, daß dem Interpreten viel mehr Freiheit eingeräumt wird, wenn ich nur eine einzige Notenlinie oder eine einzige Notation auf ein Blatt zeichnete. So entstand ›Variations II‹, aber man mußte immer noch messen. Dann folgte ›Variations III‹. Ich hatte mich schon vor einigen Jahren mit der Struktur auseinandergesetzt, dem Prozeß, den man als Struktur bezeichnen könnte. Er beinhaltet eine Auseinandersetzung mit dem Raum, und plötzlich wurde mir der Unterschied zwischen dem, was wir heute Dada und Neo-Dada nennen, klar. Ich war immer ein Bewunderer der modernen Architektur mit ihren offenen Räumen. Ich bewunderte die japanischen Gärten, in denen sich nur ein paar Steine befanden. Ich hatte mich der Idee von Aktivität in Verbindung mit Inaktivität verschrieben, so wie ich mich früher dem Gedanken an eine Einheit von Klang und Stille verbunden fühlte.

So, wie ich zu der Einsicht kam, daß es keine Stille gibt, und daraufhin das stille Stück schrieb, wurde mir nun bewußt, daß es auch keine Inaktivität gibt. In anderen Worten, auch der Sand, auf dem die Steine in einem japanischen Garten ruhen, ist ein Etwas. Warum mir das nicht vorher schon klar war, weiß ich nicht. Es gibt keine Inaktivität. Oder, wie Jasper Johns bei Betrachtung der Welt sagt: »Sie scheint sehr geschäftig zu sein.« Und so entstand ›Variations III‹, das keinen Raum zwischen den Dingen läßt und damit postuliert, daß wir ununterbrochen aktiv sind. Die Handlungen sind nicht genau definiert. Der Interpret erhält von mir nur die Anweisung, verstärkt auf die Anzahl seiner Aktivitäten zu achten. In anderen Worten, ich fordere ihn auf zu zählen. Und mehr verlange ich nicht von ihm. Beim Zählen soll er jedoch auch die passiven Aktivitäten berücksichtigen, wie z. B. die Wahrnehmung eines Umweltgeräusches. Unsere Aktivität kennt keine Pause und springt von einer Tat zur nächsten, wobei sich viele Handlungen überschneiden. Das einzige, was ich an ›Variations III‹ nicht mag, ist, daß man zählen muß, und das versuche ich nun abzuschaffen. Eine Aufführung bedeutet für mich, aufzustehen und zu handeln. (Michael Kirby und Richard Schechner, 1965)

Von den zwei Musikarten, die mich heutzutage interessieren, ist die eine eine Art Musik, an der jeder beteiligt ist. [...] Ich mag Musik, die viele Leute machen. Aus diesem Grund versuche ich in meinen Aufführungen verstärkt auf eine Situation hinzuarbeiten, die den Unterschied zwischen Aufführenden und Publikum aufhebt. Dabei denke ich nicht an eine vom Komponisten einkalkulierte Publikumsbeteiligung. Vielmehr schwebt mir eine Musik vor, die sich aus den Aktivitäten der Interpreten und dem sogenannten Publikum ergibt. Das ist ein schwieriges Unterfangen, und ich habe in dieser Richtung bisher nur ein paar Versuche mit unterschiedlichen Resultaten unternommen. Am schönsten war für mich eine Aufführung im letzten Herbst an der University of Wisconsin in Milwaukee, als ich gebeten wurde, Umweltgeräusche vorzuführen. Es kamen ungefähr 300 Leute in den Konzertsaal, und ich sprach zu ihnen darüber, welches Vergnügen Umweltgeräusche bereiten. Anschließend ermittelten wir anhand von ›I Ging‹-Zufallsoperationen auf der Karte des Universitätsgeländes eine Route, die wir gemeinsam innerhalb von 45 Minuten oder einer Stunde zurückzulegen hatten. Dann sind wir so ruhig wie möglich und auf jedes Geräusch achtend diese Route durch das Universitätsgelände gelaufen. Es war eine soziale Erfahrung.

Mehr eine soziale als eine musikalische?

Es war auch eine musikalische Erfahrung. Nachdem wir in den Konzertsaal zurückkehrten, diskutierten wir über beide Aspekte.

Die andere Art von Musik, die mich interessiert, hat eine lange Tradition und erfreut sich schon seit langer Zeit großer Beliebtheit. Ich meine die Musik, die man für sich ganz allein macht, ohne anderen etwas vorzuschreiben. Wenn man allein musiziert, muß man keinem sagen, was er zu tun hat.

Die konventionelle musikalische Situation, in der ein Komponist anderen sagt, was zu tun ist – nun, das ist eine Sache, die ich zur Zeit nicht machen möchte. Wenn jemand meine früheren Stücke auf diese Weise spielt, habe ich nichts dagegen. Ich selbst würde ein derartiges Konzert heute nicht mehr organisieren. (Hans G. Helms, 1972)

In den 60er Jahren waren die Leute von Ihren Werken ziemlich irritiert, und heute ...

Oh, Sie meinen, daß sie heute nicht mehr so irritiert sind.

Nein, ich meine, die Leute haben sich nicht daran gewöhnt.

Ich habe gerade ›Myoyce‹ in Frankfurt aufgeführt. Das ist eine geflüsterte Version meines ›Writing for the Fifth Time Through Finnigans Wake‹. Es dauerte zweieinhalb Stunden. Klaus Schöning vom WDR sagte dem Publikum von ungefähr 400 oder 500 Joyce-Anhängern, daß die Türen offen blieben und jeder während der Vorstellung gehen, aber auch wieder zurückkommen könne, wenn er wolle. Nach 20 Minuten verließen die ersten den Saal, und er erzählte mir später, daß zum Schluß fast nur noch die Hälfte des Publikums geblieben ist. Deshalb denke ich, daß das Werk immer noch irritiert. Vielleicht denken die Leute das Gegenteil, aber dennoch haben sie große Schwierigkeiten, sich auf etwas zu konzentrieren, was sie nicht verstehen. Es gibt einen Unterschied zwischen Verstehen und Erfahren. Viele denken, Kunst hätte mit Verstehen zu tun, aber das ist nicht der Fall. Sie hat vielmehr mit Erfahrung zu tun. Wenn man etwas versteht, verläßt man den Saal, sobald man begriffen hat, worum es geht, denn auf die Erfahrung möchte man sich nicht einlassen. Man möchte nicht verunsichert werden. Deshalb verlassen sie den Saal und behaupten, es gäbe keine Avantgarde. Aber die Avantgarde gibt es weiterhin, sie ist Erfahrung. (Thomas Wulffen, 1985)

Was die Rezeption Ihres Werkes anbetrifft, scheint es offenbar einige Unterschiede zwischen dem europäischen und dem amerikanischen Publikum zu geben.

Ich glaube schon, daß es da Unterschiede gibt. Das europäische Publikum besteht meist aus Erwachsenen. Das Publikum in den USA kommt gewöhnlich aus den Universitäten und besteht aus Leuten, die sich gesellschaftlich noch nicht etabliert haben.

Hat sich das aber nicht innerhalb der letzten zehn Jahre geändert?
Besteht Ihr Publikum in den USA größtenteils immer noch aus jün-
geren Leuten?

Ich habe den Eindruck, daß die Universitäten die Orte sind, an
denen die Gesellschaft als Ganze Kunst rezipiert. Nachdem die Studenten ihr Studium abgeschlossen haben, sind nur noch wenige
kunstinteressiert. (Birger Ollrogge, 1985)

Eigentlich eignet sich Ihre Musik nicht für Tonaufnahmen, oder?

Ich mag Live-Musik. Ich hindere keinen daran, meine Musik auf-
zunehmen, weil einige Leute das mögen. Aber ich habe Schallplatten
immer abgelehnt.

Sie arbeiten häufig mit elektronischen Anlagen. Ich habe den Ein-
druck, daß die Spontaneität und die gute Laune, mit der Sie Ihrer
Arbeit nachgehen, zur Humanisierung dieser Technik beitragen.

Das Stück, an dem wir gerade arbeiten, benutzt nicht nur Elektronik, sondern auch alle möglichen Alltagsgegenstände, von denen wir
täglich umgeben sind. Es handelt sich um ein kompliziertes Arrangement mit drei Interpreten und Objekten, die mit Tonköpfen und
Kontaktmikrophonen versehen sind. Wir begeben uns in eine Situation, die mit einer Tunnelfahrt nach New Jersey verglichen werden
kann.

Hinsichtlich des Klanges?

Nein, im Hinblick auf das, was zur Erzeugung der Klänge getan
werden muß. Während eine Person etwas Beliebiges spielt, kann
eine andere die Amplitude verringern. Ursachen und Wirkungen
geraten völlig durcheinander. Das persönliche Element scheint den
exakten Lauf der Maschinerie zu stören.

Eignet sich ein Konzertsaal für dieses Vorhaben?

Ja, bei einem derartigen Konzert können die Leute auch zuhören,
wenn sie den Saal verlassen. So sind die Geräusche nicht so absto-
ßend, wie sie anfangs dachten.

Wäre es gut, wenn die gesamten Geräusche des Lebens letzten
Endes alle Konzertsäle völlig ersetzten?

Nicht völlig. Meiner Meinung nach sollten wir in der Zukunft alle
Dinge zur Verfügung haben, die wir aus der Vergangenheit kennen,
und darüber hinaus noch viele andere Dinge, die wir bis dahin nicht
hatten.

Es scheint, daß es viel Arbeit und Mühe macht, die Zufälligkeit und die Spontaneität zu erreichen, die Sie anstreben. Liegt darin nicht ein Widerspruch?

Es handelt sich um einen Versuch, unser Bewußtsein um Möglichkeiten zu erweitern, die anders sind als die, die wir bereits kennen, und die, von denen wir bereits wissen, daß wir gut mit ihnen zurechtkommen. Es muß etwas getan werden, um uns und unser Gedächtnis von unseren Vorlieben zu befreien. (David Sterritt, 1982)

Ich denke, der wesentliche Unterschied zwischen Theater und Musik besteht darin, daß immer mehr Dinge geschehen, die, oberflächlich betrachtet, keine Klänge erzeugen. Sowie man mit Sängern arbeitet wie z. B. in ›Renga‹ und ›Apartment House‹, hat man schon den rein musikalischen Bereich verlassen, zumindest nach Ansicht der Musikergewerkschaft. Wie Sie wissen, gehören die Sänger der AGMA, der Theatergewerkschaft an. Das konnte man ganz eindeutig bei der Aufführung von [Mr.] Swift Eagle und der Reaktion des Publikums feststellen. Es verhielt sich überhaupt nicht so, wie es bei einem Musikkonzert üblich ist. Diesen Leuten war überhaupt nicht klar, daß sie sich ruhig verhalten sollten. Eigentlich reagierten sie so wie im Theater. (Dick Higgins, 1976)

Als Künstler werden wir mit den Werken der Vergangenheit konfrontiert. Dennoch ist es uns möglich, in der Gegenwart etwas zu schaffen. Ich würde keine Dinge der Vergangenheit präsentieren, aber ich würde sie als Materialien für meine zukünftigen Arbeiten betrachten. Man könnte sie wie eine Collage in jede beliebige Arbeit einfügen. Es wäre gewiß eine höchst interessante Aufgabe, eine Collage aus den verschiedenen Theaterstücken herzustellen.

Lassen Sie mich erklären, warum ich die Literatur der Vergangenheit nicht als Kunst, sondern als Material ansehe. Es gibt viele Leute, die die Vergangenheit als ein Museum betrachten, dem man die Treue zu halten habe. Ich habe eine andere Einstellung. Als Material kann das Vergangene mit anderen Dingen zusammengebracht werden. Dabei kann es sich auch um Dinge handeln, die man im konventionellen Sinne nicht als Kunst bezeichnen würde: alltägliche Ereignisse in der Stadt und auf dem Land oder technische Ereignisse – Dinge, die heutzutage aufgrund der technischen Entwicklung realisiert werden können. Das ändert den Charakter der Musik, und ich bin sicher, daß es ebenfalls zum Wandel des Theaters beiträgt, zum Beispiel durch Einbeziehung des Farbfernsehers, den Einsatz mehrerer Filmprojektoren, photoelektronische Vorrichtungen, die besondere Relais aktivieren, wenn ein Schauspieler bestimmte Bühnenabschnitte betritt. Ich müßte das Theater analysieren, um seine einzelnen Bestandteile besser kennenzulernen, damit ich bei einer späteren Synthese wüßte, welche Elemente man einbeziehen muß. Im Hinblick auf die Musik dachte ich an etwas, was nicht elektronisch erzeugt wird, und an etwas, was mit der Stimme produziert wird, wie z. B. Wind usw. Das schließt die gesamte Literatur ein. Ich habe auch an Geräusche gedacht, die wir aufgrund ihrer geringen Lautstärke nicht hören, aber die durch neue Techniken verstärkt werden können, wie zum Beispiel die Geräusche von Ameisen, die im Gras laufen. Ansonsten könnten noch Stadtgeräusche, Landgeräusche oder synthetische Geräusche einbezogen werden. Ich habe noch nicht alles analysiert, was im Theater verwendet werden kann, aber ich glaube, ich wäre dazu in der Lage.

Was wäre das zum Beispiel?

Die Situation im Theater stellt eine sehr komplexe Situation dar, da sie, wie ich schon sagte, Sehen und Hören umfaßt. Wir kennen oder glauben zumindest, die Aspekte des Klanges zu kennen, also was wir hören können und wie Töne erzeugt werden. Wird jedoch das Optische einbezogen, stehen wir vor einer komplexeren Situation. Farben, Licht, bewegliche und statische Formen, kurz, all die Dinge, die im Buddhismus als »nichtfühlendes« Sein bezeichnet werden und im Verhältnis zum »fühlenden« Sein stehen, wie z. B. Tiere, werden in diese Situation einbezogen. Ich möchte noch einmal auf Artauds Gedanken über das Theater zurückkommen. Er fertigte Listen an, um herauszufinden, was alles im Theater verwendet werden könnte. Man sollte ständig untersuchen, ob einem nicht irgend etwas entgangen ist, was im Theater Verwendung finden kann. (Michael Kirby und Richard Schechner, 1965)

Einige Ihrer Kritiker haben mir gegenüber erwähnt, daß Ihre negative Einstellung zu einer klassischen Ausbildung oder zur Virtuosität ein wesentlicher Grund dafür ist, daß Ihre Musik und Ihre Vorstellungen allgemeines Befremden auslösen. Diese Auffassung von »klassischem Können« und »Virtuosität« basiert darauf, daß ein Stück als gut befunden wird und man sich dann bemüht, diese Wirkung noch herauszuarbeiten, bis es vollendet klingt. Stimmen Sie mit dieser Kritik überein (bzw. halten Sie das überhaupt für eine Kritik), oder haben diese Kritiker einfach nicht verstanden, worauf es Ihnen ankommt?

Die Kritik beruht wohl auf einem Mißverständnis. Der größte Teil meiner Musik ist für Virtuosen geschrieben. Die Orchestermusik dagegen nicht, da Orchestermusiker keine Virtuosen sind. Aber die ›Music of Changes‹ wurde für David Tudor geschrieben, und der ist ein Klaviervirtuose. Die ›Etudes Australes‹, die für Grete Sultan geschrieben wurden, sind wahrscheinlich die schwierigsten Klavierstücke, die jemals komponiert wurden; sie erfordern eine Kunstfertigkeit, die sogar eine korrekte Plazierung am Klavier berücksichtigt. Ich erhalte laufend Briefe von Klaviervirtuosen, die von diesen Stücken fasziniert sind – erst vor kurzem erhielt ich einen Brief von Roger Woodward. Auch er ist von diesen Stücken fasziniert. Ich habe die ›Etudes‹ von verschiedenen Pianisten spielen gehört, und es freut mich zu wissen, daß diesen Stücken ein langes Leben beschert ist. All das widerspricht dem allgemeinen kritischen Einwand, daß sich meine Musik am Tage meines Todes in Luft auflösen wird – ich glaube nicht daran. Sollte das dennoch der Fall sein, so glaube ich, daß genug Musik von mir existiert, die eines Tages wieder aufkeimen wird und damit ihre Wiedergeburt ankündigt. Aber eigentlich betrifft mich das nicht.

Die Stücke, die ich gerade für Paul Zukofsky komponiere, sind seines Erachtens die schwierigsten Violinstücke, die jemals geschrieben wurden. Er hat gewisse Bedenken wegen dieses hohen Schwierigkeitsgrades, und er kann nicht länger als fünf Minuten hintereinander an diesen Stücken arbeiten, ohne sich anschließend auszuruhen. Sie sind zu schwierig. Andererseits hat er mir erklärt – da ich nicht Violine spielen kann –, daß die Literatur über Violine im Laufe der Geschichte immer schwieriger geworden ist, so daß es nicht Wunder nimmt, wenn auch diese Stücke schwieriger als alle vorherigen sind. (David Cope, 1980)

Ich wurde gebeten, eine Oper zu schreiben, eine Sache, die ich nie zuvor gemacht habe. Das bedeutet viel Arbeit. Es handelt sich um ein Theaterstück mit vielen Sängern. Ich möchte in dieser Oper alle Akteure vom Diktat eines Dirigenten befreien. Statt dessen möchte ich eine Collage aus »pulverisierten« europäischen Opern anfertigen. Mein Titel, ›Europera‹ paßt meines Erachtens ausgezeichnet; er verbindet die Wörter ›Europa‹ und ›Oper‹. Ursprünglich wollte ich in der Komposition ausschließlich die Musik aus dem Repertoire des entsprechenden Opernhauses verarbeiten. Bühnenausstattung und Kostüme wären also schon vorhanden gewesen. Sie sollten einfach völlig neu zusammengestellt werden. Statt einer einzigen Oper könnte man alle Opern an einem einzigen Abend aufführen. Die Idee ist hübsch und läßt sich verhältnismäßig leicht umsetzen, aber es stellte sich heraus, daß Opern … Man sagte mir das, denn ich gehe natürlich nie in die Oper. Man sagte mir auch, daß die Oper ziemlich modern geworden sei und die Bühnenausstattung und die Kostüme keineswegs meinen Vorstellungen entsprächen. Darüber hinaus sollte der Dirigent, der mich darum bat, den Auftrag anzunehmen, auch der Dirigent des neuen Stückes sein. Er wollte nicht, daß sich das neue Werk auf den früheren Dirigenten bezieht. Das wäre aber der Fall gewesen, wenn ich Bühnenausstattung und Kostüme aus den vorigen Stücken verwendet hätte. Er möchte lieber einen Bezug zur Oper im allgemeinen als zu seinem Vorgänger. Von daher hat sich meine ursprüngliche Idee stark geändert. Wenn ich unterwegs bin, fallen mir immer neue Sachen ein. Gestern abend zum Beispiel ist mir bei einer Tanzaufführung mit Musik klargeworden, wie ich die Beleuchtung gestalten möchte. Anstatt sie auf die Handlung auszurichten, möchte ich die Beleuchtung durch Zufallsverfahren ermitteln. Wahrscheinlich muß ich die geringste Leuchtstärke herausfinden, bei der die Sänger nicht stolpern oder so. Dann muß die maximale Leuchtstärke ermittelt werden. Zwischen beiden kann variiert werden. Dafür braucht man eine sehr gute Technik, aber das wird keine Schwierigkeiten bereiten. Ich werde nicht nur den Zusammenhang von Beleuchtung und Sänger aufheben, sondern auch den von Kostüm und Rolle sowie Kulisse und Handlung.

Außerdem werde ich eine Anzahl von Bühneneffekten einbauen, bestimmte Aktionen, die der ganzen Vorstellung zwar nicht den Charakter einer für den Tanz bestimmten Choreographie geben, die aber eine Art Bewegung im Raum ohne Erzählstruktur generieren.

Als ich nach Frankfurt flog, um das Projekt abzusagen, schlief ich im Flugzeug ein. Als ich erwachte, brach gerade der Tag an. Der Anblick der Morgendämmerung war wunderbar, wie geschaffen für die Oper. Die Oper sollte nicht an einem einzigen Tag, in einer einzigen Aktion oder in einer einzigen Aufführung realisiert werden, sondern es müßte zwei Aufführungen geben, zwei ›Europeras‹, eins und zwei. Die Tage sollten verschieden lang sein, d. h. vom kürzesten, dunkelsten bis zum längsten, hellsten bis wieder zum dunkelsten reichen. Durch Zufallsoperationen sollten die verschiedenen Wettereffekte ermittelt werden. Ich stelle mir vor, daß viele schwarzgekleidete Tänzer die Sänger unterstützen – ein Hinweis darauf, daß, obwohl das Sujet aus dem europäischen Kulturraum stammt, die Tradition, in der es steht, asiatischen oder orientalischen Ursprungs ist. (Ellsworth Snyder, 1985)

Ich habe jetzt nichts mehr dagegen, daß meine Musik aufgenommen wird, sondern bin Leuten sogar bei den Aufnahmen behilflich. Dennoch höre ich nie Schallplatten.

Nicht einmal, wenn sie alle auf einmal gespielt würden?

Das ließe sich nur auf einem eigens dafür geplanten Happening machen, das vielleicht tatsächlich in Kalifornien stattfinden wird. Zu meinem 75. Geburtstag möchte man eine Woche lang meine Musik aufführen. Es soll mit dem ›Musicircus‹ eingeleitet werden, auf dem verschiedene Musikarten aus Los Angeles gespielt werden. Zum Abschluß ist ein ›Musicircus‹ mit meinen eigenen Werken geplant. Es wäre möglich, daß wir zu diesem Anlaß soviel Platten auf einmal spielen, wie wir nur finden können. Ich glaube, das werde ich machen. (Birger Ollrogge, 1985)

John Cage über Radio und Tonband

*Wann haben Sie das Medium Radio zum ersten Mal kreativ einge-
setzt?*

Als ich in Seattle den Job als musikalischer Begleiter der Tanz-
kurse von Bonnie Bird annahm, interessierten mich in erster Linie
die vielen Schlaginstrumente, die sie dort hatten; aber als ich ankam,
entdeckte ich, daß es in Verbindung mit der Schule einen Radiosender gab, eine Art großen Schuppen. Das Gebäude existiert immer
noch, aber ich glaube, es wird jetzt als Töpferei benutzt. Damals
jedenfalls gab es den Radiosender, und wir konnten damit herumex-
perimentieren, indem wir die Schlaginstrumente mit leisen Geräuschen kombinierten, die im Studio verstärkt werden mußten. Das
Ergebnis konnten wir dann in den Theatersaal übertragen, der nur
ein paar Schritte entfernt war. Wir waren natürlich auch in der Lage,
Plattenaufnahmen zu machen, und nicht nur das, wir konnten auch
Schallplatten als Instrumente verwenden.

Wie haben Sie Schallplatten als Instrumente benutzt?

Na ja, die Platte macht ein bestimmtes Geräusch auf dem Platten-
teller, und mit der Umdrehungsgeschwindigkeit verändert sich dessen Höhe. Wir hatten damals Plattenspieler, die man heute gar nicht
mehr sieht; sie hatten eine Kupplung, mit der man von einer
Geschwindigkeit auf die andere umschalten konnte.

*Was konnten Sie denn in dem Studio anderes mit den Platten
machen, als wenn Sie sie irgendwo live abgespielt hätten?*

Die Plattenspieler standen eben einfach in diesem Gebäude und
konnten nicht transportiert werden; außerdem hatten sie eine Geschwindigkeitssteuerung.

*Was konnten Sie denn mit dieser Geschwindigkeitssteuerung an-
fangen?*

John Cage bei der Probe
bzw. Erprobung von Geräuschen zur ›1. Acustica International‹
im Kleinen Sendesaal des WDR, Köln, 27. 9. 1985. (Ausschnitt)

Wenn man die Umdrehungsgeschwindigkeit der Platte verändert, verändert man damit auch die Frequenz des aufgenommenen Tones. Ich arbeitete mit einer kontinuierlichen Klangfolge, die zu Testzwecken von der Victor Company aufgenommen worden war, die sowohl konstante Töne enthielt als auch solche, die fortwährend einen ganzen Bereich verschiedener Höhen durchliefen. Diese Aufnahmen habe ich in ›Imaginary Landscape No. 1‹ verwendet.

Spielten Sie sie auf mehreren Plattenspielern gleichzeitig?

Nein. Es mag zwischendurch der Fall gewesen sein, das weiß ich nicht mehr so genau; aber grundsätzlich wurden sie simultan mit anderen Instrumenten wie Becken, präpariertem Klavier und so weiter gespielt. Im allgemeinen lief auf einem Plattenspieler nur eine Platte, dann nahm ich sie ab und legte eine andere auf.

So daß Sie schnell von einer Platte zur nächsten übergehen konnten?

Nicht schnell, aber in angemessenem Tempo.

Wurde der Klang hinter dem Mikrophon noch irgendwie modifiziert?

Nein, nein, mit Klangmodifikationen habe ich nie viel gearbeitet.

Warum nicht?

Ich fand die Töne interessant, so wie sie waren.

Wann haben Sie sich das nächste Mal mit Radio beschäftigt – beim Kenneth-Patchen-Projekt?

Ja, ich war immer ein Bewunderer des Hörspielprogrammes des Columbia Workshop gewesen. Sie werden sich sicher auch an das Stück erinnern, in dem es um das Ende der Welt ging, wo das ganze Land dachte, es wäre authentisch; so daß es außer mir noch viele andere Leute gab, die sich für die Stücke des Columbia Workshop interessierten. Ich wandte mich an Davidson Taylor hier in New York, weil ich gern die musikalische Begleitung für ein solches Hörspiel übernehmen wollte. Ich erläuterte ihm, daß Hörspielmusik meiner Ansicht nach die Umweltgeräusche, die im Stück selbst auftauchen, berücksichtigen sollte; das heißt, wenn das Stück auf dem Lande spielt, sollte man Geräusche von Vögeln und Grillen und Fröschen und so weiter verwenden; spielt es dagegen in der Stadt, so würden sich die Geräusche des Straßenverkehrs anbieten. Mit anderen Worten: Ich wollte diese Töne wie Musikinstrumente einsetzen.

Die Idee gefiel ihm, und er bat mich, einen Autor für das Hörspiel vorzuschlagen. Mein erster Vorschlag war Henry Miller. Ich fragte ihn, ob er ein Hörspiel für mich schreiben würde, und er meinte, es wäre wohl besser, wenn ich erst einmal seine Bücher lesen würde. Es war damals schwierig, an Henry Millers Bücher heranzukommen, weil sie als Pornographie galten, deshalb gab er mir noch in Chicago ein besonderes Empfehlungsschreiben an die New York Public Library mit. Dort gab es, wie er sagte, seine Bücher, und ich ging auch dorthin und konnte sie lesen. Danach sah ich keine Möglichkeit, aus diesen Büchern ein Hörspiel zu machen, aber dachte immer noch, daß er zu diesem Zweck etwas Spezielles schreiben sollte. Das wollte er aber nicht. Also fragte Davidson Taylor, wen ich sonst wählen würde, und ich sagte Kenneth Patchen. Sein ›The Journal of the Albion Moonlight‹ [1941] hatte ich mit großem Vergnügen gelesen.

Ich lebte damals in Chicago und hatte mich mit dem Direktor der Abteilung für Toneffekte bei CBS angefreundet. Da es sich nun um ein CBS-Workshop-Projekt für ein bestimmtes Datum und mit einem bestimmten Termin handelte, fragte ich ihn, welche Töne ich verwenden könnte, und er sagte, ich bräuchte mir keine Beschränkungen aufzuerlegen. (Musiker sagen einem das auch häufig; sie sagen: Schreiben Sie, was Sie wollen, wir spielen es.) Also machte ich mich an die Arbeit. Meistens ging ich in die Innenstadt von Chicago, zum Loop, schloß meine Augen und lauschte, und beim Zuhören fielen mir die verschiedensten Dinge ein, die ich in Worten und als musikalische Notation niederschrieb. Als ich diese dann dem Toningenieur zeigte, erklärte er mir, daß das, was ich aufgeschrieben hatte, schlechterdings unmöglich sei.

Ebenso, wie Musiker Ihnen dann doch immer wieder erklärten, daß Ihre Partituren unmöglich seien.

Genau. Also fragte ich, was so unmöglich daran wäre. Er meinte, es würde sehr teuer werden. Inzwischen waren es nur noch ein paar Tage bis zum geplanten Termin, und da sagte er, meine ganze Partitur, die für eine Stunde Musik gedacht gewesen war, sei nicht ausführbar. Ich mußte also innerhalb weniger Tage eine neue Partitur schreiben, und so benutzte ich die Instrumente, die mir vertraut waren – nämlich Percussions und Schallplatten. Das Stück von Kenneth Patchen hieß ›The City Wears a Slouch Hat‹. Ich blieb vier Tage hintereinander auf, ohne richtig zu schlafen, machte nur hin und wieder ein kurzes Nickerchen und schrieb. Ich war damals mit Xenia Cage verheiratet, und sie übernahm das Kopieren. Die Musiker standen uns ständig zur Verfügung.

Sie probten die neue Partitur also praktisch, während Sie sie niederschrieben.

Ja, so ungefähr. Ich schrieb, sie kopierte, und dann spielten sie es.

Existiert die erste Partitur noch?

Nein, ich glaube nicht.

Können Sie sie rekonstruieren? Wäre es möglich, das Stück mit Hilfe der heute verfügbaren Technik zu spielen?

Das ginge vielleicht, aber ich werde es nicht tun.

Wie kam Ihnen Anfang der 50er Jahre die Idee, das Radio als Musikinstrument einzusetzen?

Es gab seit Beginn des 20. Jahrhunderts, seit den Futuristen, die Tendenz, jegliche Geräusche, alles, was Töne hervorbrachte, als Musikinstrument zu benutzen. Diese Entwicklung initiierte ich eigentlich nicht selbst; es war eher so, daß ich offen war für das, was in der Luft lag.

Erinnern Sie sich, welche Gedanken Sie sich damals darüber machten?

Ja, ich stellte fest, daß ich das Radio nicht mochte und daß ich fähig sein würde, es zu mögen, wenn ich es für meine Arbeit verwendete. Das ist dieselbe Art zu denken, die wir den Höhlenbewohnern zuschreiben, die furchteinflößende Tiere auf ihre Wände malten – indem sie sie abbildeten, überwanden sie ihre Angst vor ihnen. Dasselbe habe ich später in Mailand mit dem Tonbandgerät gemacht, als ich an ›Fontana Mix‹ arbeitete. Die vielen Möglichkeiten, die es mir eröffnete, beunruhigten mich, also setzte ich mich am ersten Tag einfach hin und fertigte von dem ganzen Gerät eine Zeichnung an.

Das entdämonisierte es sozusagen für Sie.

Richtig. Das stimmt.

Warum haben Sie nun für ›Imaginary Landscape No. 4‹ statt eines Radios zwölf genommen?

Darauf gibt es sehr viele mögliche Antworten; welche mir zu der Zeit im Kopf herumging, weiß ich nicht mehr. Vielleicht die, daß die

Oktave zwölf Töne hat, oder die zwölf Apostel oder sonst etwas. Es schien einfach eine angemessene Zahl zu sein.

Hatten Sie nicht für jedes Radio zwei Leute, die es bedienten?

Genau. Einen, der die Sender wählte, und einen, der Höhen und Tiefen sowie die Lautstärke des Klanges regulierte.

Und welche Instruktionen gaben Sie ihnen?

Die einzelnen Partien waren als, wie wir es nennen, Mensuralnotation niedergeschrieben, wo die Noten in den räumlichen Intervallen verzeichnet sind, in denen sie zeitlich gespielt werden sollen. Die Zwischenräume verändern sich hier allerdings je nach accelerando und ritardando, so daß es sich um ein Mittelding zwischen konventioneller Notation und Mensuralnotation handelt. Bei ›The Music of Changes‹ [1951] ist es dasselbe, es ist im Zweizweitel- oder Vierviertelteltakt geschrieben. Die Zwischenräume werden eingehalten, so daß man irrationale Notenbruchteile in ihnen aufzeichnen kann, indem man sie ausmißt. So kann ich zum Beispiel von einer Note, die zwei Fünftel einer Viertelnote beträgt, zur nächsten übergehen, die ein Drittel einer halben Note lang ist, und so weiter, und jedes einzelne Teilstück ausmessen. Wegen des Messens braucht man keine ganzen Takteinheiten einzuhalten, sondern es können auch völlig unregelmäßige Werte herauskommen.

Was bei einer rein musikalischen Notation nicht so einfach ist.

Nein, aber ich habe trotzdem auch noch mit Viertelnoten und halben Noten gearbeitet sowie mit halben Noten, über denen Brüche standen, was sehr eigenartig aussah. Später, als sich David Tudor zur Überwindung der Notationsprobleme bestimmte mathematische Formeln angeeignet hatte, die sich erfolgreich anwenden ließen, gab ich jegliche Metrik auf und arbeitete direkt nach dem Prinzip Intervall gleich Zeit, was das Schreiben neuer Musik sehr erleichtert hat.

Waren die 24 Leute an den Radios Musiker?

Ja. Sie konnten alle Noten lesen, und es gab auch einen Dirigenten, der einen Vierviertelltakt schlug.

Wer war das?

Das war ich.

Ich erinnere mich, daß es mit der Tageszeit der Aufführung etwas Besonderes auf sich hatte.

In der ersten Aufführung war fast kein Ton zu hören. Zwei meiner damaligen Freunde, Henry Cowell und Virgil Thomson, schrieben das der Tatsache zu, daß sie spät nachts stattfand – es war fast Mitternacht. Ich wußte jedoch, daß das Stück nahezu tonlos war, weil ich mit Zufallsoperationen gearbeitet hatte, und daß auch am hellichten Tage nur wenige Töne zu hören sein würden.

Weil die Lautstärkeregler immer . . .

. . . sehr niedrig eingestellt waren.

Was ist mit Ihren anderen Werken für Radio aus der Zeit?

Eins heißt ›Radio Music‹ [1956], und welches war das andere . . .

›Speech‹ [1955], »für fünf Radios und Nachrichtensprecher«, heißt es in Ihrem Katalog.

Ach ja, ›Speech‹. Nun, diese Stücke sind ein bißchen anders, aber ›Radio Music‹ schrieb ich hauptsächlich den Leuten zum Gefallen, die sich über ›Imaginary Landscape No. 4‹ aufgeregt hatten, weil es so leise war. Ich habe vergessen, wie ich dabei vorging, aber man konnte es jedenfalls auch laut spielen.

Wann arbeiteten Sie zum ersten Mal mit einem Tonband?

Das muß Ende der 40er Jahre in Paris gewesen sein, als ich Pierre Schaeffer kennenlernte, der sich als erster vom musikalischen Standpunkt her ernsthaft mit dem Tonband beschäftigte. Er unternahm alle möglichen Anstrengungen, mich für eine Arbeit in dieser Richtung zu interessieren, aber ich war irgendwie noch nicht soweit. Ich war dabei . . . Also, ich schrieb gerade ›String Quartet‹ [1950] und hatte zuvor ›Sonatas and Interludes‹ [1948] komponiert. Ich war dabei, Musik nicht mehr als Struktur, sondern als Prozeß zu begreifen, und fing daher an, Zufallsoperationen beim Komponieren einzusetzen . . . Ich hätte vielleicht besser mit Schaeffer zusammenarbeiten können, aber ich tat es nicht. Die Sache war mir damals noch nicht so richtig klar.

Wegen der Notationsprobleme?

Nein, ich konzentrierte mich zu der Zeit einfach auf andere Probleme, so daß ich gegenüber der Idee von Musik auf Tonband nicht so offen war, wie ich es vielleicht hätte sein sollen. Das war 1949.

Als ich 1952 mit David Tudor und Earle Brown zusammenarbeitete, komponierten wir mehrere Stücke – Earle, ich, Christian Wolff und Morton Feldman schrieben je ein Werk, wobei Paul Williams uns finanziell unterstützte. Ich schrieb damals den ›Williams Mix‹ [1953]. Während dieser Arbeit faszinierten uns die vielfältigen Möglichkeiten des Tonbandes. Deswegen war ich auch so bedacht darauf, sie nicht allein, sondern mit anderen zusammen auszuschöpfen, weil jeder einen unterschiedlichen Aspekt würde einbringen können, und das war auch tatsächlich der Fall. Feldman arbeitete an seiner ersten »Graph Music«, und es war einfach unglaublich, wenn er auf seinem Millimeterpapier bei einem Quadrat mit der Nummer, sagen wir, 1097 ankam. Das bedeutete, daß wir ein Stück bespieltes Tonband in 1097 Fragmente zerschneiden und dann an derselben Stelle wieder in das Band einsetzen mußten. Ich war damals für alles Neue sehr aufgeschlossen und interessierte mich für das Schneiden von Bändern, also die technische Herstellung von Musik. Ich entdeckte verschiedene Möglichkeiten, den Klang nicht durch Regler, sondern durch das tatsächliche Schneiden des Tonbandes zu verändern.

Zum Beispiel?

Also normalerweise läuft das Band horizontal am Tonkopf entlang, aber wenn man es schneidet und dann diagonal wieder einsetzt…

Das heißt, Sie mußten es in so kleine Stücke schneiden, daß diese nicht länger waren als die normale Breite des Bandes.

Ja, aber man konnte ganz wunderbare Klänge erzeugen, wenn man es in einem 45-Grad-Winkel anlegte.

Das ist bestimmt eine ungeheuer akribische Arbeit.

Ja, und ich benutzte Zufallsoperationen, so daß ich bei einem Viertelzollband von senkrechten Schnitten bis zu schrägen Schnitten von zehn Zentimetern alles Mögliche ausführen konnte.

Das muß Jahre gedauert haben.

Nein, mit Unterstützung dauerte es etwa ein Jahr, ›Williams Mix‹ zu schneiden, das dann selbst etwas über vier Minuten lang war. (Richard Kostelanetz, 1984)

Angesichts unserer heutigen elektronischen Einrichtungen, mit denen sich leicht wesentlich längere und, wenn ich so sagen darf, wesentlich vielseitigere Musikstücke produzieren lassen, stellt sich die Frage, ob diese [anstrengende] Methode gerechtfertigt ist. Nun ja, vielseitiger sind die heutigen Musikstücke vielleicht nicht – ›Williams Mix‹ ist für seine vier Minuten eigentlich sehr abwechslungs-reich. Es kann sein, daß man die Variationen in ›Williams Mix‹, die durch das Schneiden entstanden sind, durch Computerprogramme erreichen könnte; nicht mit Reglermanipulationen, glaube ich, aber mit Computerprogrammen. (Bill Shoemaker, 1984)

Sie wissen, daß ich ›Williams Mix‹ für Ihr am meisten unterschätz-tes Meisterwerk halte.

Nun, es ist ein interessantes Stück. Ein Grund dafür, daß es so wenig gespielt wird, ist der, daß die Partitur fast 500 Seiten umfaßt und deshalb nie vervielfältigt wurde. Das Original ist bei Peters, glaube ich. Das Kopieren käme zu teuer; deshalb kennen es wohl nicht sehr viele Leute. Ich habe es in den Notizen zum Town-Hall-Programm illustriert.

Dem Album zum 25. Jahrestag.

Eine Seite sieht aus wie ein Schnittmuster für Kleider – sie zeigt genau, wo das Band geschnitten werden soll. Man legt das Band direkt auf die Partitur.

Im Verhältnis eins zu eins?

Eins zu eins, ja.

Also hat das Tonband eine Länge von 500 Buchseiten.

Ja, auf jeder Seite sind 50 Zentimeter Band, aufgeteilt in zweimal 25, die einer Spieldauer von etwas über einer Sekunde entsprechen.

In der Illustration sind sie auf einer Seite jeweils übereinander abgebildet. Ihre Idee ist die, daß man diese Partitur auch zum Schneiden anderer Bänder als der von Ihnen benutzten verwenden kann.

Eine der Seiten hat ein Loch, das durch eine brennende Zigarette entstand. Ich war damals ein starker Raucher.

Für mich sind zwei der besonderen Qualitäten von ›Williams Mix‹ seine beispiellose Klangbreite und die Schnelligkeit der Tonfolge.

Richtig. Was so faszinierend war an den Möglichkeiten des Ton-bands, war die Tatsache, daß eine Sekunde, also ein Zeitraum, der uns immer relativ kurz erschienen war, zu einem Gebilde von fast 40 Zentimetern Länge wurde, das man in Einzelteile zerschneiden konnte. Morty Feldman gab uns, wie ich schon sagte, ein etwa sieben Zentimeter langes Stück vor, das 1097 Töne enthalten sollte, und wir schafften es – wir schafften es tatsächlich.

Auf sieben Zentimetern?

Das entspricht etwa einer 60tel Sekunde, die wir aus 1097 Fragmenten zusammensetzten.

Ohne zu mixen? Sie meinen, nur aus kleinen Tonbandschnipseln?

Aus kleinen Tonbandschnipseln.

Das ist unmöglich.

Nein, nein, wir schafften es.

Wie?

Durch Abzählen, mit der Hand.

Meine nächste Erinnerung an ein Radioprojekt hängt mit der Einladung von Frans van Rossum zusammen, in Amsterdam die Veranstaltung ›Sounday‹ zu machen. Sie war so außergewöhnlich, daß ich akzeptierte; außergewöhnlich, weil es eine etwa zwölfstündige Rundfunkübertragung mit nur einer Ansage zu Beginn, am Schluß und in der Mitte werden sollte. Das war alles. Sonst gab es keinerlei Unterbrechung. Also plante ich die Stücke für Grete Sultan, die ›Etudes Australes‹ für Klavier, und ›Branches‹, die ganzen Pflanzensachen mit Kakteen und so weiter für den Vormittag ein; und für den Nachmittag sah ich die ›Freeman Etudes‹ für Violine vor.

Wurden die Stücke gleichzeitig oder abwechselnd gespielt?

Am Vormittag wurde hauptsächlich ›Branches‹ gespielt, das hin und wieder durch eine Klavieretüde unterbrochen wurde. Das Bild, das ich dabei im Kopf hatte, war das von einem Vergnügungspark, wo man in einem Boot durch dunkle Tunnel fährt und ab und zu etwas aufleuchtet, irgendein Bild. Und am Nachmittag verwandelte sich der Tunnel ›Branches‹ in die ›Inlets‹, das Glucksen mit Wasser gefüllter Muschelschalen, und was zwischendurch zu hören war, waren keine Klavieretüden, sondern die ›Freeman Etudes‹, gespielt von Paul Zukofsky, und zum Ende hin dann die Stimme von Demetrio Stratos, der die ›Mesostics re and not re Merce Cunningham‹ sang.

Was geschah live, und was war vorher aufgenommen worden?

Es war alles live. Das Ganze war eine offene Veranstaltung, die den ganzen Tag über von den Amsterdamern besucht werden konnte. Nach der Aufführung traf ich Klaus Schöning, der von Frans van Rossum gehört hatte, daß ich ein ›Writing through Finnegans Wake‹ geschrieben hatte, und er fragte mich, ob ich bereit sei, es für sein Hörspielprogramm in Köln vorzulesen, und ich sagte ja. Danach, als ich wieder in den Vereinigten Staaten war, bekam ich einen Brief von ihm, in dem er mich fragte, da ich doch bereit sei, es zu lesen, ob ich nicht auch eine Begleitmusik dazu schreiben wollte, und ich sagte wieder ja, und so entstand ›Roaratorio‹. (Richard Kostelanetz, 1984)

Der vollständige Titel ist ›Roaratorio, an Irish Circus on Finnegans Wake‹. Ich arbeitete mit John Fullemann zusammen, einem Tonspezialisten, und wir benutzten das Studio von IRCAM in Paris. Den Computer haben wir nicht eingesetzt, aber sämtliche Vorteile der 16-Spur-Geräte und so weiter haben wir wahrgenommen. Zum Schluß hatten wir ein Stück mit 64 Spuren. Es ist sehr, sehr kompakt, sehr dicht. Im Januar fanden einige Aufführungen statt, bei denen ein paar Spuren gelöscht und durch Live-Aufnahmen irischer Musiker und meiner Stimme ersetzt wurden. Ich las meinen Text, der ›Writing for the Second Time through Finnegans Wake‹ heißt. Er wurde sozusagen als Lineal an die Zeit angelegt. Mit Lineal meine ich, daß man meinen Text mit bestimmten Seiten und Zeilen von Finnegans Wake in Beziehung setzen konnte. Und dann gab es ein Buch, in dem eine Liste sämtlicher Orte in ›Finnegans Wake‹ veröffentlicht war, eine sehr große Menge von Orten, die ich auf eine angemessene Anzahl reduzierte. Für angemessen hielt ich, glaube ich, die Seitenzahl des ›Wake‹, und die beträgt 626. Und das Buch verzeichnete wohl so 4000 bis 5000 Orte. Also wählten wir davon 626 aus und nahmen dort Geräusche auf. Diese Orte sind über die ganze Welt verstreut, aber die meisten liegen in Irland. Das gab mir die Gelegenheit, eine zufallsbestimmte Reise durch Irland zu machen, die sehr, sehr angenehm war. Sie dauerte einen Monat. Dann brauchten wir einen weiteren Monat für die Montage dieser und weiterer Geräusche, die aus anderen Teilen der Welt oder aus dem Archiv des Westdeutschen Rundfunks stammten. Von diesem Sender, dem Holländisch-Katholischen Rundfunk und dem Süddeutschen Rundfunk war das Stück in Auftrag gegeben worden.

Welche Art von Tönen wählten Sie an den jeweiligen Orten?

Wenn wir an einen Ort kamen, suchten wir nach einem Geräusch, das typisch für ihn war, das heißt, ein Geräusch, das es woanders möglichst nicht gab. Das Geräusch, das auf der ganzen Welt vorherrscht, ist das des Autoverkehrs. Und deshalb... Obgleich auch das auf den Bändern zu hören ist, waren wir bestrebt, andere Töne zu finden. Sehr gern nahmen wir das Geräusch von Vögeln und Wasserläufen oder Hunden, Hühnern, Babys und Kindern auf. Und dann ging ich noch einmal den ›Wake‹ durch und listete alle Wörter und Redewendungen auf, die auf Geräusche anspielten. Ich nannte das – es ist ein langes Verzeichnis – ›Listing through Finnegans Wake‹. Das mußte dann ebenfalls noch erledigt werden, das Aufnehmen dieser Geräusche. Und auch sie wurden mit Seiten- und Zeilenzahl versehen, ebenso die Orte. Über das Ganze wurde dann ein Klangteppich aus traditioneller irischer Musik und meinem Vortrag des Textes gelegt. Wir nahmen so viele Klänge, wie wir im Zeitraum eines Monats aufnehmen konnten. Und dann beendeten wir die Aufnahmen an einer willkürlich gewählten Stelle, denn wenn wir weitergemacht und jedes Geräusch aufgenommen hätten, säßen wir wahrscheinlich heute noch bei der Arbeit. Die Idee, einfach aufzuhören, kam mir beim Gedanken an die Venus von Milo, die sehr gut auch ohne ihre Arme auskommt; man könnte sich also prinzipiell vorstellen, daß etwas in jedem Stadium beendet werden kann, vorausgesetzt, daß alle Teileelemente gleichmäßig berücksichtigt wurden. In diesem Fall waren die Teileelemente zwei sechzehnspurige Bänder, und die Arbeit... die in ein Verhältnis zu der Liste und den Orten gesetzt wurden. Wir hatten also die Bänder – man könnte sie A und B nennen – und dann diese beiden Arbeiten, eins und zwei, und die irische Musik, die nicht viel Aufwand erforderte; sie war in Irland aufgenommen worden. Und das Aufnehmen meines Vortrages dauerte bloß einen Tag. Also hatten wir etwas über drei Wochen Zeit, die wir zwischen A1, A2, B1 und B2 aufteilen mußten; und diese Aufteilung erfolgte gleichmäßig, indem wir für jede einzelne Teilarbeit dieselbe Anzahl von Tagen aufwendeten.

Und dann wurde das Ganze durch Zufallsoperationen strukturiert?

Die Reihenfolge der Geräusche stand fest; sie richtete sich nach dem Buch. Aber die anderen Variablen wurden durch Zufallsentscheidungen festgelegt: wie laut die Geräusche sein sollten und ob sie kurz, mittellang oder lang zu hören sein sollten. Diese Einteilung war nicht präzise, sondern nur sehr grob. Mit Zufallsoperationen

entwickelte ich eine Vorgabe, und John Fullemann entschied...
wenn das Geräusch ertönte, entschied er, was seiner Meinung nach
kurz oder mittellang oder lang zu hören sein sollte.

Ich glaube, daß Valérys Bemerkung, ein Kunstwerk werde niemals abgeschlossen, sondern einfach abgebrochen, bestimmt auf
›Finnegans Wake‹ zutrifft. In unserem Fall brachen wir ›Roaratorio‹
pünktlich zum Abgabetermin ab. Bei IRCAM war man sehr überrascht. Ich bin sicher, die Leute, die dort arbeiten, vertrödeln erstmal eine gewisse Zeit und erwarten dann, daß der Termin am Ende
um einige Tage verlängert wird. Wir dagegen machten uns an die
Arbeit, sobald wir angekommen waren, und hielten ganz normale
Arbeitszeiten ein, wissen Sie, acht Stunden oder so. Und am Schluß
fragten sie mich tatsächlich, ob ich länger bleiben wollte. Ich sagte
nein, wir seien fertig, denn wir hatten vorgehabt, Ende des Monats
aufzuhören. (Andrew Timar, 1981)

Jede Szene [in ›Alphabet‹ (1982)] hat ihre eigenen Besonderheiten, was die darin verwendeten Mesosticha, Ideen und Zeichen
angeht. Zufallsoperationen wurden auf ein Wörterbuch und ein
Konversationslexikon angewendet, um verschiedene Zeichen und
Bühnenrequisiten festzulegen. Später dann, als mir klar wurde, daß
es schön wäre, auch Begleitmusik oder -geräusche zu haben, wie
immer Sie es nennen wollen, bestimmte ich diese Geräusche auch
mit Hilfe des Alphabets.

Wie kamen Sie zu diesen Tönen, die Sie als »rational« und als
»irrational« bezeichnen?

Rationale Töne sind Klangeffekte. Wenn zum Beispiel in einer
Szene die Tür geöffnet wird, so ist das Geräusch des Türöffnens
rational. Das Geräusch eines Papageien dagegen wäre in derselben
Szene, wenn von einem Papageien überhaupt nicht die Rede ist, ein
irrationaler Ton. Ein solches Geräusch würde aber dann vorkommen, wenn man nicht nur den Buchstaben P bestimmt hätte, sondern anschließend die Seiten des Wörterbuchs gezählt, sie Zufallsoperationen unterworfen hätte und dann auf zwei so bestimmten
sich gegenüberliegenden Seiten einen Klang festlegen würde. Und
wenn da »Papagei« stünde, könnte man das Geräusch eines Papageis
verwenden oder was da sonst noch steht – »Pumpe« vielleicht, eine
Wasserpumpe. Und so können die irrationalen Töne überall in einer

Szene auftauchen – nämlich an einem zufallsbestimmten Punkt. Die rationalen Töne dagegen können entweder da vorkommen, wo sie hingehören, oder an irgendeiner anderen Stelle.

Manchmal illustrativ und manchmal nicht illustrativ.

Oder manchmal sind sie einfach nur da. Wenn zum Beispiel auf der Bühne jemand sagt: »Das Telefon klingelt«, könnte das Telefon genau in dem Moment klingeln – in dem Fall wäre es rational –, oder es könnte schon vorher klingeln; dann würde man bei den Worten »das Telefon klingelt« sagen: »Ja, ich weiß, daß das Telefon klingelt.« Oder wenn es klingelt, nachdem man diesen Satz gesagt hat, fängt man an, sich zu erinnern. Das ist das buddhistische Prinzip: Alles steht in Verbindung...

Mit allem?

Selbst irrationale Dinge haben zum Glück eine Beziehung zu rationalen Dingen.

Ihr erster Gedanke war, wie Sie mir erzählten: »Bitte findet ein chinesisches Kind, das Deutsch sprechen kann.« Buckminster Fuller spielte mit, dann waren da George Brecht und Teeny Duchamp, und Sie selbst haben den Part von James Joyce gesprochen.

Ich glaube, es gibt eine starke Tendenz beim Theater, keine Schauspieler, sondern Leute, die sich selbst spielen, einzusetzen. Ich glaube, es fing mit Saroyan an. Statt zum Beispiel einen Schauspieler als Straßenbahnschaffner auftreten zu lassen, überlegte er sich, einen echten Straßenbahnschaffner zu nehmen. Oder statt irgend jemanden Buckminster Fuller spielen zu lassen, wollte er ihn selbst auf die Bühne bringen.

Allerdings gibt es hierbei ein Problem mit den Toten, den Geistern, die von lebenden Menschen repräsentiert werden müssen, wenn man nicht – aber das ist noch nie vorgekommen – ein Medium hat, das in Trance fällt und mit fremden Zungen spricht...

Sie haben also den Part von James Joyce gesprochen.

Das kam daher, weil ich so großes Vergnügen daran habe, aus ›Finnegans Wake‹ zu lesen.

Sie sprachen also echte Joyce-Zitate und außerdem fiktive Sätze, die Joyce gesagt haben könnte. Und dann – das halte ich für eine brillante Idee – machten Sie aus Ihrem Freund Marcel Duchamp zwei Rollen.

Zwei Personen. Nun ja, das tat er eigentlich selbst. Ich weiß nicht, ob er zustimmen würde, aber seine Schriften habe ich seinem weiblichen Alter ego Rrose Selavy zugeordnet; und dann war das, was er nicht geschrieben hatte, sondern einfach nur sagte, meiner Meinung nach konsequenterweise Sache des männlichen Parts. (Klaus Schöning, 1982)

John Cage über die bildenden Künste

Die meisten Leute wissen gar nicht, wie schwer es ist, moderne Kunst zu schaffen – der Verstand ist nämlich eine so starke Kontrollinstanz, daß er die Menschen unpoetisch und phantasielos macht. Zu der Zeit, als ich Mark Tobey kennenlernte, fand in Portland, Oregon, eine Ausstellung mit Aquarellen statt. Das Publikum war entrüstet, denn das war in den 30er Jahren, und damals nahm man moderne Kunst noch nicht ernst. Man war der Meinung, sie solle nicht in Museen gezeigt werden, sie tauge nichts. Also hängten die verantwortlichen Museumsleute an der gegenüberliegenden Wand leeres Papier auf und teilten so die Ausstellung in zwei Teile auf, einen, mit dem das Publikum etwas machen konnte, und einen, den die Künstler gestaltet hatten – und das Publikum merkte sehr schnell, daß es zu einer Kritik nicht in der Lage war. (Robin White, 1978)

In diesem geistigen Klima [der 30er Jahre] ging mein Interesse am Malen, und ich hatte selbst ein bißchen gemalt, in Richtung abstrakte Malerei. Vom Bauhaus war ich zum Beispiel beeindruckt, und besonders eindrucksvoll fand ich Mondrian oder so etwas wie Malewitschs ›Weißes Quadrat auf weißem Grund‹. Ich war mehr oder weniger der Meinung, daß bildliche Darstellung in der Malerei nichts war, das mich interessierte. Stark angezogen fühlte ich mich von der Phantasie Klees und auch von den Gesichtern Jawlenskys. Merkwürdig, daß mir bei meiner Vorliebe für abstrakte Malerei Kandinsky nicht so gut gefiel wie Klee und Jawlensky; ich hatte also keine klare Linie. Trotzdem konnte ich mir echte zeitgenössische Malerei nicht anders als abstrakt vorstellen. Hätte ich selbst gemalt, was ich mittlerweile aufgegeben hatte, so wäre es abstrakt gewesen, mit einer Tendenz zum Geometrischen. Das war die Position, die ich in den 30er Jahren vertrat, und als ich nach New York kam,

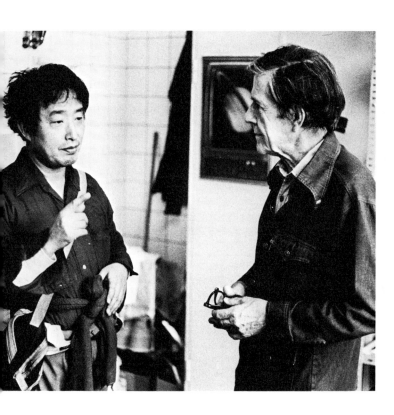

John Cage und Nam June Paik
im Kölnischen Kunstverein, Köln, 15. 5. 1983. (Ausschnitt)

mußte ich feststellen, daß hier die Surrealisten mit André Breton einen großen Einfluß hatten. Die damals aktuelle Malerei war also überhaupt nicht abstrakt, sondern befaßte sich mit Symbolen und ihrer Beziehung zu den privaten Bereichen des menschlichen Lebens. Obwohl ich die freundschaftlichen Begegnungen auf Parties und bei ähnlichen Gelegenheiten mit Künstlern wie Max Ernst, David Hare usw. genoß, habe ich mich zum Surrealismus nie hingezogen gefühlt.

Selbst die Idee des Automatismus…

Automatische Kunst hat mich eigentlich nie interessiert, weil sie eine Art Rückzug ist, der sich auf die eigenen Erinnerungen und unbewußten Gefühle gründet, oder nicht? Und ich habe mein möglichstes getan, um die Menschen gerade davon zu befreien. (Irving Sandler, 1966)

Hat der Surrealismus Sie jemals irgendwie beeinflußt?

Ich mochte ihn nie.

Aus welchen Gründen?

Wegen seiner Nähe zur Psychoanalyse.

Was haben Sie gegen Psychoanalyse?

Dasselbe wie Rilke: »Sie mögen mir wohl meine Teufel austreiben, aber sie würden sicher meine Engel erzürnen.« Aber ich hatte auch meine eigenen Bedenken, die daher kamen, daß mir ein Analytiker gesagt hatte, er könnte mich dazu bringen, daß ich noch viel mehr Musik schreiben könnte, und da ich, wie Sie selbst aufzeigten, schon reichlich viel komponiere, muß man sich doch fragen, ob ich noch mehr machen sollte, als es ohnehin schon der Fall ist. Der Hang zur Psychoanalyse war einfach eine fixe Idee. Ich denke, davon haben wir uns inzwischen etwas befreit, und ich stelle auch eine allgemeine Bereitschaft zur Kritik an der Psychoanalyse fest. Der Surrealismus ist mit diesem Bereich so eng verknüpft – in meiner Vorstellung zumindest –, daß ich mich nicht dafür begeistern kann. Dada fand ich viel interessanter; ebenso finde ich die Arbeiten von Johns und Rauschenberg interessant, weil sie für mich Dada sind, während die neuere Pop-art mich nicht anzieht, da sie meiner Ansicht nach mit dem Surrealismus verwandt ist – wobei diesmal nicht der Surrealismus des Individuums, sondern der Gesellschaft gemeint ist. (›Performance‹, um 1979)

Bevor wir weiter auf die Surrealisten eingehen, lassen Sie mich etwas aufgreifen, was ich erlebte, als ich noch an der Westküste war, nämlich die Begegnung mit Morris Graves und Mark Tobey. Obwohl ich Morris Graves' Arbeiten sehr schätzte und immer noch schätze, war es Tobey, der einen ganz großen Einfluß auf meine Sichtweise hatte, das heißt, auf mein Verhältnis zur Malerei oder auch sogar auf mein Verhältnis zum Leben. Besonders erinnere ich mich an einen Spaziergang mit Mark Tobey in Seattle von der Cornish School den Berg hinunter durch die Stadt bis zu einem japanischen Restaurant – ein Weg, der normalerweise nicht länger als 45 Minuten dauert. Diesmal müssen wir mehrere Stunden gebraucht haben, weil er ständig stehenblieb und auf irgend etwas hinwies, mit anderen Worten, mir die Augen öffnete – was, wenn ich es richtig verstehe, eine Aufgabe der Kunst im 20. Jahrhundert ist: uns die Augen zu öffnen; n i c h t das, was die Surrealisten wollen, daß wir uns nämlich vielleicht weniger schuldig fühlen oder etwas in der Richtung.

Sie wollen jedenfalls Unbewußtes an die Oberfläche bringen.

Irgend etwas in der Art. Dies dagegen hatte mit den Augen zu tun, etwas, womit ich wirklich etwas anfangen konnte.

Indem Sie einfach das sahen, was da war.

Indem ich einfach das sah, was es zu sehen gab.

Also, ich erinnere mich nicht an das genaue Datum, ob es Anfang oder Mitte der 40er Jahre war, jedenfalls gab es eine Ausstellung in der Willard Gallery, die unter anderem die ersten weißen Schriften von Mark Tobey zeigte. Eine davon gefiel mir so gut, daß ich sie auf Ratenzahlung kaufte. Leider habe ich sie in der Zwischenzeit wieder verkauft. Es war ein Gemälde, das überhaupt keine bildliche Darstellung zeigte, obgleich es in seinen Bildern, einschließlich derjenigen mit der weißen Schrift, häufig auch figurative Elemente gab. Dieses jedoch enthielt keine. Es war sozusagen vollkommen abstrakt. Es hatte keine symbolischen Verweise. Die Leinwand war vollständig bemalt, aber nicht geometrisch abstrakt, was mich eigentlich interessierte. Also bewirkte es eine Veränderung, ebenso wie der Spaziergang zu dem japanischen Restaurant eine Veränderung meines Sehens und meines Verhältnisses zur Kunst bewirkt hatte. Und zwar geschah folgendes: Ich verließ die Ausstellung in der Willard Gallery und wartete an der Ecke der Madison Avenue auf den Bus, als ich zufällig auf das Pflaster schaute und merkte, daß mir das Anschauen des Pflasters dieselbe Erfahrung vermittelte wie das Anschauen des Tobey. Genau dieselbe. Der ästhetische Genuß war ebenso groß. Das hielt mich allerdings nicht davon ab, den Tobey zu kaufen, und zwar unter großen Schwierigkeiten. Sie sehen also, wie meine Sichtweise sich damals wandelte, und diese Wandlung, die tatsächlich das Resultat meiner Beschäftigung mit Tobey war, öffnete mir die Augen für den abstrakten Expressionismus; nicht für seine Zielsetzungen, aber für seine äußere Erscheinung.

Mit anderen Worten: Ich sah den abstrakten Expressionismus als etwas an, das ich benutzen konnte, nicht als etwas, das mir gezeigt wurde, damit ich es verstehen konnte, sondern als etwas, das ich dank meiner veränderten Sichtweise sehen konnte. Was man bei Tobey und bei der Geschichte mit dem Straßenpflaster und häufig auch beim abstrakten Expressionismus sieht, ist eine Fläche, die keinerlei Bedeutungszentrum hat und sich somit von der meisten Kunst unterscheidet, die wir kennen, sei sie nun westlicher oder östlicher Herkunft. Man kann zunächst einen Teil dieser Fläche betrachten und dann einen anderen und durch dieses Vorgehen das Bild als Gesamtheit erfahren. Aber diese Gesamtheit ist so beschaffen, daß es nicht so aussieht, als wenn sie durch den Rahmen begrenzt würde. Es sieht so aus, als ob sie über den Rahmen hinausreicht. Wenn wir nicht von Malerei sprächen, sondern von Musik, so könnte man sagen, es ist ein Werk, das weder Anfang, Mitte oder Ende noch eine zentrale Gewichtung hat – aber lassen Sie uns weiter über Kunst reden. Das Beispiel sollte nur deutlich machen, daß das Erleben von Kunst im wesentlichen keine objektive, sondern eine subjektive Erfahrung ist. Und sie ist nur denjenigen zugänglich, die das entsprechende Rüstzeug haben. Ich stimme zu, daß sich für den Betrachter die Welt verändert, aber ich würde sagen, daß dies auf Veränderungen seiner Sichtweise zurückzuführen ist. Mit anderen Worten: Die Veränderung beruht nicht, wie bei den Surrealisten, schwerpunktmäßig auf dem Unterbewußtsein und den unbekannten Bereichen des kollektiven Unbewußten in Träumen und ähnlichem und auf dem Automatismus, sondern auf viel alltäglicheren Dingen, das heißt solchen, die wir mit unseren Sinnen wahrnehmen.

Es gibt da aber einen Unterschied zwischen den Intentionen der abstrakten Expressionisten und dem Eindruck, den ihre Werke auf Sie machten. Ihnen war damals bekannt, was sie beabsichtigten ...

Nun ja, so in etwa. Mit der Zeit ist es mir bewußter geworden. Mit ihren Intentionen habe ich nie übereingestimmt, wenn ich sie überhaupt verstand, und ob das der Fall ist, ist mir immer noch nicht völlig klar. Ich entsinne mich einiger Vorfälle, die mich eher glauben lassen, daß wir immer verschiedener Meinung waren. Zum Beispiel fanden Ende der 40er Jahre alle die Arbeiten von Bill de Kooning hochinteressant. Ich erinnere mich an eines seiner Bilder, mit dem ich überhaupt keine Schwierigkeiten hatte – es war schwarzweiß und hing direkt beim Eingang der Whitney Gallery, als sie noch in der 8th Street war. Dieses Schwarzweiß, in dem es kein Bedeutungszentrum oder etwas Ähnliches gab, war mit Zeitungsbuchstaben bedruckt. Erinnern Sie sich an das Bild?

Ja.

Es war eines der großartigsten Bilder, die ich je gesehen habe. Nun, Bill wollte damit vielleicht etwas anderes ausdrücken als das, was ich darin sah. Aber was mich betraf, so war das Bild Anregung und Anleitung für meine eigene Existenz, nicht für ein Verständnis von Bill de Kooning, sondern für das Leben schlechthin.

Hatten Sie dasselbe Gefühl zum Beispiel auch bei Ad Reinhardt oder Barnett Newman?

Reinhardt – seine Arbeiten wirkten so faszinierend, daß ich eher versuchte, mich dieser Faszination zu entziehen. Um ganz offen zu sein: Ich glaube, das Werk von Newman und Reinhardt hat mich erst in jüngerer Zeit stärker beeindruckt. Die gegenwärtige Ausstellung ›The Stations of the Cross‹ ist meiner Meinung nach hervorragend, und ich sehe jetzt, daß sie ganz deutlich das zum Ausdruck bringt, was ich für die Intentionen des abstrakten Expressionismus halte.

Oder jedenfalls einen Teil davon.

Mir scheint das der w a h r e abstrakte Expressionismus zu sein.

Der Grund, warum ich ihre Namen überhaupt erwähnte, ist der, daß Bill tatsächlich die Eigenart hat, Material aus unserem Erfahrungsbereich auf eine Art und Weise ins Spiel zu bringen, wie sie es nicht tun.

In dem schwarzweißen Bild mit den aufgedruckten Zeitungs-buchstaben hat er das jedenfalls so getan, daß ich etwas damit anfangen konnte.

Jetzt ist es anders, denn ich kann auch mit den ›Stations of the Cross‹ von Newman eine Menge anfangen, obgleich ich denke, es ginge noch besser, wenn es noch eine 15. Station gäbe, die uns nicht im Leeren zurücklassen würde, sondern auf den Inhalt des letzten der zehn Ochsenhirten-Bilder in der zweiten Version des Zen-Buddhismus zurückkommen würde, nämlich auf den dicken Mann, der, mit Geschenken beladen, breit lächelnd in sein Dorf zurückkehrt. Und dieses Lächeln ist es, was dem abstrakten Expressionismus weitgehend fehlt. Ich erinnere mich, wie Harold Rosenberg nach der Pop- und Op-art-Ausstellung von vor anderthalb Jahren sagte: »Und wo ist das Leiden?« Ich selbst habe in meinen Erörterungen über Kunst immer klargemacht, daß ich das Lachen den Tränen vorziehe.

Wie ich zu dieser Ansicht kam? Teilweise durch die Erkenntnis, daß der Gebrauchswert der Kunst, sofern es ihn gibt, für den Betrachter nicht auf den Umgang mit Kunst, sondern auf sein tägliches Leben bezogen sein sollte; und daß es sein tägliches Leben verschönert, wenn er sich mit der Freude anstatt mit dem Elend beschäftigt – das ist wohl offensichtlich. So bin ich dazu gekommen, außerdem aus einem persönlichen Bedürfnis heraus, das mich auch zum Studium des Zen-Buddhismus geführt hatte.

Eine wichtige Person in diesem Zusammenhang haben wir noch nicht erwähnt, und zwar Jackson Pollock.

Sie waren befreundet...

Nun ja, eigentlich habe ich eher versucht, ihn zu meiden, weil er meistens so betrunken war, daß mir ein Zusammentreffen mit ihm normalerweise unangenehm war. Ich entsinne mich, daß ich immer auf die andere Straßenseite ging, wenn ich ihn sah. Hin und wieder war aber eine Begegnung unvermeidlich; wir trafen uns, und er beschwerte sich gewöhnlich, daß ich sein Werk nicht genügend schätzte, und das stimmte auch. Zum ersten Mal sah ich etwas von ihm in Peggy Guggenheims Wohnung. Sie hatte im Erdgeschoß eine Eingangshalle, und da war dieses riesige Wandgemälde von ihm mit... Es sah aus, als ob er Teile des menschlichen Körpers gemalt hatte, und dadurch flaute mein Interesse sofort ab. Dann kamen diese Sachen, von denen man eigentlich annehmen müßte, daß sie mir gefallen hätten, nämlich die über und über betropften Leinwände. Ich war jedoch mit Tobey vertraut, und Pollocks Werk sah simpel aus im Vergleich zu Tobeys Arbeiten, die weitaus komplexer wirkten. Wenn man eine dieser großen Leinwände von Jackson Pollock betrachtete, so konnte man leicht erkennen, daß er einfach fünf oder sechs Farbdosen genommen und sich keinerlei Mühe gemacht hatte, die Farbtöne zu variieren, sondern mehr oder weniger mechanisch... allerdings mit großer Geste – daran glaubte er – die Farbe hatte austropfen lassen. Von der Farbe her interessierten mich seine Bilder deshalb nicht, weil sie keine Variationen aufwiesen. Wenn Sie dagegen einen Tobey ansehen, so bemerken Sie, daß jeder Pinselstrich ein etwas unterschiedliches Weiß hat. Und wenn Sie Ihr tägliches Leben betrachten, so werden Sie feststellen, daß das auch nicht aus Farbrinnsalen aus einer Dose besteht.

Aber was ist mit der Intensität, der Emotionalität?

Oh, diese Aspekte fand ich belanglos. Das sind genau die Seiten des abstrakten Expressionismus, die mich nicht interessierten. Ich wollte, daß sich meine Sichtweise verändert, nicht die Art, wie ich fühle. Mit meinen Gefühlen bin ich völlig zufrieden. Wenn überhaupt Veränderung, dann eher in Richtung einer Art Ruhe. Mir liegt nichts daran, meine Gefühle in Aufruhr zu versetzen. Ich richte doch mein Leben nicht nach irgendwelchen Künstlern oder ihren Werken aus.

Also gefielen Ihnen de Koonings Werke aus den späten 40er Jahren besser als die zumeist aggressiven Expressionisten der 50er Jahre...

Mit den weiblichen Künstlern hatte ich große Schwierigkeiten. Eigentlich mochte ich sie nicht besonders. Ich sehe zwar, daß sie wunderschöne, ja großartige Kunstwerke geschaffen haben, aber wenn das Kunst ist, so interessiert sie mich nicht. (Irving Sandler, 1966)

Glauben Sie, daß man für die Betrachtung von Duchamps Werk eine Menge Bildung mitbringen muß?

Ich habe nicht das Gefühl, daß ich viele Vorkenntnisse brauche, um Duchamp so zu genießen, wie ich es tue.

Wie genießen Sie ihn denn?

Auf meine eigene Art. Ob das die Art ist, die er im Auge hatte, kann ich nicht beurteilen. Ich hätte entsprechende Fragen stellen können, tat es aber nicht.

Weil es Sie nicht interessierte?

Aber nein. Ich wollte ihn nicht mit Fragen belästigen. Angenommen, ich hätte etwas gefragt, was ihm nicht lästig gewesen wäre, und er hätte geantwortet, dann hätte ich seine Antwort gehabt anstelle meiner Erfahrung. Überdies hat er sämtliche Möglichkeiten offengelassen, indem er sagte, daß die Betrachter selbst erst das Kunstwerk vervollständigen. Dennoch hat sein Werk etwas Hermetisches, Rätselhaftes, etwas, das nach Wissen verlangt und nach Fragen und direkten Antworten. Ich habe einmal mit Teeny Duchamp darüber gesprochen. Ich sagte: »Weißt du, ich verstehe sehr wenig von Marcels Werk. Vieles daran ist mir nach wie vor rätselhaft.« Und sie erwiderte: »Mir auch.«

Glauben Sie, daß Ihre Vorstellung von Stille etwas mit Duchamp gemeinsam hat?

Beim Betrachten des ›Großen Glases‹, das mir so gut gefällt, kann ich meine Aufmerksamkeit auf beliebige Punkte konzentrieren. Es läßt für mich den Unterschied zwischen Kunst und Leben verschwimmen und erzeugt in sich selbst eine Art Stille. Es enthält nichts, das mich dazu auffordert, auf eine bestimmte Stelle zu sehen; eigentlich fordert es mich überhaupt nicht zum Hinsehen auf. Ich kann hindurchblicken auf die Welt, die dahinterliegt. Bei ›Étant Donnés‹ ist es natürlich umgekehrt. Hier kann ich nur das sehen, was Duchamp mich sehen läßt. Das ›Große Glas‹ verändert sich je nach Beleuchtung, was Duchamp sehr wohl wußte. Bei einem Mondrian ist es dasselbe. Bei jedem Gemälde ist es so. ›Étant Donnés‹ dagegen verändert sich nicht, weil dort alles festgeschrieben ist. Das heißt, er teilt uns etwas mit, das wir uns vielleicht noch nicht klargemacht haben, wenn wir so leichtfertig vom Verschwimmen des Unterschiedes zwischen Kunst und Leben reden. Vielleicht führt er uns auch zu Thoreau zurück: Ja und nein sind beides Lügen. Oder er besteht auf dem Unterschied und sagt, beide sind nicht wahr. Die einzig mögliche Lösung ist eine, die alles einschließt.

Duchamp scheint seine Kunst viel weniger sinnlich zu begreifen als Sie die Ihre.

Der Unterschied zwischen Marcel und mir ist der, daß er immer die Bedeutung der Netzhaut des Auges für die Kunst verneint hat, während ich auf die sinnliche Komponente des Klanges und die Aktivität des Hörens großen Wert lege. Man könnte sagen, daß ich die entgegengesetzte Meinung wie er vertrete. Und dennoch empfand ich bei so vielen Dingen, die er tat, daß ich mit ihm übereinstimmte, daß mir der Gedanke kam, für Musik gelte vielleicht das Gegenteil von dem, was auf die bildende Kunst zutrifft. Anders gesagt war das, was zu seiner Zeit in der Kunst wichtig war, die nichtsinnliche Komponente des Sehens, und was zu meiner Zeit in der Musik wichtig war, war die sinnliche Seite des Hörens. Trotzdem empfindet man ›Étant Donnés‹ sehr körperlich, nicht abstrakt, und zwar auf eine Art, die deutlich zu spüren ist.

Ich glaube, Musik ist komplexer als Malerei, und deshalb sind Zufallsoperationen in der Musik natürlich viel komplizierter, als sie in der Malerei sein würden. Zu einem Musikstück muß man mehr Fragen stellen als zu einem Gemälde. (Moira und William Roth, 1973)

Von allen Malern der 40er Jahre steht Tobey für Sie wohl im Mittelpunkt – als derjenige, den Sie am meisten schätzen.

Bei Tobey schätze ich die weißen Schriften am meisten, die keine figurativen Elemente enthalten.

Das wandelte sich für mich durch Bob Rauschenberg, der diese schwarzen Bilder malte, die nicht nur mir gefielen, sondern auch Franz Kline, der im selben Sommer [1948] zufällig auch in Black Mountain war, und ich näherte mich ihnen [den Rauschenbergs] auf verschiedenen Ebenen – einmal vom Tobey-Standpunkt und einmal vom Mondrian-Standpunkt aus. An diese schwarzen Gemälde konnte man ebenso herangehen, wie ich an den abstrakten Expressionismus herangegangen war – man konnte sie als eine Fläche begreifen, die kein Bedeutungszentrum hatte und durch den Rahmen nicht unbedingt begrenzt wurde. Überdies erinnerte die Komposition, wenn es überhaupt eine gab, an Mondrian. Das machte es mir damals möglich, mich rückhaltlos für diese Bilder zu begeistern, weil ich mich vorher mit geometrischer Abstraktion und besonders gern mit Mondrian beschäftigt hatte. Als ich später über Bob schrieb, stellte sich das als Problem heraus, das ich mit seinem Werk hatte: Warum hielt er so an der geometrischen Abstraktion fest? Und insbesondere an diesen Waagerechten und Senkrechten?

Eine interessante Sache, die Sie vorhin erwähnten, war die, daß Sie bestimmte abstrakt-expressionistische Arbeiten, so zum Beispiel die von Tobey und de Kooning, für sich nutzen konnten, weil sie bestimmte Tendenzen in Ihrem eigenen Werk, zum Beispiel den Zufall, verstärkten.

Nein, ich nutzte sie, wenn ich in der Stadt herumlief.

Ach so. Sie meinten das also nicht spezifisch auf Ihre Arbeit bezogen.

Mit Sicherheit nicht. Daß meine Arbeit beeinflußt wird, geschieht zweifellos auch, und es kann sein, daß ich in meiner Vorstellung, eine musikalische Komposition müsse keinen Höhepunkt haben, durch sie bestärkt werde. Derartige Einflüsse – gewiß. Ein Kunstwerk zu nutzen, so scheint mir, bedeutet aber sicherlich nicht einen Dialog, das heißt eine Transformation, sondern der unmittelbare Nutzen bestünde darin, meine Sichtweise zu ändern.

Mir gefiel alles, was Bob [Rauschenberg] mir zeigte, auch ein paar ältere Arbeiten. Er schenkte mir sogar eins seiner frühen Bilder, das an Dada erinnerte, eine Collage, die aus ausgefallenen Bestandteilen zusammengesetzt war. Später besuchte er mich und malte auf die Collage. Ich erwähne das in meinem Artikel über ihn, wo ich sage, die Tür ist offen, und er kommt herein und malt und sagt, was haben wir dadurch schon verloren... Ich mußte das akzeptieren, weil mich gerade seine Idee der Unbeständigkeit interessierte. Ich hatte kein Gegenargument. Als Bobs Werk dann aber immer figurativer wurde, öffnete er mir darüber auch die Augen für figurative Dinge; er ermöglichte es mir, nicht nur das Straßenpflaster zu sehen, wie es Tobey getan hatte, das heißt eine Gesamtsituation, sondern zum Beispiel sogar eine Coca-Cola-Flasche.

Es bestand also eine Beziehung zwischen diesem Gedanken und dem Gedanken, in Ihrer Arbeit Radios zu verwenden.

Richtig. All das steht untereinander in Beziehung und verweist letztendlich wieder auf das Werk von Marcel Duchamp. (Irving Sandler, 1966)

Ich glaube, es gibt einen kleinen Unterschied zwischen Rauschenberg und mir. Und wir sind auch nicht mehr so eng befreundet, obgleich wir immer noch auf freundschaftlichem Fuß miteinander stehen. Wir sehen uns nicht mehr so oft wie früher ... Ich habe den Wunsch, den Unterschied zwischen Kunst und Leben einfach auszulöschen, während Rauschenberg jenen berühmten Ausspruch tat, er wolle in der Lücke zwischen beiden arbeiten. Ein Satz wie dieser hört sich meiner Meinung nach ein bißchen römisch-katholisch an.

Was heißt das?

Daß er ein Mysterium daraus macht, ein Künstler zu sein. (Martin Duberman, 1972)

Zu Johns' Werk hatte ich keinen unmittelbaren Zugang. Es war wiederum Rauschenberg, der mich lehrte, Johns' Arbeiten zu begreifen. Und obwohl Rauschenberg von Johns ganz begeistert war, hatte ich weiterhin meine Probleme mit ihm. Und diese Probleme, die ich mit Johns' Werk hatte, gehören zu denjenigen, die mir die liebsten sind. Sie haben mich nämlich gezwungen, mich zu verändern – nicht nur meine Art zu sehen, die mußte sich nicht verändern. Man kann sich zum Beispiel eine Arbeit von Johns ansehen, ohne daß man seine Aufmerksamkeit darauf richtet, außer eine rein optische. Und auf diese Weise kann man sie ebenso wahrnehmen, wie man abstrakten Expressionismus oder Tobey oder irgend etwas Nichtbildhaftes wahrnimmt. Akzeptiert man aber, daß es sich um eine Fahne oder eine Zielscheibe usw. handelt, so muß man sich geistig darauf umstellen, und deshalb ist sein Werk im Laufe der Zeit nicht etwa immer schwächer, sondern immer stärker geworden. Es hat die Kunstkritik von Grund auf verändert, und zwar noch durchschlagender als das Werk von Bob Rauschenberg. Und Marcel Duchamps Werk hat es, so scheint mir, im Nachhinein neues Gewicht verliehen.

Sie sagen also, daß Johns auch Ihnen eine bestimmte Erkenntnis erschlossen hat.

Ich begreife es nicht so, daß er sie mir erschlossen hat, sondern er hat mich dazu gebracht, daß ich mich frage: »Will ich mich tatsächlich mit dem auseinandersetzen, was er anbietet, was er macht? Will ich mich geistig verändern?«, und meine Antwort ist ja. Aber dann modifiziere ich die Antwort: »Ja, aber ich will dabei Schwierigkeiten überwinden.« (Irving Sandler, 1966)

Zur Wechselwirkung von Kunst und Musik:

Ich glaube, daß sich heute in der Musik etwas verwirklicht, was sie von der Musik um die Jahrhundertwende unterscheidet. Damals war die bildende Kunst so stark von der Musik beeinflußt, daß sie ihr als Vorbild für die Wendung zum Abstrakten diente; Sie erinnern sich, Kubismus und so weiter. In sämtlichen Manifesten war davon die Rede, daß in der Musik schon das erreicht worden sei, was in der Malerei erst geschah. Ich glaube, daß vieles von dem, was seit 1950 in der Musik passiert, eine Reaktion auf die Entwicklung der bildenden Kunst ist, daß der Dialog fortgesetzt wurde, weil die äußeren Umstände für Veränderungen sich ändern. Also erzeugt die augenblickliche Reaktion der Musik auf die bildende Kunst der ersten Hälfte dieses Jahrhunderts wiederum eine Situation, auf die nun die bildende Kunst reagieren muß oder kann. Meiner Meinung nach schließt diese Reaktion bereits das Medium Film mit ein, das nämlich eine Vielzahl von Bildern anstatt eines einzigen einsetzt und in diesem Punkt einer Musik ohne festgelegte Partitur gleicht.

Sehen Sie, die Entwicklung kann in viele Richtungen gehen, sie ist nicht dogmatisch festgelegt. Es gibt zum Beispiel einen Film, den ich [bei der Weltausstellung] in Montreal gesehen habe; er hieß ›Labyrinth‹. Dort wurde mit mehreren Leinwänden gearbeitet, und das Ganze war dramaturgisch für mein Empfinden wie eine Orchestrierung aus dem 19. Jahrhundert angelegt. In bestimmten Momenten bezog sich nämlich ein Film szenisch auf den anderen, so daß der beabsichtigte dramatische Effekt nicht zustandegekommen wäre, wenn die Filme nicht vorher genau aufeinander abgestimmt worden wären. (Don Finegan, 1969)

Meiner Ansicht nach ist eine Diskussion über das Wesen der Stille in den drei verschiedenen Kunstformen, von denen eine der Film ist, bestimmt interessant. Sie könnte uns Aufschluß darüber geben, was das Wesen des Films ausmacht.

Normalerweise ist meine Reaktion auf Filme, meine ganz alltägliche Reaktion, die, daß ich generell Freude daran habe. Viele Menschen sehen sich auch schlechte Filme gern an. Es geht mir wie ihnen, ich bin einfach überwältigt von dem schlichten Vergnügen an laufenden Bildern.

Über das Wesen der Stille:

Sie wissen, daß ich ein Stück mit dem Titel ›4′33″‹ geschrieben habe, das keine von mir selbst erzeugten Töne enthält, und daß Robert Rauschenberg Bilder gemacht hat, die nichts zeigen – einfach Leinwände, weiße Leinwände ohne Farbe –, und Nam June Paik, der koreanische Komponist, hat einen einstündigen Film gemacht, in dem es keine Bilder gibt. Nun könnte man spontan meinen, daß es sich bei allen drei Aktionen um dasselbe handelt, aber sie sind doch recht unterschiedlich. Aus den Rauschenberg-Bildern werden meiner Meinung nach, wie ich es genannt habe, Landebahnen für Staubpartikel und das, was in ihrer Umgebung Schatten wirft. Mein Stück ›4′33″‹ entsteht während der Aufführung aus den jeweiligen Umweltgeräuschen.

Nun ist es aber so, daß bei der Musik die Umweltgeräusche sozusagen da verbleiben, wo sie sind, während bei einem Rauschenberg-Bild Staub und Schatten und Veränderungen des Lichtes nicht in der Umgebung verbleiben, sondern zum Bild kommen. Bei dem Nam-June-Paik-Film, der keine Bilder hat, wird der Raum verdunkelt und der Film projiziert; was man sieht, ist der Staub, der sich auf dem Film angesammelt hat. Ich denke, da besteht eine gewisse Ähnlichkeit mit dem Rauschenberg-Bild, obgleich die Konzentration stärker ist. Die Umgebung ist mehr auf den Film fixiert, anders als dort, wo sie als Staub und Schatten auf das Bild fällt, und damit auch eingeschränkter.

Das bringt mich auf meine Vorstellung von Stille: Für mich ist Stille im wesentlichen das Aufgeben jeglicher Absicht. Natürlich verzichten nur wenige Filme auf Intention und folgen damit diesem Konzept von Stille: Wenn man sich Filme ansieht (und hier gibt es meines Erachtens keinen Unterschied zwischen Kunstfilmen und Hollywood-Filmen), stellt man fest, daß die Intention fast nie völlig aufgegeben wird. Wenn wir Nam June Paik mit seinem Film ohne Bilder einmal beiseite lassen, so kommen meiner Meinung nach die Filme von Stan VanDerBeek einem solchen Verzicht am nächsten, der durch eine Vervielfachung der Bilder erreicht wird. In dieser Vervielfältigung verliert sich die Intention und wird in den Augen des Zuschauers gleichsam zur Stille. Da der Betrachter nicht gleichzeitig fünf oder sechs Bilder ansehen kann, sondern immer nur eines, hat er eine gewisse Freiheit. Allerdings scheint es selbst bei

VanDerBeek, wie übrigens auch meistens beim Tanz, einen starken Widerwillen dagegen zu geben, jede Aktivität einzustellen und auf Intention gänzlich zu verzichten. (Symposion in Cincinnati, 1967)

Zur Frage, ob Filme unbedingt »linear« sein müssen:

Das ist nicht notwendig. An der Arbeit von Stan VanDerBeek kann man sehen, daß man auch Elemente nebeneinander setzen kann, die nicht in einer Beziehung zueinander stehen; dieselbe Erfahrung konnte man bei der Gruppe ONCE beim 16-Millimeter-Festival in Ann Arbor, Michigan, machen. Dort wurde etwas anderes sichtbar, was sich nach meiner Erfahrung immer häufiger zeigt. Man stellte bei diesem Filmfestival nämlich fest, daß die Filme, die als einzelne schlecht sein konnten, zusammengezeigt nicht mehr schlecht waren. Das entspricht in etwa dem, was Bucky Fuller ›Synergie‹ nennt oder was bei der Legierung von Metallen geschieht, die ihre Härte erst durch die Zusammensetzung von Elementen gewinnt, die für sich genommen diese Härte nicht haben. Dadurch relativiert sich die ganze Frage der Qualität, die im universitären Denken eine so große Rolle spielt – oder überhaupt im Bildungsbereich: Lehrt man das Gute oder das Schlechte? –, weil nämlich das Schlechte, wenn es mit Vielem zusammentrifft, nicht mehr schlecht ist. Es gibt dem Ganzen eher ein bißchen Würze. (Don Finegan, 1969)

Es gibt noch eine andere Möglichkeit, die Abwesenheit von Intention zu erreichen, und zwar durch eine Vervielfachung der Filme und damit der Intentionen. Das machte die Gruppe in Ann Arbor bei ihrem Festival für 16-Millimeter-Filme. Obgleich jedem einzelnen Film eine Absicht zugrunde lag, war das Endergebnis nichtintentional. Und das entspricht unserer Alltagserfahrung.

Einen Film habe ich allerdings bei dem Festival [in Cincinnati] gesehen – [Stan] Brakhages ›The Dead‹, in dem es um die Grabmäler eines Pariser Friedhofs geht –, wo mir auffiel, daß es an einem bestimmten Punkt so aussah, als gäbe es keine Aktivität mehr – die Stelle, wo die Kamera hinter der Mauer verschwindet, so daß sie nicht mehr registrieren kann, was sie gesehen hat.

Vielleicht wäre es gut für das Medium Film, wenn er diese Abwesenheit von Intention, diese Stille thematisierte; vielleicht aber auch nicht: Mit dieser Begrenzung würde der Film ausschließlich auf sich selbst als Medium verweisen. Das potentielle Gefangensein in sich selbst, das in der Natur des Films liegt, mag der Grund dafür sein, daß Filmemacher lieber Bilder präsentieren, die so weit in die Welt hinausreichen. (Symposion in Cincinnati, 1967)

Im 20. Jahrhundert war jeder experimentelle Musiker auf die Maler angewiesen.

Wie das?

Weil die niedergeschriebene Musik so etwas wie Kirchenlatein war, und wenn man davon abwich, dann bedeutete das praktisch Protestantismus, und man konnte nicht damit rechnen, daß die Amtskirche sich in irgendeiner Weise dafür interessierte, weil diese Musik ja in gewissem Sinne für die ganze Position des Altertümlichen in der Musik, das sich an der Notation festmachte und für den Laien völlig unverständlich erschien, eine Bedrohung darstellte. Deshalb mußte jeder fortschrittliche Musiker in diesem Jahrhundert – man kann sie einzeln aufzählen – die Freundschaft von Dichtern und Malern suchen.

Aber warum traten Dichter und Maler zunächst nur als Rezipienten auf?

Weil sie diejenigen waren, die zuvor schon die Kunst verändert hatten, indem sie sagten: »Seht euch die Musik an, da hat man es schon geschafft. Die Musik war schon abstrakt, bevor wir damit anfingen.« Die ganzen frühen Dokumente über Abstraktion, Kubismus und so weiter bezogen sich auf Musik. (Irving Sandler, 1966)

John Cage über den Tanz

Als ich zum ersten Mal modernen Tanz sah, waren es Martha Graham, Doris Humphrey und Hanya Holm, und von den dreien gefiel mir Martha am besten. Am liebsten mochte ich ›Celebration‹ und einige ihrer Soli. Als ihre Arbeit literarisch wurde, wie in ›Letters to the World‹, verlor ich das Interesse daran. Ich drängte Merce, ihre Truppe zu verlassen und eine eigene auf die Beine zu stellen, und ich versprach, ihn dabei musikalisch zu unterstützen. (David Sears, 1981)

Wie kam es bei Ihnen zum Zusammenspiel all dieser geistigen und praktischen Interessen? Sie befassen sich mit Musik, Theater, Schreiben, Vorträgen, Tanz...

Pilzen...

Eine solche Bandbreite ist heutzutage ungewöhnlich.

Auch hier muß man etwas über die näheren Umstände wissen. Ganz zu Beginn schrieb ich einmal ein Stück für Klarinettensolo. Da ich wußte, daß es schwierig zu spielen war, wandte ich mich an den Ersten Klarinettisten des Philharmonischen Orchesters von Los Angeles, und als er es sich ansah, sagte er: »So schreibt man keine Musik.« Er meinte, ich sollte so komponieren wie die meisten anderen, deshalb wollte er mein Stück nicht spielen und riet mir von dem ab, was ich mir vorgenommen hatte. Anschließend machte ich noch einen zweiten Versuch, das Stück unterzubringen, der wiederum fehlschlug; diesmal nicht, weil der Klarinettist es nicht spielen wollte, sondern weil er nicht die nötige Zeit aufbrachte, die damit verbundenen Schwierigkeiten zu meistern, und weil er sich nicht entschließen konnte, es zu versuchen. Wieder einmal spielten die Umstände eine Rolle.

Ungefähr zur selben Zeit wurde ich von ein paar Leuten angesprochen, die an der UCLA modernen Tanz machten und die wollten,

Carolyn Brown, John Cage, Merce Cunningham und David Tudor
bei einem Ballettabend am Friedrich-Wilhelm-Gymnasium,
Köln, 5. 10. 1960. (Ausschnitt)

daß ich dabei mitmachte ... und das tat ich dann, und so stellte ich sehr bald fest, wenn man Musik schrieb, für die sich ein Orchester nicht interessierte – oder Streichquartette, ich machte mehrere Versuche, ich gab nicht sofort auf –, konnte man sehr gut mit Modern-Dance-Gruppen zusammenarbeiten. Zu der Zeit beschäftigte ich mich mit Struktur, weil ich gerade mit Schönberg gearbeitet hatte. So wie ich mich mit Geräuschen befaßte, dachte ich, daß ich dafür eine andere Art Struktur benötigen würde, und so kam ich auf diese zeitliche Strukturierung, die ich den Tänzern sofort so vermitteln konnte, daß sie in der Lage waren, damit zu arbeiten. Im Gegensatz zu den Faktoren Harmonie und Tonalität, die der Musik eigentümlich sind, ist das Zeitmaß der gemeinsame Nenner von Tanz und Musik. Ich befreite die Tänzer von der Notwendigkeit, Musik auf der Ebene von Gefühl zu interpretieren; sie konnten beim Tanz dieselben Strukturen verwenden wie ein Musiker. Sie konnten unabhängig voneinander arbeiten und dann ihre Ergebnisse als Arbeitsansätze zusammenbringen. Wir freuten uns immer, wenn wir sahen, wie das Zusammenspiel dann auch funktionierte. (Michael Kirby und Richard Schechner, 1965)

Wenn ich mit anderen zusammengearbeitet habe, so waren es meistens Tänzer, und von allen Tänzern besonders Merce [Cunningham]. Was mir in den 30er Jahren beim modernen Tanz zunächst auffiel, war, daß die Tänzer im Hinblick auf die Musik die erste Geige spielen wollten. Wenn es um eine Zusammenarbeit ging, so erwarteten sie von dem Musiker eine untergeordnete Position. Ihr Tanz war immer schon fertig, bevor sie ihn ansprachen. Umgekehrt war es beim Ballett; da mußte der Musiker fertig sein, bevor mit der Choreographie begonnen wurde. Mir gefielen beide Methoden nicht, obwohl ich bereit war, sie zu akzeptieren. Ich fand, es wäre besser, wenn zwei Leute so zusammenarbeiten könnten, daß keiner sich nach dem anderen zu richten bräuchte. Meiner Meinung nach war es das Beste, unabhängig voneinander vorzugehen, das heißt ungefähr zur selben Zeit an verschiedenen Orten, und sich dann später beide Ergebnisse anzusehen beziehungsweise anzuhören, wenn sie aufeinandertreffen, und jedes einzeln so wahrzunehmen, wie es ist, ohne zu erwarten, daß es einem schon fertigen Bild entspricht oder zumindest ähnelt. (David Shapiro, 1985)

Ich glaube, es wird mittlerweile akzeptiert und wirkt nicht mehr so provozierend wie früher, daß Merce und ich die Unabhängigkeit von Musik und Tanz in die Praxis eingeführt haben. Die Leute regen sich nicht mehr darüber auf, weil sie es schon so oft erlebt haben, daß es sie nicht mehr stört. (David Sears, 1981)

Durch Schönberg hat sich mir das Bedürfnis nach musikalischer Struktur (der Unterteilung des Ganzen in einzelne Partien) entwikkelt. Seiner Meinung nach sollte man das über Harmonie und Tonalität erreichen. Ich hatte kein Gefühl für Harmonie. Ich interessierte mich für Geräusche. Ich mußte eine geeignete Struktur für Geräusche finden, und als ich sie entdeckte – eine leere Zeitstruktur –, stellte sie sich auch als richtige Struktur für ein Zusammenwirken zweier Kunstformen wie Tanz und Musik heraus. Und das beinhaltet natürlich alles Mögliche, Singen zum Beispiel, eigentlich alles, was sich in der Zeit abspielt.

Könnten Sie das erläutern?

Schon in der indischen Tradition galt, daß die Kunstformen, die mit Zeit zu tun hatten, nicht voneinander getrennt waren; sie haben sogar einen Begriff – ich kenne ihn nicht genau –, aber es gibt einen Begriff, der sowohl Tanz als auch Musik umfaßt, und das Wesentliche dabei ist die Zeit, da sie bei beiden eine Rolle spielt.

Haben Sie sich auch schon mit Film beschäftigt, einer weiteren Kunstform, bei der Zeit wesentlich ist?

Nicht im Hinblick auf die Zeit. Meiner Erfahrung nach interessieren sich Filmemacher nicht für Fragen der Struktur.

So, wie sich Merce' Arbeit entwickelt hat, befriedigt sie mich mit meiner Liebe zum Theater. Das Erstaunliche ist, daß er immer wieder eine Entdeckung macht, die eine Neuerung bedeutet. Bei ihm ist das Ergebnis seiner Arbeit immer anders, als man erwartet.

Stellen Sie sich die Musik im Zusammenwirken mit Bühnenbild und Tänzern vor?

Das einzige, was ich mir vorstelle, ist, daß es dabei um Theater geht und daß Theater in erster Linie die beiden Sinneswahrnehmungen Sehen und Hören einbezieht. Ich glaube nicht, daß die anderen Sinne, also Schmecken, Riechen und Tasten, im Theater eine ebenso große Rolle spielen wie Sehen und Hören. Wenn man Schmecken, Riechen und Tasten hinzunimmt, wird das Theater zum Ritual.

Sehen ist etwas ganz anderes als Hören. Sie unterscheiden sich biologisch voneinander. Das Sehen unterliegt anderen physischen Gesetzmäßigkeiten. Das stellte auch Kierkegaard in seiner Lobrede über ›Don Giovanni‹ fest. Er liebte Mozarts ›Don Giovanni‹ mehr als jedes andere Kunstwerk, weil es am freiesten von physischen Beschränkungen war. Tanzen dagegen bedeutet das Akzeptieren physischer Grenzen und eine lustvolle Reaktion darauf.

Was Ihre gemeinsame Arbeit mit Merce betrifft, so verläuft die Arbeit bei Ihnen nach wie vor in nichtfestgelegten Bahnen, während seine . . .

Bei ihm muß sie geplant sein, wegen der Körperbewegungen, die zum Tanzen gehören. Das Aufführen eines Musikstückes ist ungefährlich – keiner kann dabei zu Schaden kommen –, aber für Tänzer ist es schmerzhaft, wenn sie gegeneinanderstoßen. Deshalb müssen sie sehr sorgfältig proben.

[Cunninghams] ›Events‹, wo die Tänzer zum Teil miteinander kollidieren, haben sie auch geprobt.

Ja, sicher. Sonst wäre jede kraftvoll ausgeführte Bewegung gefährlich gewesen.

Könnte Merce ein Solo tanzen, für das die Choreographie vorher nicht festgelegt worden ist? Hat er das je getan?

Bei ›Story‹ und ›Field Dances‹ [in den 60er Jahren] hat er sich für vorher nicht festgelegte Aktionen interessiert. Diese Werke sind Beispiele für eine nicht im voraus festgelegte Choreographie; sie entstanden in Zusammenarbeit mit der Tanztruppe. Aber sein Interesse an der Umsetzung konzentrierter Energie hielt ihn davon ab, sich weiter mit diesem Thema zu beschäftigen, da beide Werke sehr langsam und vorsichtig aufgeführt werden mußten. (David Shapiro, 1985)

Haben Sie das Stück ›Dialog‹ gesehen, wo Merce und ich zusammen auftraten? Darin bewege ich mich ab und zu von einem Bühnenende zum anderen. Ich gehe einfach nur. Ich tanze nicht. Trotzdem spüre ich, wie mir bewußt ist, daß ich mich mit einem Tänzer auf der Bühne befinde, also muß ich mir meine Bewegungen in ihrer Beziehung zum Tanzen überlegen. Das läßt sich nicht vermeiden. Ich mache deswegen nichts anders. Mir ist nur einfach bewußt, daß ich mich in einer sehr komplexen Situation befinde.

144

Was ich zu erreichen versuche – und ich glaube, das ist möglich –, ist die Freude an jedem einzelnen Augenblick und nicht das Hervorheben eines speziellen Momentes. Besondere Momente ergeben sich natürlich, das gebe ich zu; aber ich versuche, dafür offen zu sein, daß jeder Augenblick ein besonderer ist. Im Theater und auch jetzt, wo wir nicht im Theater sind, möchte ich, daß der ganze Zeitablauf und nicht nur ein einziger Moment etwas Besonderes ist. Ich will erreichen, daß ich mir keine Sache mehr wünsche als irgendeine andere. Meine Absicht ist es, wunschlos zu sein. Oder vielmehr: mein Wunsch ist es, allem meine Aufmerksamkeit zu schenken, soweit es mir möglich ist. Deshalb liebe ich auch das Geräusch des Verkehrs hier, denn ich muß sagen, daß es für mich in dieser Wohnung keinen langweiligen Moment gibt. Ich horche die ganze Zeit über auf dieses Geräusch, die 6th Avenue ist phantastisch! (David Sears, 1981)

Wenn ich einen Tanz sehe, bei dem nicht nach der Musik getanzt wird, so ist mir aufgefallen, daß er unmittelbar von sich aus körperlich kraftvoll und rhythmisch wirkt. Jede Bewegung sieht rhythmisch aus, und zwar in einer Art, die nicht möglich ist, wenn die Bewegung sich nach der Musik richtet. Ich kann einfach keinen Gefallen daran finden, wenn zwei Dinge im Gleichklang geschehen. Es macht mich richtig rasend. (David Shapiro, 1985)

John Cage, Amy Lorenz und Klaus Schöning
bei einer Vorbesprechung zum Workshop Erik Satie
im Rheinischen Landesmuseum, Bonn, 30. 3. 1985. (Ausschnitt)

John Cage über seine Schüler

Ich behaupte oft und halte das auch für zutreffend, daß in den letzten 30 Jahren kein Musikstück geschrieben worden ist, in dem nicht in gewissem Maße der Einfluß von John Cage spürbar ist. Ich kenne wenige Komponisten, die Ihnen nicht vollen Respekt zollen, was ihre eigene Arbeit angeht. Wie stehen Sie dazu?

Ich versuche, es vollkommen zu ignorieren. Das ist für mich die einzige Möglichkeit, damit umzugehen. Außerdem glaube ich nicht, daß es stimmt. Ich glaube, wenn ein Mensch etwas tut, dann ist das etwas Eigenständiges, auch wenn er dabei an etwas denkt, das er als Einfluß bezeichnet. Ich bin wirklich der Meinung, daß jeder Mensch seine eigene Arbeit schafft.

Vermutlich ist die Art Einfluß, an die ich denke, so etwas wie zum Beispiel bei Lutoslawski, der, als ich ihn vor ein paar Jahren traf, behauptete, seine Musik hätte sich radikal verändert, nachdem er Ihr ›Concert for Piano and Orchestra‹ gehört hatte.

Das ist ein sehr gutes Beispiel. Er sagt, daß er in seinem Werk bestimmte Änderungen vorgenommen hat, nachdem er meines gehört hat. Was er gemacht hat, war natürlich einzig und allein seine Entscheidung, genau das, was ich gesagt habe. Deshalb ist das für mich kein Widerspruch; ich erfreue mich an seiner Musik, wenn ich sie höre, und zwar erfreue ich mich daran als an s e i n e r, nicht an m e i n e r Arbeit. Wenn ich überhaupt einen Einfluß ausübe, dann glaube ich, das Gute daran ist, daß die Leute heute mehr Möglichkeiten haben als in meiner Jugend.

Als ich jung war, mußte man entweder Schüler von Strawinsky oder von Schönberg sein. Eine Alternative gab es nicht. Sonst konnte man nichts machen. Man hätte sich vielleicht als Bartók-Anhänger fühlen oder statt Bartók Cowell oder Ives als Vorbild nehmen können, aber so dachten wir damals nicht. Wir dachten:

Schönberg oder Strawinsky; für die Akademien und Universitäten galt mit Sicherheit dasselbe. Zum Beispiel glaube ich, daß Volksmusik nur so interpretiert wurde, wie Strawinsky sie interpretierte. Heutzutage gibt es natürlich unendlich viele verschiedene Möglichkeiten, wie man vorgehen kann, und das ist meiner Meinung nach zum Teil auch Ergebnis dessen, daß nicht nur ich, sondern auch andere einen bestimmten Schritt vollzogen haben.

Die Situation scheint heutzutage irgendwie unverkrampfter zu sein...

Nun, auf jeden Fall trägt sie eher der größeren Bevölkerung Rechnung, was ja auch noch dazukommt. (David Cope, 1980)

Wie eng ist Ihr Kontakt zu europäischen Komponisten?

Nun ja, ich treffe mich mit ihnen, wenn ich da bin, und sie besuchen mich, wenn sie hier sind.

Sehen Sie Verbindungen zwischen dem, woran Sie zur Zeit arbeiten, und dem, was sie machen?

Die Europäer befassen sich mit allem Möglichen, was mich nicht interessiert – Kontrolle, Bedeutungszentrum, all diese Dinge. Damit beschäftige ich mich nicht. Sie neigen zu der Vorstellung, daß sie das Konzept, alles offen zu lassen, bis zu einem gewissen Punkt treiben können, daß es dann aber möglich ist, es wieder in ein Gesamtbild einzupassen, das man selbstverständlich kontrollieren kann. Mich interessiert nicht einmal, ob sie im Recht sind und ich im Unrecht. (Yale School of Architecture, 1965)

[Als ich Pierre Boulez Ende der 40er Jahre in Paris zum ersten Mal begegnete], wirkten sein Lächeln, seine Energie, seine strahlenden Augen elektrisierend auf mich; in New York aber lernte ich eine andere Seite von ihm kennen. Einmal hatten wir auf dem Rückweg von Cape Cod plötzlich kein Benzin mehr. Pierre fand das unelegant. Ich entsinne mich auch an einen Restaurantbesuch in Providence. Pierre entrüstete sich über die Bedienung und das Essen und verlangte, wenn ich mich recht erinnere, daß wir gingen. Ich hatte immer Angst vor seinem überlegenen Geschmack. Er war sehr unnachgiebig. Alles mußte immer exakt an seinem Platz sein. Ich hatte damals sehr wenig Geld und wollte meine Armut kultivieren, aber so etwas interessierte Pierre nicht. Was er wollte, waren Pracht und Glanz. Alles mußte genau stimmen, ästhetisch stimmen. Einmal kam ich unangemeldet in mein Studio [wo er gerade arbeitete], und er trug einen eleganten, seidenen Morgenmantel.

Pierre geht es in der Musik um Ideen. Sein Standpunkt ist ein literarischer. Er redet sogar von Parenthesen. Nichts von alledem hat mit Klang zu tun. Pierre hat die Haltung eines Experten. Aus so einer Einstellung heraus kann man sich nur mit der Vergangenheit befassen. Man kann kein Experte für das Unbekannte sein. Sein Werk ist nur verständlich, wenn man das Vergangene mitberücksichtigt.

Nachdem Boulez wiederholt behauptet hatte, das, was ich vorhatte, könne man nicht machen, entdeckte er Mallarmés ›Livre‹, bis ins kleinste Detail das Werk einer Zufallsoperation. Bei mir lehnte er das Prinzip total ab, bei Mallarmé fand er es auf einmal akzeptabel. Nun wurde er plötzlich zum Fürsprecher des Zufalls, es mußte nur s e i n e Art Zufall sein. (Joan Peyser, 1976)

Ich denke, er [Karlheinz Stockhausen] ist begabt. Er hat mehrere Kinder, und alle wurden Musiker, nicht wahr? Seine Beschäftigung mit der Musik übertrug sich also irgendwie. Für Stockhausen gilt, daß seine Musik uns avantgardistisch und voller Entdeckungen schien, aber das stimmt nicht. Sie war in Wirklichkeit sehr konservativ. Nichts Neues enthüllte sich, die Betonung lag auf den alten Schwerpunkten. (Morton Feldman [Bunita Marcus und Francesco Pellizzi], 1983)

Sie erwähnten die Beziehung meiner Arbeit zu der von Merce Cunningham und David Tudor, und Sie fragen, ob sie ohne diese beiden dieselbe gewesen wäre. Sicherlich nicht. Ich muß mit anderen Leuten zusammenarbeiten, und diese beiden sind für mich zwei der tiefgründigsten und anregendsten Menschen. Ich habe eine ganz andere Art von Persönlichkeit als Cunningham oder Tudor. Und deshalb faszinieren sie mich auch so sehr.

Ich glaube, Ihre Beziehung ist einzigartig, weil Sie alle drei so viele Jahre hindurch Ihren jeweils eigenen Weg gegangen sind und dennoch zusammen eine Einheit bilden.

Ja, das ist ganz erstaunlich. Ich hatte sogar oft das Gefühl, daß David Tudor – lieber Himmel, er muß mindestens 20 Jahre jünger sein als ich – mir immer der Ältere zu sein schien. Ich glaube, er wurde einfach älter geboren als ich, aber ich bin sehr jung geboren worden. Mich wunderte immer, daß er nicht selbst komponierte. Jetzt freue ich mich sehr, daß er Komponist geworden ist. Diese Tatsache hat uns allerdings etwas auseinandergebracht, weil wir nicht mehr zusammen auftreten, außer gemeinsam mit Merce Cunningham: Aber dort erscheinen wir dann als zwei verschiedene Personen, während wir früher sozusagen eine einzige Person waren. Ich bin froh über diese Entwicklung und bedaure sie nicht, wenn sie auch wie ein Verlust aussehen mag. Zum Beispiel gibt es meines Wissens zur Zeit niemanden, der die ›Music of Changes‹ so spielt, wie er es tat. Bei ihm lebte das Stück, wenn er es spielte. (Alcides Lanza, 1971)

Wenn Sie David Tudor kennen würden und, so wie ich, lange mit ihm zusammengearbeitet hätten, würden Sie sagen, er sei einer der großen musikalischen ... ich wollte eigentlich ›Köpfe‹ sagen, aber das würde auf Schönberg zutreffen. David Tudor dagegen ist nicht so sehr ein musikalischer Kopf wie ein ... Damals war er, wie Busotti meinte, »ein Musikinstrument«. Und wenn Busotti ein Stück für ihn schrieb, setzte er nicht »für Klavier« hinzu, sondern »für David Tudor«, womit er ausdrückte, daß Tudor als Instrument fungiere. David wird häufig immer noch so gesehen. Kürzlich traf ich ihn in Kalifornien nach einem Konzert mit der Cunningham Dance Company, und die jungen Komponisten aus San Francisco scharten sich um ihn wegen seines technischen Wissens und seiner Erfahrung im Bereich der elektronischen Live-Musik. Und vorher war es der Bereich Klavier gewesen und davor der Bereich Orgel. Er war als Musiker so außergewöhnlich, daß es genügte, auch jetzt noch genügt, einfach nur in seiner Nähe zu sein. Das reicht schon aus. Die Welt erscheint durch ihn unermeßlich, ohne Grenzen, sie hat nur verlockende Horizonte.

Warum, glauben Sie, spielte David niemals Ives?

Ich habe ihn auch danach gefragt, weil es auffällt als etwas, das in seiner Biographie fehlt. Er sagte: »Es ist zu schwierig.« Ich wußte nicht, was das heißen sollte. Deshalb ist er ja so faszinierend. Zunächst verstand ich nicht, was er meinte, denn von seiner Fingerfertigkeit her konnte es nicht zu schwierig sein. Er spielte die ›Second Sonata‹ von Boulez, die in technischer Hinsicht noch schwieriger ist. Entweder erzählte er mir, oder ich erkannte selbst, daß er sich in seiner Geisteshaltung zum Transzendentalisten hätte wandeln müssen, und das wollte er nicht. Als er die Boulez-Sonate spielte, las er alle Gedichte, die Boulez zu der Zeit las – René Char. Er lernte extra Französisch, um die Gedichte lesen zu können. Er versetzte sich soweit wie möglich in den Komponisten. Und das, so meinte er, wäre im Falle von Ives zu schwierig gewesen. Hätte er es getan, so hätten wir Ives-Aufführungen erlebt, die es so noch nicht gegeben hätte.

Das klingt sehr elitär, und ich glaube, ich bin eigentlich auch elitär, bin es immer gewesen. Ich habe nicht bei irgend jemandem Musik studiert; ich habe bei Schönberg studiert. Ich habe Zen-Unterricht nicht bei irgend jemandem genommen, sondern bei Suzuki. Wenn es irgend möglich war, habe ich mich immer an den Ersten der jeweiligen Zunft gewandt. (William Duckworth, 1985)

Die beiden anderen Personen, die mir sehr viel bedeutet haben, sind nicht Musiker, sondern Maler – Robert Rauschenberg und Jasper Johns.

Könnten Sie sich vorstellen, daß sich diese beiden genauso entwik-kelt hätten, wenn sie keine Beziehung zu John Cage gehabt hätten?

Nein. In dieser Hinsicht müssen wir uns die Einstellung der Buddhisten aneignen. Wir stehen alle miteinander in Verbindung, und es war ein Glücksfall, daß wir zusammentrafen. Mein Verhältnis zu Jasper Johns ist ähnlich wie das zu Cunningham und Tudor. Das heißt, ich v e r s t e h e i h n n i c h t. Bei Rauschenberg ist es ganz anders. In Rauschenberg erkenne ich mich selbst wieder, als ob wir ein und dieselbe Person wären. Wir müssen uns gegenseitig nichts erklären. Bei Gesprächen mit Tudor oder Cunningham oder Johns kommt es vor, daß mir das, was sie sagen, wieder Rätsel aufgibt, selbst nach so vielen Jahren. Bei den dreien weiß ich nie im voraus, was sie sagen werden, während ich das, was Rauschenberg vielleicht sagt, vorhersehen kann, es aber dennoch gern höre, weil er sich wie ich für den permanenten Wandel interessiert. (Alcides Lanza, 1971)

Sehen Sie in der Kunst eine bestimmte Kategorie, die Sie besonders interessiert?

Ich weiß nicht, was Sie mit Kategorie meinen. Für Kunst, die nach Kategorien festgelegt ist, z. B. die Neue Romantik, New Wave usw., interessiere ich mich nicht. (Jay Murphy, 1985)

Dieses Interesse am Verhältnis vom Raum zur Musik ist eine ganz neue Sache. Ich war zum Beispiel im Keller der Wesleyan University in Middletown in einem Raum, wo Studenten von Alvin Lucier ein Konzert gaben, bei dem man durch einen Korridor gehen konnte und der Klang nur am Schwingungspunkt des Raumes hörbar wurde. Anders gesagt, konnte man durch den Klang hindurchgehen, man konnte ihn durchlaufen. Es ging dabei um Elektronik und die spezielle Beschaffenheit der Architektur – diese enge Beziehung zwischen Klang und Architektur, die man auch in manchen Stücken von Pauline Oliveros findet, ebenso wie dasselbe Interesse für Räumlichkeit bei Künstlern auftaucht, die mit Erde arbeiten. (Bill Womack, 1979)

Interessieren Sie sich für Popmusik?

Nein, aber hin und wieder werde ich neugierig, wenn zum Beispiel jemand sagt, Brian Eno möge meine Arbeiten sehr, und was ich denn von seinen hielte. Ich habe keinen Plattenspieler, also ist das schwierig zu beurteilen. Vor kurzem stellte ich in Kalifornien Radierungen her, und die meisten Künstler, die bei der dortigen Crown Point Press beschäftigt sind, haben bei der Arbeit gern Musik. Als ich das mitbekam, fragte ich, ob sie irgendwas von Brian Eno hätten, das ich hören könnte. Sie hatten etwas, und ich hörte es mir an. Was mir daran gefiel, waren die Momente der Stille. Was ich nicht mochte, war, daß nach jeder Stille dasselbe passierte wie nach der ersten Stille – oder vor der ersten Stille. Er hatte außer der Idee der Stille zu viele andere Ideen eingebracht; die Idee der Stille gefiel mir. Außerdem war die Stille von einer Länge, die nicht vorhersehbar war. (Stephen Montague, 1982)

Kann man sagen, daß der »Cagesche« Einfluß auch in der Konzeptkunst präsent ist?

Diese Ansicht teile ich nicht. Ich glaube, wir leben alle in derselben Gegenwart, und sämtliche Ideen sind uns allen gleichermaßen zugänglich. Zum Beispiel kommt es vor, daß zwei Erfinder zum selben Zeitpunkt dasselbe erfinden. Das liegt nicht daran, daß sie sich gegenseitig beeinflussen, sondern sie werden von der Möglichkeit beeinflußt, auf diese Idee zu kommen. Deshalb denke ich, daß das, was aussieht wie mein Einfluß, bloß bedeutet, daß ich mich in einer Situation befand, in die andere Menschen auch geraten. Und das Schöne an dieser Situation ist, daß sie so viele Variationen zuläßt. Ich würde sagen, sie erlaubt mehr Vielseitigkeit, als wenn man an das Zwölftonsystem geraten wäre.

Zum Beispiel bin ich der Meinung, daß ›4'33"‹, das man für den Beginn meines Einflusses auf die Konzeptkunst halten könnte, ein sehr physisches und kein konzeptuelles Stück war. Für mich war es als eine Möglichkeit gedacht, das zu hören, was es zu hören gab. (Alcides Lanza, 1971)

Die jungen Komponisten, die jetzt anfangen zu arbeiten, neigen dazu, sich nicht mehr nach den alten Strukturen zu richten, nach denen man einen Verleger finden muß, der die Musik publiziert – sie vertreiben sie statt dessen selbst. Sie reisen mehr oder weniger als fahrende Künstler in der Welt herum. Überall auf der Welt werden jetzt Informationen per Post vermittelt. Was das für Folgen hat? Es entsteht eine Gemeinschaft von Individuen, in der niemand darüber bestimmt, was der einzelne tun oder lassen soll. In ihren musikalischen Aktivitäten sind sie frei von allem, was nach ökonomischem oder politischem System aussieht. Mit ein paar Ausnahmen befinden sie sich sozusagen in einer anarchischen Situation, und diese Ausnahmesituationen entstehen z. B. wie bei Nam June Paik und Charlotte Moorman, wenn man auf Vorurteile stößt, die die Gesellschaft in Form von Glaubenssätzen immer noch aufrechterhält. Wo scheitern sie nach den Maßstäben des alten Systems sonst noch? Sie scheitern dann, wenn sie es irgendwie nicht schaffen, mit der Tätigkeit, der sie sich verschrieben haben, ihren Lebensunterhalt zu verdienen; wenn sie Hunger leiden müssen oder gezwungen sind, ihr Betätigungsfeld zu wechseln, um Bedürfnisse wie Essen usw. zu befriedigen. Ich glaube, alles ist so sehr miteinander verknüpft, daß wir nicht einfach nur das Bildungswesen und den Kunstbetrieb verändern müssen, sondern die ganze Gesellschaft. (Robert Filliou, 1969)

John Cage über Ästhetik

Ich sagte vorhin schon, daß ich mich mehr für etwas Mittelmäßiges interessiere, das heute geschaffen wird und das avantgardistisch ist, als für die Aufführung eines großen Meisterwerkes aus der Vergangenheit.

Bei den großen Werken aus der Vergangenheit geht es immer um die Frage nach Bewahrung und um das Benutzen von Bewahrtem. Ich habe nichts dagegen, und ich weiß, daß man Vergangenes weiterhin bewahren wird, aber es gibt eine andere Tätigkeit, der ich meine Aufmerksamkeit widme, und das ist die, etwas Neuem zum Leben zu verhelfen.

Der Unterschied zwischen diesen beiden Standpunkten ist der Unterschied zwischen Frühling und Sommer. (Stanley Kauffmann, 1966)

Oh ja, ich habe mich dem Prinzip der Originalität verschrieben – nicht Originalität im egoistischen Sinne, sondern in dem Sinn, das zu tun, was notwendig ist. Nun ist das Notwendige offensichtlich nicht das, was schon getan worden ist, sondern das, was noch nicht getan wurde. Dies gilt nicht nur für andere Leute, sondern auch im besonderen Maße für meine eigene Arbeit. Das heißt, wenn ich etwas Bestimmtes gemacht habe, betrachte ich es als meine Aufgabe, nicht noch einmal dasselbe zu machen, sondern herauszufinden, was als nächstes zu tun ist. (Roger Reynolds, 1961)

Haben Sie irgendeine Vorstellung, warum die Leute nicht zuhören?

Das zu erklären ist Sache der Psychologen. Ich kann nicht verstehen, warum Menschen vor neuen Ideen Angst haben. Ich habe Angst vor den alten.

Ich glaube, daß das, was uns alltäglich widerfährt, unser Hören und unser ganzes Erleben verändert. Es sind Fälle bekannt, wo

John Cage bei der Uraufführung der Neufassung
von ›4′33″‹ (1952) im Kölnischen Kunstverein, Köln, 31. 8. 1986.
Im Hintergrund das »Schimpftuch« von Sigmar Polke. (Ausschnitt)

erfahrene Musiker zur Aufführung eines neuen Musikstückes 75 Proben brauchten, und junge Studenten, die noch nie aufgetreten waren und Radio gehört hatten, konnten es nach nur zwei Proben spielen. (Arnold Jay Smith, 1977)

Meine Kompositionen entwickeln sich, indem ich Fragen stelle. Das erinnert mich an eine Geschichte, die ganz früher in einer Schönberg-Klasse passierte. Er ließ uns an die Tafel gehen, um ein bestimmtes kontrapunktisches Problem zu lösen (obgleich das Fach eigentlich Harmonielehre war). Er sagte: »Wenn Sie eine Lösung haben, so drehen Sie sich um, und lassen Sie sie mich sehen.« Das tat ich, und er sagte daraufhin: »Jetzt bitte eine andere Lösung.« Ich fand noch eine und noch eine, bis ich zum Schluß, nach sieben oder acht Lösungen, einen Augenblick überlegte und dann mit ziemlicher Sicherheit meinte: »Mehr gibt es nicht.« Er sagte: »In Ordnung. Was ist das Prinzip, das allen diesen Lösungen gemeinsam ist?« Ich konnte seine Frage nicht beantworten, aber ich hatte ihn immer schon bewundert, und von da an verehrte ich ihn noch mehr. Er stieg noch höher in meiner Achtung. Mein ganzes Leben lang, bis vor kurzem, habe ich ihn immer wieder diese Frage stellen hören. Und dann wurde mir durch die Richtung, die meine Arbeit genommen hatte, nämlich auf Entscheidungen zu verzichten und statt dessen Fragen zu stellen, klar, daß das gemeinsame Prinzip der Lösungen, die ich ihm präsentiert hatte, die Frage war, die er gestellt hatte, denn darauf, und auf nichts anderes, bezogen sie sich. Ich glaube, diese Antwort hätte er akzeptiert. Das, was die Antworten miteinander gemeinsam haben, ist die Frage. Demnach ist die Antwort durch die Frage determiniert. (David Cope, 1980)

Wir möchten nicht durch unsere Erinnerungen festgelegt sein. Es gibt Menschen und Dinge auf der Welt, und zu den Dingen gehören Töne. Wir möchten wir selbst sein und die Töne sie selbst sein lassen. Wir schaffen einfach eine Situation, in der sie frei sind. Wenn man das nicht Musik nennen will – nun, das soll uns recht sein. Man braucht so etwas auch nicht als Kunst zu bezeichnen. (›Newsweek‹, 1954)

Sie wollen mit Ihrem Werk etwas ausdrücken, nicht wahr?

Es ist nicht so, daß ich vorhabe, etwas Bestimmtes auszudrücken, sondern ich will etwas machen, das von demjenigen benutzt werden kann, der es ausdrucksvoll findet. Aber dieser »Ausdruck« entsteht sozusagen erst durch den Betrachter.

Es sind also ausschließlich der Leser und der Hörer Ihrer Musik, die etwas aus Ihren Werken machen?

Ja, ich glaube, die Reaktion auf das Werk vollendet es erst. Ich denke, wir besitzen die Dinge nicht mehr, wir benutzen sie. (Birger Ollrogge, 1985)

Ich wollte in einer Situation der Nichtstille still sein. Also entdeckte ich durch die Lehre des Sri Ramakrishna und das Studium des Zen-Buddhismus – ein weiteres wichtiges Buch war für mich ›Die ewige Philosophie‹ von Aldous Huxley, eine Anthologie, in der Menschen aus verschiedenen Epochen und Kulturen zu Wort kommen –, daß die Ruhe des Geistes darin besteht, daß er frei von Neigungen und Abneigungen ist. Man kann im wahrsten Sinne des Wortes beschränkt werden, wenn man bestimmte Dinge mag und andere nicht. Aufgeschlossenheit dagegen erreicht man dadurch, daß man seine Vorlieben und Abneigungen aufgibt und den Dingen Interesse entgegenbringt, und zwar so, wie die Buddhisten, glaube ich, sagen würden, »wie sie an und für sich sind«, ob sie nun als Teil des Nirwana oder als Teil des Samsara, des täglichen Lebens, gesehen werden. Das mag nun so scheinen, als hätte das wenig mit Musik zu tun, aber das stimmt meiner Ansicht nach nicht. Hier, wo ich lebe, sehen Sie keine Musikinstrumente, und doch habe ich das Gefühl, von Klängen umgeben zu sein. Was ich höre, sind die Verkehrsgeräusche.

Die starke Zunahme von Musik und Lärm im allgemeinen...

Also, für mich ist die ständige Präsenz von Musik problematischer als die von Verkehrsgeräuschen. Was funktionelle Musik überhaupt erträglich macht, ist ihr enger dynamischer Bereich. Ihre Dynamik ist so beschränkt, daß man gleichzeitig noch viele andere Dinge hören kann, während man funktionelle Musik hört. Und wenn man aufmerksam genug ist, kann man sich, glaube ich, mit dieser Art von Klangberieselung abfinden – aufmerksam für das, was nicht funktionelle Musik ist, meine ich. (Ev Grimes, 1984)

Ich war gerade in San Francisco und fuhr anschließend nach Santa Cruz, um meinen Freund Norman O. Brown zu besuchen, der die wunderbaren Bücher ›Life Against Death‹ und ›Love's Body‹

geschrieben hat; und wir führten sehr interessante Gespräche. Irgendwie kamen wir darauf, was Jesus im Neuen Testament über die Lilie sagte, die für ihn so etwas wie ein Symbol der Ruhe ist; aber heute sind wir durch die Wissenschaft darüber aufgeklärt, daß die Lilie äußerst aktiv ist. Wir könnten also sagen, daß Jesus' Denken nicht wissenschaftlich oder mikroskopisch oder elektronisch ausgerichtet war, aber andererseits müssen wir ihm auch zustimmen, denn die Lilie ist ausschließlich damit beschäftigt, sich selbst zu machen. Anders gesagt, sie produziert kein Objekt, sondern schafft sich selbst. Und das ist vielleicht die Arbeit, die wir alle tun sollten, die uns meiner Meinung nach auch wieder der Stille nahebringen könnte, denn die Stille ist gleichzeitig nichtstill – sie ist voller Aktivität. (Alcides Lanza, 1971)

Die Notwendigkeit eines Wandels in meiner Musik war mir schon in jüngeren Jahren klar. Wie den meisten Menschen hatte man mir beigebracht, daß Musik in Wirklichkeit der Ausdruck eines individuellen Ich sei – »Selbstdarstellung«, das hatte ich gelernt. Aber dann, als ich sah, daß sich jeder unterschiedlich ausdrückte und verschiedene Kompositionsmethoden benutzte, wurde mir klar, daß wir uns in einer Situation wie beim Turmbau zu Babel befinden, in der keiner mehr den anderen versteht; ich zum Beispiel schrieb ein trauriges Stück, und die Zuhörer lachten. Es war offensichtlich sinnlos, so weiterzumachen, deshalb beschloß ich, keine Musik mehr zu schreiben, bis mir dafür ein besserer Grund als »sich selbst darzustellen« einfiel.

Was ich schließlich fand, stammte aus der asiatischen Tradition; ein Freund von mir entdeckte es allerdings bei einem englischen Komponisten, der, glaube ich, schon im 17. Jahrhundert folgendes formulierte: »Es ist Aufgabe der Musik, den Geist zu ernüchtern und zu beruhigen und uns dadurch empfänglich für göttliche Einflüsse zu machen.« Daraufhin entschloß ich mich, herauszubekommen, was das ist, ein »ruhiger Geist« und »göttliche Einflüsse«. (Maureen Furman, 1979)

Fortschritt meint vielleicht, die Natur zu b e h e r r s c h e n. In der Kunst scheint es darum zu gehen, auf die Natur zu h o r c h e n. In den 40er Jahren entwickelte ich das Konzept für ein Stück o h n e T ö n e, aber ich dachte, daß es im europäischen Kontext nicht verstanden

werden würde. Fünf Jahre später wurde ich dazu angeregt, es aufzuführen, als ich die Bilder von Robert Rauschenberg sah – von denen
eines eine Leinwand ohne Farbe war. Charles Ives schrieb einen
romantischen Aufsatz darüber, auf der Veranda vorm Haus im
Schaukelstuhl zu sitzen, auf die Berge hinauszusehen und »seiner
eigenen Symphonie zu lauschen«.

Als ich anfing, mit »Zufallsoperationen« zu arbeiten, waren
meine musikalischen Wertvorstellungen die des 20. Jahrhunderts.
Das heißt, zwei Töne hatten (im 20. Jahrhundert) halbe oder Siebtel-
noten zu sein, Oktaven galten als langweilig und altmodisch. Aber
als ich ›The Music of Changes‹ schrieb, das von Zufallsoperationen
mit dem ›I Ging‹ abgeleitet war, hatte ich alle möglichen Ideen darüber im Kopf, was wohl im Laufe meiner Arbeit (die neun Monate
dauerte) passieren würde. Nichts davon geschah! Es kamen Dinge
dabei heraus, die überhaupt nicht modern waren, etwa F ü n f t e l -
n o t e n und O k t a v e n, aber ich akzeptierte sie und ließ zu, d a ß
n i c h t i c h »d e n T o n a n g a b«, s o n d e r n »v e r ä n d e r t w u r d e«
d u r c h d a s, w a s i c h s e l b s t t a t.

Ich möchte also die traditionelle Ansicht, daß Kunst ein Mittel der
Selbstdarstellung ist, durch die Auffassung ersetzen, daß sie ein Weg
zur Selbsterneuerung ist, und zwar ist das, was da erneuert wird, die
g e i s t i g e E i n s t e l l u n g, und die geistige Einstellung ist etwas
Welthaftes und ein gesellschaftliches Faktum... Unsere Veränderung ist etwas W u n d e r s c h ö n e s, wenn wir ihre Ungewißheiten
a k z e p t i e r e n; das sollten wir bei jeglicher Planung berücksichtigen. Sie ist ein W e r t an sich. (C. H. Waddington, 1972)

Früher war man gewohnt, Kunst als etwas zu begreifen, das besser organisiert war als das Leben, etwas, wohin man sich vor dem
Leben flüchten konnte. Der Wandel, der in diesem Jahrhundert
stattgefunden hat, ist jedoch derart, daß Kunst keine Flucht, sondern eher eine Einführung in das Leben bedeutet.

Wir haben eine theoretische und praktische Einstellung zur
Kunst, die uns überliefert ist. Unser Erfahrungshorizont heute hat
sich erweitert, nicht, indem wir das Alte verlieren, denn das Neue
nimmt nie den Platz des Alten ein, sondern indem wir andere Nut-
zungsmöglichkeiten von Kunst und von Dingen entdecken, die wir
bisher nicht als Kunst angesehen haben. Was in diesem Jahrhundert

passiert, ist, ob es akzeptiert wird oder nicht, daß die Kluft zwischen Kunst und Leben immer kleiner wird. (Stanley Kauffmann, 1966)

Die grundlegende Botschaft von ›Silence‹ scheint mir die zu sein, daß grundsätzlich alles erlaubt ist.

Alles ist erlaubt, wenn man von Null als Basis ausgeht. Das wird oft nicht verstanden. Wenn man nicht intentional vorgeht, dann ist alles erlaubt. Wenn man eine Absicht verfolgt, wenn man zum Beispiel jemanden umbringen will, gilt das nicht mehr. Dieses Konzept kann man auch in musikalischer Hinsicht anwenden. Wie ich schon sagte, mag ich beim Zuhören nicht gedrängt werden. Ich schätze Musik, die mir die Freiheit läßt, auf meine eigene Art und Weise zuzuhören.

Es wurde darauf hingewiesen, daß die Möglichkeiten, die sich vor 25 Jahren eröffnet haben, einfach noch nicht ausgeschöpft wurden.

Ich glaube, die Musikwelt ist in einer ganz anderen Situation als in meiner Jugend. Als ich anfing, gab es nur zwei Dinge, die man machen konnte: die Nachfolge Schönbergs oder die Nachfolge Strawinskys anzutreten. Wenn man heute ein moderner Komponist sein will, gibt es diverse Möglichkeiten, und sie werden auch genutzt. Manche dieser jungen Leute wissen nicht einmal, wer ich bin. Und dennoch existiert diese ungeheure Freiheit. Sie ist durch große technische Umwälzungen entstanden und durch eine veränderte Welt, in der Menschen, die früher in völlig voneinander getrennten Kulturen lebten, jetzt gut übereinander Bescheid wissen. Und sie ist die Folge einer größeren Bevölkerungszahl, die, wie es Marshall McLuhan einmal formulierte, zu einem permanenteren Informationsaustausch führte als vor 50 Jahren. Es ist eine veränderte Welt. Es ist keine Welt mehr, in der wir gezwungen sind, uns der von X oder Y repräsentierten Hauptströmung anzuschließen. (Rob Tannenbaum, 1985)

Der Begriff der ›Null‹ ist gleichermaßen bedeutsam für das, was Sie sagen, als auch für das, was Sie komponieren. Ich finde es, ehrlich gesagt, sehr schwierig, mir überhaupt einen Nullpunkt vorzustellen, geschweige denn, beim Komponieren dort zu beginnen. Welche Techniken muß man sich aneignen, um das zu erreichen? Noch wichtiger, wie fangen Sie jedes Mal wieder bei Null an, wenn Sie eine neue Entdeckung gemacht haben?

Das ist eine gute Frage. Es ist genau das Problem, mit dem ich immer wieder konfrontiert bin, und es ist schwer zu lösen, weil wir nun einmal ein Gedächtnis haben. Daran gibt es nichts zu rütteln. Und wir sind nicht ohne Wissen. Wir wären ohne Wissen, wenn wir kein Gedächtnis hätten. Und dennoch ist es das Gedächtnis, von dem man sich befreien, aus dem man gleichzeitig aber auch Nutzen ziehen muß, eine sehr widersprüchliche Sache. Im Moment fühle ich mich frisch und sozusagen wieder auf Null gebracht durch meine Beschäftigung mit Joyce.

Ich weiß nicht, wie er tatsächlich arbeitete. Heute weiß ich mehr darüber als früher. Dazu haben Schriftsteller wie Louis Mink und Adeline Glashine beigetragen. Einer von ihnen erwähnt, man könne Joyce nicht verstehen, wenn man kein ungekürztes Wörterbuch und die elfte Auflage der ›Encyclopedia Britannica‹ hat. Erst mit diesen beiden Büchern erschließen sich bestimmte Passagen von ›Finnegans Wake‹, die mehr oder weniger daraus entnommen worden sind. Er benutzte diese Nachschlagewerke auf eine Weise, die seine Arbeit gleichzeitig erleichterte und stimulierte.

Auf meine Art mache ich in meinem neuesten Werk dasselbe. Die Stelle über das Wasser im vorletzten Kapitel von ›Ulysses‹, Joyce' Lieblingskapitel, ist zweifellos dem Konversationslexikon entnommen, ebenso wie ein kürzlich von mir geschriebener Text, in dem es um Holzkohle geht. Ich habe natürlich noch etwas hinzugefügt – ich bin sicher, das tat er auch –, aber das Gerippe war sozusagen fertig vorhanden. Das Wörterbuch ist eine Goldgrube, ebenso die Enzyklopädie. Joyce benutzte die ganz große, die ich als Kind auch hatte, jetzt aber leider nicht mehr besitze. Sie wurde in Südkalifornien in einer Garage gelagert und verschimmelte, sonst würde ich versuchen, sie wiederzubekommen. Heute ist es sehr schwer, diese Ausgabe zu finden.

Als ich um einen Beitrag für die Reihe ›Die Bedeutung der Moderne‹ des Walker Art Center gebeten wurde, hatte ich die Idee, einen Text gegen den »Vormarsch des Verstehens« zu schreiben, in dem ich die Vorzüge erläutern wollte, angesichts der Kunst unwissend zu bleiben. Mink sagt, es sei nicht mehr möglich, diese naive Haltung einzunehmen, weil schon soviel über ›Finnegans Wake‹ bekannt sei, daß es unumgänglich ist, noch mehr darüber wissen zu wollen und das Werk damit letztlich zu zerstören. Ich arbeite daran, daß es ... ein Rätsel bleibt. Wenn möglich, möchte ich lieber dazu beitragen, daß das Werk von Joyce rätselhaft bleibt, als dazu, daß man es versteht. (David Cope, 1980/81)

Was ist experimentelles Handeln, und in welcher Beziehung steht es zur sogenannten experimentellen Musik?

Für experimentelle Musik gibt es viele Definitionen, aber ich benutze das Wort »experimentell«, um eine Aktion zu bezeichnen, deren Ausgang nicht vorhersehbar ist. (Roger Reynolds, 1961)

Ab und zu habe ich, mir selbst oder anderen gegenüber, Erklärungen abgegeben, die wie Manifeste klingen. Sie wissen, das ist auf dem Gebiet der Kunst weit verbreitet – in einer Art Manifest das zu formulieren, was das Zeitgenössische oder Moderne von seinem Gegenteil unterscheidet. Als ich das erste Mal darum gebeten wurde, bezog ich mich auf die Malerei. Ich sagte, ein Bild wäre dann modern, wenn es durch die Einwirkung seiner Umgebung nicht beeinträchtigt würde – wenn ein Bild also durch Schatten oder Flekken usw. ruiniert würde, so wäre es kein modernes Gemälde; könnten sie sich in das Bild jedoch sozusagen integrieren, so wäre es modern.

Dasselbe habe ich dann natürlich über Musik gesagt. Wenn die Musik Umweltgeräusche zulassen kann, ohne davon beeinträchtigt zu werden, so handelt es sich um moderne Musik. Wenn, wie bei einer Komposition von Beethoven, ein schreiendes Baby oder ein hustender Zuhörer die Musik störend beeinflussen, dann wissen wir, daß es keine moderne Musik ist. (C. H. Waddington, 1972)

In den 60er und frühen 70er Jahren gab es eine Entwicklung, die versuchte, den Kompositionsprozeß in der Musik hörbar zu machen – etwa in [Steve Reichs] ›Come Out‹, [Alvin Luciers] ›I Am Sitting in a Room‹ und so weiter. Hat Sie das je interessiert – den Vorgang des Komponierens in Ihrem Werk hörbar zu vermitteln?

Ich glaube, es war Steve Reich, der sagte, es sei offensichtlich, daß ich in einen Prozeß einbezogen sei, einen Prozeß aber, an dem das Publikum keinen Anteil habe, weil es ihn nicht verstehen könne. Ich bin dafür, die Dinge im Geheimnisvollen zu belassen, und ich habe nie Vergnügen daran gefunden, etwas zu verstehen. Wenn ich etwas verstehe, kann ich nichts mehr damit anfangen. Deshalb versuche ich, Musik zu machen, die ich nicht verstehe und die auch für andere Menschen schwer zu verstehen ist. (Laura Fletcher und Thomas Moore, 1983)

Meine Einstellung ist die, daß das tägliche Leben, wenn wir es bewußt aufnehmen, interessanter ist als irgendwelche zelebrierten Ereignisse. Dieses »Wenn« ist gegeben, wenn wir keinerlei Absichten verfolgen. Dann erkennt man auf einmal, daß die Welt magisch ist.

Vom musikalischen Standpunkt her, der auf den visuellen Bereich sicher ebenso anwendbar ist, gibt es einen Aspekt, der das Alltagsleben weitaus faszinierender und außergewöhnlicher erscheinen läßt als zum Beispiel ein Konzert: die Klangvielfalt im Verhältnis zu ihrer Umgebung, einschließlich des Raumes. Wenn wir elektronische Musik produzieren, müssen wir den Saal mit Klängen aus ein paar Lautsprechern überfluten. Im täglichen Leben dagegen tauchen Töne ganz unvermittelt wie sichtbare und bewegliche Dinge überall um uns herum auf. Das würde ich gern imitieren – und damit phantastische architektonische und technische Phänomene vorführen. So wird das Theater der Zukunft aussehen. (Michael Kirby und Richard Schechner, 1965)

Als ich einmal mit de Kooning im Restaurant war, sagte er: »Wenn ich diese Brotkrumen hier einrahme, ist das noch lange keine Kunst.« Und ich meine, es wäre doch Kunst. Er war nicht dieser Ansicht, weil er Kunst im Zusammenhang mit seiner eigenen Aktivität sieht – notwendig verknüpft mit seiner Person, als Künstler, während ich mir wünsche, daß sich die Kunst von uns löst und Teil der Welt wird, in der wir leben.

Ich glaube, die moderne Kunst hat das Leben zur Kunst gemacht, und jetzt finde ich es an der Zeit, daß das Leben (mit Leben meine ich hier Dinge wie öffentliche Verwaltung, gesellschaftliche Regeln und Ähnliches) die Umwelt und überhaupt alles in Kunst verwandelt, anders gesagt, sich ihrer annimmt und aus einem bloßen Durcheinander etwas schafft, das unsere Existenz erleichtert, statt uns alle unglücklich zu machen. (Robin White, 1978)

Angenommen, der abstrakte Expressionismus ist tatsächlich das, worin der Künstler seine Gefühle gestisch und künstlerisch ausdrückt; macht er das dann nicht ziemlich schlecht?

Wie könnte er es besser machen?

Er zwingt einen nicht, seine Aufmerksamkeit auf einen bestimmten Punkt der Leinwand zu richten, nicht wahr?

Nein, aber andererseits ist man sich ständig seines Schaffensprozesses bewußt.

Ja, sicher, da bin ich ganz Ihrer Meinung. Damit stimme ich völlig überein. Sie sagen, daß er versucht, etwas zu vermitteln.

Ja.

Das tut er aber nicht.

Na ja, was er in erster Linie vermitteln will, ist natürlich ein Bild von sich selbst, das, was Harold Rosenberg als Identität bezeichnet.

Ja, und derartiger Ideen bin ich überdrüssig geworden. (Irving Sandler, 1966)

Kann man soviel Musik hören, daß man sie nicht mehr braucht?

Nun, in der Situation befinde ich mich bereits, aber es nützt mir nichts, weil ich immer noch viel Musik höre. Wissen Sie, ich gehe den Umständen entsprechend zu einigen Konzerten, aber ich dränge mich nicht danach. Ich gehe nur der Umstände wegen, und ich habe keine Schallplatten, kein Radio oder einen Fernseher. Ich bin nicht darauf angewiesen, Musik zu hören, weil ich immer von Tönen umgeben bin. Trotzdem, ich bin Musiker, und ich mache Musik, und ich kann mir auch anderer Leute Musik anhören.

Würde es ausreichen, wenn wir die geschriebene Partitur für ein Musikstück läsen?

Das ist für mich nicht der springende Punkt, ganz im Gegenteil. Früher stellte man sich vor, Musik wäre etwas, was geistig und gefühlsmäßig in einem Menschen existiert, bevor er es aufschreibt, und daß er es schon gehört hat, bevor es akustisch wahrnehmbar ist. Mein Standpunkt ist der, daß wir nichts hören, bevor es hörbar ist. Ich kann das jedenfalls nicht. Und wenn ich etwas hören würde, bevor es akustische Wirklichkeit ist, so hätte ich Solfeggio lernen müssen und wäre darin geschult, bestimmte Tonhöhen zu akzeptieren und andere nicht. Dann hätte ich Umweltgeräusche als unrein empfunden und ihre mangelnde Tonalität bemängelt. Deshalb schenke ich dem Solfeggio gar keine Beachtung. Ich habe kein absolutes Gehör; ich halte einfach nur meine Ohren offen und meinen Geist leer, aber wachsam, weiter nichts. Und das Ergebnis ist, daß ich Töne hören kann, die rein oder unrein klingen – vermutlich macht das einen Unterschied, aber keinen, den ich irgendwie bewerten würde. Ich versuche, jeden Ton so wahrzunehmen, wie er ist. Nun stelle ich fest, daß ich besser mit Klängen umgehen kann, die keine Musik sind, als mit solchen, die Musik sind; ich versuche, meine eigene Musik zu machen, und mir fällt auf, daß immer mehr Leute Musik machen, die den Geräuschen der Umwelt gleicht oder sie verwendet.

Ist das Abstraktheit in ihrer stärksten Ausprägung?

Nein, ich würde eher sagen, das höchste Maß an Realität, oder? (Don Finegan, 1969)

Ich glaube, die Geschichte der Kunst besteht darin, das Häßliche loszuwerden, indem sie es zu einem Teil von sich macht und es integriert. Schließlich existiert die Vorstellung, daß etwas häßlich ist, nicht außerhalb unserer Person, sondern in uns. Und deshalb wiederhole ich ständig, daß wir an unserer geistigen Einstellung arbeiten müssen, indem wir versuchen, uns so zu öffnen, daß wir die Dinge nicht mehr als häßlich oder schön ansehen, sondern einfach so, wie sie sind. (Richard Kostelanetz, 1977)

Meine Gefühle gehören sozusagen zu mir, und ich sollte sie anderen nicht aufdrängen. Die alten Inder kannten nur neun Grundemotionen. Wenn nun der erste Komponist der Geschichte schon alle neun ausgedrückt hätte, was bliebe uns anderen dann noch zu tun?

Töne sollte man respektieren, anstatt sie zu versklaven. Darauf bin ich durch das Studium des Buddhismus gekommen, der uns lehrt, daß alles in der Natur, ob fühlend (wie Tiere) oder nichtfühlend (wie Steine und Luft), Buddha ist. Jedes Wesen ist der Mittelpunkt des Universums, und die Schöpfung besteht aus einer Vielzahl von Mittelpunkten. (Joseph H. Mazo, 1983)

Sie äußerten einmal, daß die meisten Zuhörer mit der Erwartung in ein Konzert gehen, es werde etwas mit ihnen gemacht, anstatt sich selbst in einer aktiven Rolle zu sehen. Können Sie etwas genauer sagen, wie sie sich Ihrer Meinung nach verhalten sollten?

Die zwei Dinge, die sie vermeiden sollten, sind genau die, die ihnen üblicherweise notwendig erscheinen: Das eine ist die emotionale Reaktion, das andere ist die Reaktion auf die Beziehung der Töne zueinander. Ich glaube, keine von beiden ist angebracht.

Ihre Schulbildung hat ihnen überwiegend das vermittelt, was sie meiner Meinung nach nicht tun sollten. Der Durchschnittsmensch meint dann also – jedenfalls sagt man das so –, er hätte keine Ahnung von Musik (die man nach Meinung der Gebildeten eigentlich haben müßte), wüßte aber, was ihm gefällt. Also stellt er sich immer die Frage, ob er etwas mag oder nicht. Wenn ihm dann das erste Mal etwas gegen den Strich geht, sagt er: »Das gefällt mir nicht.« Das kann dann heißen, daß es ihm zu laut ist oder zu dissonant oder was auch immer.

Ein Mensch dagegen, dem Veränderungen wichtig sind, wie etwa Ives, interessiert sich gerade für die Extreme. Mir jedenfalls geht es so. Wenn wir nicht bis zum Äußersten gehen, bringen wir gar nichts zustande.

Sehr viele Leute finden den Gedanken, daß sie weder emotional noch intellektuell auf Musik reagieren sollen, sicher verwirrend. Was bleibt denn dann noch?

Sie sollen zuhören. Warum nicht annehmen, daß Töne als solche interessant sind? Ich wundere mich immer, wenn die Leute sagen: »Sie meinen, es sind einfach nur Töne?« Wie sie darauf kommen, daß Töne noch etwas anderes sein können, ist mir schleierhaft.

Sie sind davon überzeugt, daß Töne ein Vehikel sind, um die Ideen eines Menschen aus seinem Kopf in den eines anderen zu befördern, außerdem noch – guter deutscher Tradition entsprechend – seine Gefühle, und das in einer Verbindung, die als Vermählung von Form und Inhalt bezeichnet wird. Diese Position finde ich absolut beängstigend.

Ich hatte mit Mrs. Henry Allen Moe den ›Messias‹ gehört, und sie sagte: »Ist der ›Halleluja-Chor‹ nicht wundervoll?«, und ich meinte: »Nein, ich kann ihn nicht ausstehen.« Darauf fragte sie: »Mögen Sie es nicht, von etwas bewegt zu sein?«, und ich erwiderte: »Ich habe nichts dagegen, von etwas bewegt zu sein, aber ich lasse mich nicht gern drängen.«

Was sind für Sie die schädlichen Auswirkungen dieser Verbindung auf ein Publikum?

Sie dient zur Stärkung des Ego. Das Ego ist nämlich sozusagen die Behausung, in der diese Gefühle und Gedanken wohnen. Indem man sich auf sie konzentriert, konzentriert man sich auf sein Ego und trennt es damit vom Rest der Schöpfung. Dann taucht vielleicht ein sehr interessanter Ton auf, den das Ego aber gar nicht hört, weil er nicht in sein Raster aus Neigungen und Abneigungen, aus Gefühlen und Theorien paßt. Es wird nicht nur unempfänglich dafür, sondern wenn man es weiterhin belästigt, stopft es sich Watte in die Ohren. Wenn es nicht ohnehin schon genügend gegen die Außenwelt abgestumpft ist, versperrt es sich selbst den Weg zu möglichen Erfahrungen.

Kann man den ›Messias‹ auch so hören, daß man die Töne einfach als sie selbst wahrnimmt?

Ich glaube schon. Allerdings müßte man gleichzeitig eine Menge andere Musik hören, vielleicht in einer Art ›Apartment House‹-Situation. Das könnte dann sehr unterhaltsam sein. Man befreit sich von der Intentionalität, indem man sie vervielfacht. Genau das ist die Basis meines ›Musicircus‹, der ein Teil von ›Apartment House‹ ist. (Cole Gagne und Tracy Caras, 1980)

Seit einiger Zeit lassen manche Komponisten ein gewisses Maß an Zufall in ihren Kompositionen zu, haben aber generell im großen und ganzen die traditionellen Methoden beibehalten. Sie haben dazu bemerkt, diese Praxis verrate eine »Fahrlässigkeit im Hinblick auf das Resultat«. Könnten Sie das näher ausführen?

Wenn man etwas Bestimmtes macht und dabei den Zufall entscheiden läßt, was geschieht, ohne den Prozeß zu kontrollieren, geht man einfach nur fahrlässig mit der Arbeit an diesem Objekt um.

Sie halten es aber auch nicht für legitim, wenn ein Komponist will, daß ein bestimmter Aspekt oder Teil seines Werkes sich wandelt, während Diktion und Inhalt im allgemeinen seiner Kontrolle unterworfen bleiben.

Ich glaube, ich weiß, worauf Sie anspielen – das ist zur Zeit sehr beliebt bei Komponisten. Das heißt, wenn ich Sie richtig verstehe, bestimmte Aspekte einer Komposition zu steuern und andere nicht. Was hier vertreten wird, ist das Konzept der »Gegensatzpaare«; sozusagen das Schwarzweiß-Prinzip, bei dem die Komposition aus dem Spiel mit den Gegenständen besteht. Diesem Prinzip zufolge kann man sich mit sämtlichen Spielereien befassen, die uns der akademische Kompositionsunterricht gelehrt hat. Man kann dieses mit jenem ausgleichen, Höhepunkte inszenieren und so weiter. Ich fürchte, alles, was ich dazu sagen kann, ist, daß mich das nicht interessiert.

Meiner Meinung nach werden dadurch die vertrauten Konventionen nicht radikal verändert. Man nimmt einfach nur ein paar neue Arbeitsmethoden und wendet sie auf das schon vorhandene Wissen an, so daß man mit den altbekannten dramaturgischen Kunstgriffen – dem Spiel mit den Gegensätzen – in vertrautem Fahrwasser bleibt. Man muß seine geistige Einstellung nicht ändern. Ich glaube allerdings, daß wir uns in einer so prekären Lage befinden, daß es absolut notwendig ist, daß wir unsere Einstellung grundsätzlich ändern. In dieser Hinsicht kann man mich mit einem fundamentalistischen protestantischen Prediger vergleichen.

Stockhausen hat vor kurzem ein Kompositionssystem angewandt, das darin besteht, daß er aus einer Anzahl verschiedener Techniken immer eine für eine bestimmte Zeitspanne auswählt und im Laufe des Stückes versucht, jede einzelne Technik zum Zuge kommen zu lassen. Das erweckt den Anschein, als ob zahlreiche gleichrangige Techniken vorhanden wären. Bei einem Repertoire von sieben oder acht Kompositionsmethoden könnte die Unbestimmtheit zum Beispiel eine davon sein, die dann sozusagen abrufbar wäre, wenn man für sie Verwendung hätte. Das erfordert aber keinen Wandel der bisherigen geistigen Einstellung, und deshalb findet auch nichts grundlegend Neues statt.

Ich glaube, in der Malerei könnte man das sehr deutlich erkennen. Da hätte man dann Teile der Leinwand, die gewissen Einschränkungen unterworfen werden, und andere, die völlig chaotisch sind, und so könnte man sozusagen nach den Spielregeln spielen, nach denen man immer schon gespielt hat. Was wir aber brauchen, ist eine Anwendung der Kunst, die unser Leben verändert – die für unser Leben nutzbar ist. Diese Spielchen mit Gegensätzen, die ausbalanciert werden, sind uns vertraut, sie können uns nichts Neues mehr bringen, und wenn sie noch so ungewöhnlich sind. »Neuer Wein in alten Schläuchen.«

Als ich anfing, von einem Prozeß, den ich sozusagen selbst dirigierte, überzugehen zu einem, den ich nicht mehr dirigierte, waren mir die verschiedenen Möglichkeiten zunächst immer noch bewußt. Und da mir klar war, daß mir einige davon angenehm sein würden, wünschte ich mir, daß sie sich ergäben, und nicht die, von denen ich das nicht wußte; aber ich stellte fest, daß gerade diese es waren, die mein Bewußtsein veränderten. Das heißt, ich sah, daß mir gewisse Dinge gefielen, von denen ich das nicht erwartet hatte, und so wandelten sich meine Vorstellungen über das, was angenehm sein könnte, dazu, daß ich mir nicht mehr vorstellte, ob etwas angenehm oder unangenehm sein würde. Wenn Sie also fragen, ob ich »Schwierigkeiten habe«, meine philosophischen Positionen »umzusetzen«, muß ich sagen, daß ich versuche, derartige Positionen gar nicht erst einzunehmen.

Anders gesagt, versuche ich eher, mir meine Neugier und meine Offenheit für das, was geschieht, zu bewahren und meine Kompositionsmethoden so einzusetzen, daß ich nicht weiß, was passieren wird. Und das ist übrigens auch das, was man den eigentlichen Unterschied zwischen Unbestimmtheit und Zufallsoperationen nennen könnte. Bei Zufallsoperationen sind einem die Elemente des Bereiches, mit dem man es zu tun hat, mehr oder weniger bekannt, während ich bei der Methode der Unbestimmtheit das Gefühl habe (vielleicht mache ich mir ja auch etwas vor), daß ich mich außerhalb der Grenzen eines bekannten Universums befinde und mit Dingen umgehe, über die ich bislang gar nichts weiß. (Roger Reynolds, 1961)

Ich begreife das Wort »Struktur« als die Unterteilung eines Ganzen in einzelne Elemente. Und ich würde eine solche Methode bei einem Werk für brauchbar halten, dessen Ziel es ist, Objekt zu werden, das heißt, Anfang, Mitte und Ende zu haben. Wenn man an etwas arbeitet, das kein Objekt ist, sondern ein Prozeß, wie das bei mir häufig der Fall ist, so spielt dieser Punkt keine Rolle, und die Frage, was das Bessere ist, steht nicht zur Debatte. Ich glaube, wenn man sich nicht, wie ich, so oft mit Prozessen, sondern mit Objekten befaßt, wäre es sehr schwer zu entscheiden, welches von mehreren Objekten das bessere ist. Vielleicht würde man sagen, daß ein Gegenstand, den man noch nie zuvor gesehen hat, interessanter ist als einer, der einem vertraut ist. Möglicherweise. Ich jedenfalls hatte schon früh das Verlangen, mich von jeder Art musikalischer Struktur zu befreien, die drei Teile hat, von denen der erste und der letzte identisch sind. (Richard Kostelanetz, 1977)

Sie benutzen das ›I Ging‹, um beim Komponieren eine Auswahl zu treffen. Trennen Sie diese Anwendung von der Funktion des Buches als Ratgeber und spirituelle Orientierungshilfe?

Ja. Ich trenne das nicht vollständig, aber beim Schreiben von Musik oder Texten berücksichtige ich diese Aspekte nicht. Ich benutze es einfach als eine Art Computer, als Werkzeug. Wenn ich etwas wissen will, das eine kluge Antwort erfordert, befrage ich es natürlich entsprechend. Das kommt gelegentlich vor. Wenn ich aber wissen will, welchen von 100 Tönen ich nehmen soll, benutze ich es einfach als Computer. (Cole Gagne und Tracy Caras, 1980)

Ich habe [Duchamps] Werk immer bewundert, und als ich anfing, mich mit Zufallsoperationen zu befassen, stellte ich fest, daß er sich schon 50 Jahre vorher damit beschäftigt hatte, nicht nur in der Kunst, sondern auch musikalisch. Als ich ihn darauf ansprach, sagte Marcel: »Ich nehme an, ich war meiner Zeit um 50 Jahre voraus.«

Gab es einen Unterschied zwischen seiner Vorstellung von Zufall und Ihrer?

Oh ja. Von Leuten, die sein Werk studiert haben, erfuhr ich, daß er häufig absichtlich die einfachste Methode wählte. Für ›Musical Eratum‹ steckte er Papierstreifen mit Noten einfach in einen Hut und zog sie dann heraus. Ich finde diese Art Zufallsoperation für meine Arbeit nicht zufriedenstellend, obwohl sie mir bei Marcel sehr gut gefällt. Es könnten zuviele Sachen passieren, die mich nicht interessieren, wie etwa zusammenklebende Papierschnipsel und das Schütteln des Hutes. Es entspricht mir einfach nicht. Ich bin in einem anderen Monat geboren als Marcel. Ich habe Freude an Details und mag es, wenn die Dinge komplizierter sind.

Duchamp war aber doch nicht unkompliziert?

Er war weniger kompliziert, als es jemand anders gewesen wäre, der dasselbe gemacht hätte wie er. Ich glaube, unsere unterschiedliche Einstellung zum Zufall rührte wahrscheinlich daher, daß er sich mit Projekten visuell auseinandersetzte, während ich mich akustisch mit Ideen beschäftigte. Ich versuche, immer detailliertere Aspekte einer Situation zu erfassen, um sie dann alle einzeln Zufallsoperationen zu unterwerfen, damit ich einen Prozeß in Gang setzen kann, der mit nichts in Beziehung steht, was ich zuvor schon erlebt habe. (Moira und William Roth, 1973)

Heute kann man zwischen drei verschiedenen musikalischen Kompositionsmethoden unterscheiden. Die erste ist wohlbekannt – Musik zu schreiben, so wie ich es tue. Das gibt es immer noch. Durch die Elektronik und die Konstruktion neuer Instrumente hat sich eine zweite Methode entwickelt, bei der die Musik gemacht wird, indem man sie spielt, und nicht, indem man sie schreibt. Und eine dritte Methode, die eine gewisse Ähnlichkeit damit hat, wie Maler in ihren Ateliers Bilder malen, ist in den Aufnahmestudios entstanden. Auf einem Tonband kann man Musik schichtenweise aufbauen, nicht, um sie aufzuführen oder aufzuschreiben, sondern damit sie auf Schallplatte erscheint. Diese Entwicklung hat ihre Ursprünge in der Popmusik; sie wird auch von der E-Musik aufgegriffen werden. Zu diesen Entwicklungen kommen noch die sonstigen Veränderungen, die auf unser Leben einwirken – die große Vielfalt der musikalischen Formen, die gegenseitige Durchdringung von Kulturen, die früher voneinander getrennt waren, Orient und Okzident, der immer weiter verbreitete Einsatz vieler neuer Techniken und die stark angestiegene Bevölkerung, deren Mitglieder sich wechselseitig beeinflussen. (Ilhan Mimaroglu, 1985)

Glauben Sie, daß Ihre Musik auch für Leute, die nicht Musiker sind, geeignet ist – Menschen ohne musikalische Ausbildung –, die Ihre Kompositionen musikalisch ausführen könnten?

Bei manchen meiner Kompositionen wäre das möglich.

Denken Sie, man könnte dadurch eine Situation vermeiden, in der jemand, der improvisiert, immer nur das vorführt, was er schon kennt, was er schon gespielt hat? Ein Mensch, der mit Musik nicht so vertraut ist, könnte spontan etwas hervorbringen, das nicht unbedingt origineller, aber eventuell frischer ist.

Nein, das glaube ich nicht. Wenn nämlich Leute nichts über Musik wissen und dann improvisieren, wie zum Beispiel Kurt Schwitters, dann kommt dabei etwas heraus, was vom musikalischen Standpunkt her primitiv ist, weil es von einem Kindergartenniveau ausgeht. Schwitters war fasziniert von Sequenzen und Wiederholungen, die immer wieder auf einer anderen Ebene, einer anderen Tonhöhe ansetzen – aber solche Stilmittel sind heute nicht mehr aktuell. Dennoch sind sie aus der Sicht eines Menschen, der keine Erfahrung mit Musik hat, faszinierend. Die Faszination kommt heute häufig bei einem Großteil der elektronischen Musik zum Tragen. Da diejenigen, die sich mit Elektronik befassen, sich oft das Studium der Musik ganz sparen, wie etwa der Franzose Pierre Schaeffer, machen sie etwas, das in musikalischer Hinsicht eigentlich nicht interessant ist, weil sie keine Erfahrung mit Musik haben. Ich meine nicht, daß jemand Musik studieren muß, um interessante elektronische Musik zu machen. Ich meine nur, daß man nicht der Faszination elementarer musikalischer Methoden erliegen sollte, nur weil man sich mit Musik nicht auskennt. (Art Lange, 1977)

Bei einigen Ihrer komplexeren Kompositionen beschweren sich die Leute oft, daß sie keine Einzelheiten mehr ausmachen können, weil so vieles passiert. Liegt das daran, das ihr Gehör nicht geschult ist, oder daran, daß sie bestimmte Erwartungen an das haben, was sie hören?

Ich glaube, das letztere trifft zu. Ich selbst habe Freude an einer komplexen Situation, in der ich meine Aufmerksamkeit mal auf den einen und mal auf den anderen Punkt richten kann. Dabei mache ich unweigerlich die Erfahrung, daß mein Erleben im wesentlichen von mir selbst bestimmt wird und nicht von einem äußeren Kontrollzentrum. Ich glaube, jeder Mensch sollte auf seine eigene Art und Weise zuhören. Wenn es für ihn zuviel zu hören gibt und er dann innerhalb des gesamten Werkes auf etwas Bestimmtes horcht, so macht er seine eigene Erfahrung, und die hat mehr Intensität und Gültigkeit, als wenn er sich etwas anhört, von dem er am Ende gar nicht weiß, was es war oder ob er auch richtig zugehört hat. (Tom Darter, 1982)

Sie wissen, daß Schönberg sagte, alles sei Wiederholung – selbst die Variation. Andererseits können wir sagen, daß Wiederholung nicht existiert, daß sich an ein und derselben Pflanze keine zwei Blätter gleichen, sondern daß jedes Blatt einzigartig ist, oder daß in dem Gebäude gegenüber jeder Ziegelstein unterschiedlich ist. Und wenn wir die Steine genau untersuchen, so sehen wir, daß sie sich tatsächlich voneinander unterscheiden und wenn der Unterschied nur darin besteht, wie das Licht auf sie fällt, weil sie an verschiedenen Stellen eingemauert sind. Mit anderen Worten: Wiederholung hat damit zu tun, wie wir denken. Und wir können nicht gleichzeitig denken, daß sie sich wiederholen und daß sie sich nicht wiederholen. Wenn wir glauben, daß sie sich wiederholen, so liegt das im allgemeinen daran, daß wir nicht sämtliche Details beachten. Wenn wir aber allen Einzelheiten unsere Aufmerksamkeit widmen, als wenn wir sie durch ein Mikroskop sähen, erkennen wir, daß es so etwas wie Wiederholung nicht gibt.

Wie war es zum Beispiel, die 840 ›da capos‹ von Erik Saties ›Vexations‹ zu spielen? Ergaben sich auch hier Variationen, obwohl es sich doch um Wiederholungen handelt?

Das stimmt, aber im Verlauf des Stückes merkten wir, daß es doch keine Wiederholungen sind – daß wir es jedes Mal anders spielten.

Kann man das Werk demnach wie ein Stück ohne festgelegte Partitur hören?

Beim wiederholten Anhören des Stückes wurde unsere Aufmerksamkeit sehr scharf, so daß selbst die kleinste Abweichung vom vorher Gespielten deutlich wurde. Das Hörvermögen verbesserte sich also von Mal zu Mal.

Wie viele Stunden dauerte es?

18 Stunden und 40 Minuten. (Birger Ollrogge, 1985)

Würde man die Kunst sich selbst überlassen, so wäre alles ganz einfach – sie müßte einfach nur schön sein. Wenn sie aber nutzbar sein soll, so muß sie über bloße Schönheit hinausgehen und in andere Bereiche des Lebens hineinreichen, so daß sie, selbst wenn wir nicht direkt mit ihr konfrontiert sind, trotzdem unser Handeln und unsere Reaktion auf die Umwelt beeinflußt.

Aber unsere Umwelt strahlt schon mehr als genug Reize aus.

Nun ja, das ist einer der Gründe, warum wir etwas Hilfe gebrauchen können. Unsere Umwelt überflutet uns nicht nur mit Reizen, sondern befindet sich manchmal sogar in einem Zustand, den man geradezu überfüllt nennen muß. Wir geraten in Situationen, auf Autobahnen oder in Supermärkten, wo es uns gar nichts nützt, in Eile zu sein, weil wir uns, wenn überhaupt, nur im Schneckentempo vorwärtsbewegen können. Vor nicht allzu langer Zeit konnte ich einmal in New York weder vor noch zurück wegen zwei Lastwagen, von denen keiner dem anderen ausweichen wollte. Wenn wir uns mit moderner Malerei und mit moderner Musik beschäftigt haben, können wir in solchen Situationen unsere Aufmerksamkeit auf die Dinge verlagern, die uns umgeben – Dinge, die man hören, und Dinge, die man sehen kann. (Robin White, 1978)

Wie reagieren Sie auf Kritiker, die Ihre Stücke zu lang finden?

Na ja, sie setzen Kunst mit Unterhaltung gleich, aber darum geht es in der Kunst nicht. Ich würde sagen, um es so einfach wie möglich zu formulieren, daß Kunst unsere Geisteshaltung verändert. Schließlich zwingt einen niemand dazu, sich zu langweilen; man ist selbst daran schuld, wenn man sich langweilt. Also ist nicht meine Musik langweilig. Derjenige, der sie dafür hält, hat einfach eine Möglichkeit gefunden, sich zu langweilen. (Jeff Goldberg, 1976)

Würden Sie Ihre Kompositionen, obwohl in ihnen weder Ihr Ego noch Ihre Neigungen und Abneigungen eine Rolle spielen, dennoch als Ihre Kompositionen ansehen, in dem Sinne, daß Sie sie geschaffen haben?

Anstatt meine Kontrollfunktion zu demonstrieren, werfen sie Fragen auf, die ich gestellt habe, und Antworten, die durch Zufallsoperationen ermittelt wurden. Ich habe meine Urheberschaft nur in einen anderen Bereich verlagert, indem ich keine Auswahl treffe, sondern Fragen stelle. Es ist nicht leicht, Fragen zu stellen.

Ist das einer der Gründe, warum Ihre Kompositionen immer noch zur experimentellen Musik gezählt werden?

Ja, und zwar sind es meine Experimente, nicht die von jemand anderem.

Und das Fragen ist eigentlich ein Prozeß des Erfindens.

Davon bin ich überzeugt. (Tom Darter, 1982)

Warum ist Komponieren notwendig?

Darüber haben wir vorhin schon gesprochen, allerdings ohne uns zu fragen, was notwendig ist. Wenn Sie wollen, gebe ich Ihnen eine Antwort, die ich oft gebe. Als der sechste Zen-Meister gewählt werden sollte, arrangierte der fünfte Zen-Meister einen Gedichtwettbewerb, in dem jeder formulieren sollte, was er unter Erleuchtung verstand. Der älteste Mönch im Kloster sagte: »Der Geist ist wie ein Spiegel. Er sammelt Staub an, und das Problem besteht darin, den Staub zu entfernen.« In der Küche gab es einen jungen Burschen, Hui-neng, der weder lesen noch schreiben konnte, dem aber dieses Gedicht vorgetragen wurde, und er meinte: »Das ist nicht sehr interessant.« Die anderen fragten: »Wie willst du das wissen?« Und er sagte: »Oh, ich könnte ein viel besseres Gedicht machen, aber ich kann nicht schreiben.« Da forderten sie ihn auf, es herzusagen; er tat es, und sie schrieben es auf, und es ging so: »Wo ist der Spiegel, und wo ist der Staub?« Er wurde der sechste Zen-Meister. Nun gab es etliche Jahrhunderte später in Japan einen Mönch, der ständig Bäder nahm. Deshalb fragte ihn ein junger Schüler: »Wenn es gar nicht staubig ist, warum badest du dann immer?« Und der Alte erwiderte: »Nur ein kurzes Eintauchen, ohne Grund.« (Yale School of Architecture, 1965)

Ich glaube, der Begriff »hörenswert« hängt von dem Zuhörer ab. Meiner Meinung nach kann man sich alle Töne, gleichgültig welche, anhören. Ich habe bis jetzt noch keine Töne gehört, die mir nicht gefallen hätten, außer wenn sie allzu »musikalisch« werden. Ich glaube, ich habe Probleme damit, wenn Musik versucht, mich in eine Richtung zu steuern. Zum Beispiel habe ich Schwierigkeiten mit dem ›Halleluja‹-Chor. Wenn der Klang aber ein nichtintentionales Geräusch ist, habe ich kein Problem zuzuhören. (Rob Tannenbaum, 1985)

Wenn mit Musik jedoch so umgegangen wird, daß sie sich offensichtlich dem Publikumsgeschmack beugt, so halte ich das für das Gegenteil einer meiner Ansicht nach wirklich revolutionären Haltung, weil der Status quo einfach übernommen und bestätigt wird. Was ich als Aufgabe der Musik ansehe, geschieht dann nicht: die Menschen stärker zu machen und sie zu verändern.

Eine Menge Leute sind sehr empfänglich für diese Art [programmatisch-politischer] Musik.

Ich habe damit Schwierigkeiten, weil sie so aufdringlich ist. Sie beinhaltet genau das, was Herrschaft ausmacht: das Verlangen nach Kontrolle; und sie läßt mir keine Freiheit. Sie drängt mir ihre eigenen Schlüsse auf, und ich bin lieber ein Schaf, was nicht der Fall ist, als daß ich mich von einem Musikstück zu etwas drängen ließe. Beim ›Halleluja‹-Chor ärgere ich mich genauso oder weigere mich mitzugehen, wie bei dem ›Attica‹-Stück [[eine Komposition von Frederic Rzewski]]. Wenn ich solche Musik höre, strebe ich sofort in die entgegengesetzte Richtung. Und sie arbeiten mit endlosen Wiederholungen und Sequenzen. Darauf kann ich verzichten. (Geoffrey Barnard, 1980)

Um gut zu leben, muß man das hören, was es zu hören gibt, und nicht das, was man zu hören erwartet. Wenn ich in ein Konzert gehe, will ich Musik hören, die ich noch nicht gehört habe. Im allgemeinen gehe ich nicht mehr in Konzerte, um etwas zu hören, was ich schon kenne oder von dem ich weiß, daß es mir gefallen wird. Ich gehe, um etwas zu hören, was ich vorher noch nicht gehört habe. Tatsächlich habe ich dieselbe Vorstellung, die ich habe, wenn ich ein Musikstück schreibe, das ich noch nicht gehört habe – wenn möglich, eine Art Entdeckung zu machen. (Tom Darter, 1982)

Wie möchten Sie, daß Ihre Zuhörer in ein Konzert kommen? Wollen Sie, daß sie bestimmte Dinge wissen oder daß sie eine bestimmte Einstellung haben?

Sie sollten zu einer neuen Erfahrung bereit sein, und daher ist es das Beste, wenn sie aufmerksam und »leer« sind. Mit »leer« meine ich offen – anders gesagt, es sollte keine Vorbehalte des Ego, ob positiv oder negativ, geben. Es sollte die Möglichkeit existieren, daß neue Hörerfahrungen Eingang finden.

Ich glaube, es gibt einen klaren Unterschied... Ich denke, dieser Unterschied wird am deutlichsten, wenn man das Wort »Verstehen« als Gegensatz von »Erfahrung« begreift. Viele Menschen glauben, sie könnten etwas erfahren, wenn sie in der Lage sind, es zu verstehen, aber das stimmt meiner Meinung nach überhaupt nicht. Ich glaube nicht, daß das Verstehen einer Sache dazu führt, sie zu erfahren. Es führt meiner Ansicht nach im Grunde nur dazu, daß man die jeweilige Sache in gewissem Sinne beherrscht. Denn... sagen wir, Sie verstehen, wie man ein Ei kocht. Was nützt Ihnen das beim Kochen von Zucchini? Ich bin mir nicht sicher, ob es etwas nützt. Man könnte es noch zugespitzter formulieren und sagen: Was nützt Ihnen das beim Reiten? Aber das geht wahrscheinlich zu weit. Ich glaube, wir müssen zu einer Erfahrung bereit sein, die nicht durch Verstehen, sondern durch Aufgeschlossenheit zustandekommt.

Sie sprechen über Verstehen im Gegensatz zum Erfahren. Möchten Sie, daß die Menschen mehr Musik erfahren?

Das finde ich sehr wichtig. Ich glaube, das Erleben von Musik, im Gegensatz zum Verstehen von Musik, besteht zunächst darin, hören zu lernen. Und ich vermute, die meisten halten das für so einfach, daß sie meinen, keinerlei Probleme damit zu haben. Und eigentlich gibt es auch gar keine Probleme, aber die Frage ist, ob man es auch wirklich tut. Manche Leute haben zum Beispiel bestimmte Vorstellungen darüber, welches gute und welches schlechte Töne sind. Und die schlechten wollen sie nicht hören. Ich war mit einem Komponisten befreundet, der diese Einstellung hatte. Das Ergebnis war, daß er Verkehrsgeräusche, die ich sehr gern mag, nicht ertragen konnte. Er mußte sich Watte in die Ohren stopfen, damit er sie nicht hörte. Heutzutage sieht man in unserer Gesellschaft viele Menschen, die sich auf der Straße, in Bussen usw. fortbewegen und dabei Kopfhörer tragen, so daß sie ihre Umwelt nicht hören können. Sie hören nur die Musik, die sie sich ausgesucht haben. Ich begreife nicht, wieso sie sich so reichhaltigen Erfahrungen verschließen, die noch dazu gratis sind. Ich glaube, dabei entsteht Musik, und ich halte es für ziemlich wahrscheinlich, daß sie beim Sammeln derartiger Musikkonserven zerstört wird.

Das Hören hat die Eigenschaft, daß man etwas hört und dann feststellt, daß man es nicht mehr hört, sondern etwas anderes. Das ist das Wesentliche beim Hören. Wenn man ein Bild betrachtet, hat man nicht das Gefühl, daß es irgendwann verschwindet. Hört man aber Töne, so hat man den Eindruck, daß sie verklingen und andere an ihre Stelle treten. Man wird dazu gebracht, dem zeitlichen Ablauf der Ereignisse seine Aufmerksamkeit zu widmen. Man erkennt, daß man sich im direkten Kontakt mit dem Vergänglichen befindet. (Ev Grimes, 1984)

In einem Vortrag sagten Sie: »Die Vergangenheit muß neu erfunden, die Zukunft zum Besseren verändert werden. Beides macht die Gegenwart aus. Entdeckungen hören niemals auf.« Ist die Avantgarde tot?

Die Leute fragen, was Avantgarde sei und ob sie am Ende ist. Sie ist es nicht. Sie wird immer existieren. Avantgarde heißt geistige Beweglichkeit. Und sie existiert immer, wenn man sich Herrschaft und Erziehung nicht unterwirft. Ohne Avantgarde gäbe es keine Erfindungen. (Stephen Montague, 1982)

John Cage bei der Probe zu ›Themes and Variations‹
in der Ausstellung ›John Cage, Etchings – Grafiken von 1978–82‹
im Kölnischen Kunstverein, Köln, 15. 5. 1983. (Ausschnitt)

John Cage über Erziehung

Wenn die Gefahr besteht, daß etwas in Vergessenheit gerät, wie etwa die Kunst des klassischen Gartenbaus oder eine Art Musik, die früher gespielt wurde, sind sofort Leute zur Stelle, die sich speziell damit befassen, es zu erhalten. Wir haben Gesellschaften für die Erhaltung alter Musik unserer und anderer Kulturen. Es gibt Menschen, die nur dafür leben. Wenn noch nichts für irgendeine Spielart altehrwürdiger Kunst getan worden ist, sagen diese Leute: »Oh, das ist eine Aufgabe für mich.« Beim ersten Anzeichen dafür, daß eine Musikform ausstirbt, erhöht sich die Anzahl der betreffenden Musiker schlagartig. Musik ist absolut nicht dazu zu gebrauchen, damit seinen Lebensunterhalt zu bestreiten. Die einzige Möglichkeit, als Amerikaner sein Geld mit Musik zu verdienen, ist durch Unterrichten. (Arnold Jay Smith, 1977)

Obwohl es auf musikalischem Gebiet, wie Sie sagten, unmöglich schien, sich von der Harmonielehre zu befreien, veränderte sich dann die Musik insgesamt, als der Loslösungsprozeß erst einmal stattgefunden hatte. Wie würde eine entsprechende Entwicklung im Erziehungsbereich aussehen?

Nun ja, man müßte sich das Erziehungssystem anschauen und versuchen, herauszufinden, woraus es im wesentlichen besteht, wenn man die Strukturen wegläßt, die ihm durch gesellschaftliche Übereinkünfte oder Konventionen übergestülpt wurden. Eines der ersten Dinge, die man dann abschaffen würde, etwas, das offensichtlich überhaupt nichts mit Erziehung zu tun hat, ist der ganze bürokratische Apparat, die Formulare und das Ausfüllen von Formularen, Abschlußzeugnisse, Urkunden, alles, was die Vorschriften betrifft, nach denen das Ganze ablaufen soll. Erziehung sollte zu einem Gebiet werden, in dem es nicht auszumachen ist, ob jemand dadurch gebildet wird, und ebenso unklar bleibt, ob er nicht vorher auch schon gebildet war. Buckminster Fuller, den ich kürzlich besuchte, meinte, wenn ein Kind geboren werde, sei es sozusagen vollständig »gebildet«. Sein Körper enthält alles, was der Begriff Bildung letztlich bedeutet. Es ist nichts weiter nötig, als daß es geboren wird. (Robert Filliou, 1970)

Nicht nur, daß wir in diesem Glauben aufgewachsen sind, wir haben auch unsere Regierung und unser Erziehungssystem danach ausgerichtet... wir haben die Menschen verdorben. Wir haben sie dazu gezwungen, schlecht zu sein. Diese ganze Konkurrenz, die bereits an den Schulen anfängt, und ihre Bedeutung in der Gesellschaft erzwingt Unehrlichkeit. Mao Tse-tung sagt, wir müssen fest daran glauben, daß die breite Masse der Menschen gut ist. Ich bin absolut gewillt, dem zuzustimmen, vorausgesetzt, daß wir die Menschen nicht zum Schlechten erziehen. Als ich zur Grundschule ging, gab es dort Wettbewerbe, bei denen es um den Sinn für Musik ging, wie man das nannte. Dabei legte die Lehrerin ein paar Schallplatten auf, spielte sie nur ganz kurz an und nahm sie dann wieder ab. Wir mußten den Namen des Stückes und des Komponisten aufschreiben. Ich bin immer entsetzt, wenn ich höre, daß das auch heute noch gemacht wird und daß sie die Unverschämtheit haben, das als Sinn für Musik zu bezeichnen. Dieselbe Lehrerin, die der Meinung war, sie brächte mir Verständnis für Musik bei, sagte mir auch, daß ich nicht singen könne. Ich wollte dem Gesangsverein beitreten, und als sie meine Stimme testete, meinte sie: »Du hast keine Stimme zum Singen.« Ich habe erst mit 35 angefangen zu singen. Unsere ganze Erziehung bestand darin, das Singen zu unterbinden und zum Betrug zu ermutigen. Wenn man die Musik und den Komponisten nicht kennt, guckt man dem Nachbarn über die Schulter. Man lernt sehr schnell, und wenn man im Betrügen gut genug ist, wird man mit einem Fleißbildchen belohnt und kann vielleicht sogar an regionalen Wettbewerben teilnehmen.

Ich erkannte frühzeitig, daß mir das Bildungssystem nicht das gab, was ich brauchte. Ich ging also von der Schule ab. Ich ging einfach. Thoreau hörte ebenfalls mit dem Unterricht auf. Er hatte in Harvard eine Lehrerausbildung gemacht und war nach Concord zurückgekehrt, und man verlangte von ihm, daß er sich für den Unterricht auf eine bestimmte Art kleidete. Damals waren sie strenger als heute. Außerdem sollte er die Schüler bestrafen, die nicht das taten, was sie tun sollten. Beides lehnte er ab, und deshalb hörte er mit dem Unterrichten auf. (Ellsworth Snyder, 1975)

Sie sollten Buckminster Fullers Buch ›Education Automation‹ lesen, wo er einen Raum ohne eine Untergliederung in Sektionen konzipiert, in dem eine Vielzahl von Tätigkeiten stattfindet und in dem der Schüler seine Aufmerksamkeit auf verschiedene Dinge richten kann – anstatt gezwungen zu sein, sie auf einen einzigen Gegenstand zu konzentrieren, den er sich oft noch nicht einmal selbst ausgesucht hat. Ich halte das für ein gutes Prinzip, das man in vielen Bereichen anwenden kann. Eins ist wichtig: Wenn du eine Begrenzung siehst (oder irgendeine Trennwand), entferne sie. Und wenn du sie beibehalten m u ß t, so gestalte sie beweglich; und wo du – wie Fuller sagt – die Wahl zwischen Fixierung und Flexibilität hast, entscheide dich für Flexibilität. Das ist eine sehr gute Regel. (Don Finegan, 1969)

Die gesamte Gesellschaftsstruktur muß sich ändern, ebenso wie sich die Strukturen in der Kunst geändert haben. Daß das in diesem Jahrhundert in der Kunst zustande gebracht wurde, halten wir, zumindest die Künstler, für ein Anzeichen dafür, daß es ein Bedürfnis danach auch in anderen Bereichen der Gesellschaft gibt, besonders, was die politischen und ökonomischen Strukturen betrifft und alles, was damit zusammenhängt, wie etwa die Strukturen des Erziehungssystems.

Ich glaube, wir brauchen zunächst eine Situation, in der nichts vermittelt wird: Niemand lernt etwas, das schon bekannt ist. Alle müssen Dinge lernen, die bis zu diesem Zeitpunkt unbekannt oder unerkennbar waren – Dinge, die sich daraus ergeben, daß eine Person mit anderen Menschen zusammentrifft oder sich selbst erkennt, so daß ein neues Wissen entsteht, das vorher nicht existierte.

Ich denke, wir brauchen nur eine leere Leinwand, auf die dieses Lernen aufgezeichnet wird. Wir brauchen nur eine Zeit der Ruhe, in der diese Musik gespielt werden könnte, wenn Erziehung Musik wäre. Und wenn uns nun eine leere Leinwand oder eine Zeit der Stille zur Verfügung steht, so wissen wir aus der Kunst, daß wir nichts mehr damit machen müssen, um ein ästhetisches Erlebnis zu schaffen – es ist schon vorhanden. Wir können also über den Erziehungsprozeß sagen, daß wir nicht bewußt etwas lernen müssen, um etwas zu lernen.

Diese Geschichte taucht in den Chroniken des Zen-Buddhismus immer wieder auf – der Schüler, der zum Lehrer kommt und ihn um Unterweisung bittet. Der Lehrer sagt nichts – er fegt Blätter zusammen. Der Schüler geht in einen anderen Teil des Waldes und baut sich ein Haus; und wenn er seine Ausbildung abgeschlossen hat, was tut er? Er dankt nicht sich selbst; er geht zurück zu dem Lehrer, der überhaupt nichts gesagt hat, und dankt ihm. Dieses Element des Nichtlehrens ist in unserem Erziehungssystem völlig verlorengegangen. (Robert Filliou, 1970)

In den Vereinigten Staaten gibt es etwas sehr Merkwürdiges, das noch nicht erwähnt wurde und das das Land vom Rest der Welt unterscheidet: Wir haben Schulen, die von jungen Leuten besucht werden, und diese Schulen werden überwiegend so lange besucht, bis man einen Abschluß erreicht hat, der zum Studium an einer Universität qualifiziert. Man kann davon ausgehen, daß sehr viele Menschen einen College-Abschluß haben.

Solange sie nun unterrichtet werden, haben sie Zugang zur Kunst, zum Theater usw. Sie beschäftigen sich mit diesen Dingen, nehmen sie ernst und glauben daran.

Wenn sie dann diese schulische Situation hinter sich lassen, stellen sie fest, daß sie Teil einer Gesellschaft sind, die für Kunst überhaupt keine ernsthafte Verwendung hat. Alles ist wichtig, nur Kunst nicht.

Der Beweis dafür ist folgender: Wenn man sich gewissermaßen gegen die Gesellschaft stellt und darauf besteht, ein Künstler zu sein und seine Werke aufzuführen, wo ist dann das Publikum? Das Publikum sitzt in eben der Schule, die man selbst absolviert hat. Man kann sich in diesem Land mit Auftritten als Künstler nicht finanzieren, wenn man nicht jahraus, jahrein auf Tourneen spielt, mit denen man erwachsene Zuhörer nicht erreicht, sondern fast nur Studenten.

Weder in Japan noch in Europa würden die Universitäten auch nur im Traum daran denken, einen Künstler bei sich auftreten zu lassen, weil die Studenten viel zu sehr mit dem Studium beschäftigt sind.

Darüber hinaus gibt es dort eine lange Tradition, nicht an den Schulen und Universitäten, sondern bei den Erwachsenen, Kunst ernstzunehmen. Bei uns besteht die Tradition darin, daß wir denken, Kunst könne man ruhig vergessen. (Stanley Kauffmann, 1966)

Sie wollen wissen, was ich grundsätzlich am interessantesten finde? In erster Linie, würde ich sagen, das Nichtstun. Das nächste wäre dann, das zu tun, was uns gerade in den Kopf kommt. Man dürfte vorher nicht festlegen, was es sein soll.

Ich glaube, was unser Leben und unser Verhalten angeht, so sind wir auf der Suche nach Anhaltspunkten, wie wir in dieser äußerst komplizierten historischen Phase vorgehen sollen, wo die alten Strukturen noch bestehen und neue Strukturen entweder schon sichtbar oder erwünscht sind. Das merkt man überall. Und dann orientieren wir unser Handeln nach diesen Anhaltspunkten, sobald wir von ihrer Brauchbarkeit und Triftigkeit überzeugt sind, und versuchen, uns nach ihnen zu richten. Der erste, den ich Ihnen genannt habe, scheint so unbedeutend und doch so schwierig zu sein, weil er so grundlegend ist – der Gedanke, daß wir ohne Erziehung erzogen werden. Nun, lassen Sie uns sehen, was wir noch erwähnen könnten. Es sollte aber auf jeden Fall dieser grundsätzlichen Abwesenheit von Struktur entsprechen und nicht im Gegensatz dazu stehen. Wenn wir nämlich diese neue Basis wieder verließen, hätten wir eine Situation, wie Sie sie geschildert haben – eine neue Struktur, die schließlich ebenso schlecht wäre wie die alte. Also müssen wir uns davor hüten, die Leere durch eine neue Struktur zu ersetzen, sie aufzufüllen. So haben wir uns schon einem weiteren Prinzip genähert, das sich aus vielen verschiedenen Traditionen herleitet. Ein Mann namens Avner Hovna schrieb zum Beispiel in einer UNESCO-Publikation einen Artikel über die Wirkung der Automatisierung auf die Gesellschaft – der damit schließt, soweit ich mich erinnere, daß wir dauerhafte Werte durch flexible Werte ersetzen müssen. Nun wissen wir, wenn wir an die Erziehung denken, daß unser Bildungssystem, so wie wir es kennen, durch dauerhafte Werte gekennzeichnet ist – wobei es sich interessanterweise immer der neuesten Entwicklung innerhalb dieses Systems verweigert hat: der Avantgarde. Diese Kontinuität wollen wir aber nicht – wir können sie nicht gebrauchen. Wir brauchen Flexibilität. Also muß unsere Erziehung durch all das charakterisiert sein, was zu einer Veränderung in Richtung Flexibilität führt. Deshalb, und damit kommen wir auf die Schularchitektur zurück – ein großer, leerer Raum, in dem die Schüler nicht auf einem Stuhl sitzen müssen, sondern sich frei von Stuhl zu Stuhl bewegen können.

Auch über die Zeit müßten die Schüler frei verfügen können.

Ja.

Eines der großen Probleme ist momentan, daß wir Lehrpläne und feste Stundenpläne haben ...

Das ist abzulehnen. Alles, was eine Kontinuität von einem Tag zum anderen darstellt, sollte so verändert werden, daß man von Tag zu Tag flexibel entscheiden kann. Alles, was nach Unterbrechung oder Ablenkung aussieht, sollte willkommen sein. Warum? Weil wir feststellen werden, daß wir durch diese Unterbrechungen und Ablenkungen und flexiblen Anpassungen den Informationsaustausch bereichern. (Robert Filliou, 1970)

In der traditionellen asiatischen Kunst sind präzise Formstrukturen von großer Bedeutung. Kann die Öffnung des Geistes, die mit Zufallsoperationen angestrebt wird, innerhalb der traditionellen Formen stattfinden? Treten sie dort anders in Erscheinung als in Ihrem eigenen Werk?

Wo es Abhängigkeiten von festgelegten Kunstformen und ästhetischen Prinzipien gibt, ist immer so etwas wie Erziehung (Lernen) im Spiel. Ich beschäftige mich jetzt schon seit vielen Jahren mit weiterführenden Studien.

Das Lehren lehne ich eigentlich ab. Ich möchte weiterstudieren. (Bill Womack, 1979)

Die Gemeinschaft von Black Mountain war wirklich eine wunderbare Sache, und mit Sicherheit war sie wunderbar im Vergleich zu anderen Schulen hierzulande. Seitdem taucht häufig die Frage auf: »Welche heutige Einrichtung kommt dem, was Black Mountain war, am nächsten?« Viele Schulen haben dasselbe versucht, aber meiner Meinung nach ohne Erfolg. Am ehesten vergleichbar war für mich der Sommer-Workshop der Universität Saskatchewan in Emma Lake, über den ich einen Text, ›Emma Lake‹, in ›A Year from Monday‹ geschrieben habe. Jedenfalls war die Anzahl der Teilnehmer ähnlich groß, etwa 100 Leute. Und das ist möglicherweise eines der großen Probleme bei den anderen Schulen, die gern wie Black Mountain wären: Die Besucherzahlen sind so unterschiedlich.

Wenn es um Tausende von Leuten geht, hat man einfach nicht dieselben Möglichkeiten wie mit 100. (Mary Emma Harris, 1974)

Das Verhältnis von Lehrern und Schülern ohne festes Studienprogramm:

Ich stelle mir vor, man müßte eine Kartei haben, die Tag und Nacht zugänglich ist – 24 Stunden lang –, in der Vorschläge gesammelt werden, die sowohl von den Fakultätsmitgliedern als auch von den Studenten der Universität stammen. Man kann sich vielleicht andere Karteien denken; ich denke an eine ganz spezielle. Zu erledigende Dinge. Dinge, die getan werden müssen. Als ob die Welt ein Haus wäre – was ja auch zutrifft –, in dem wir alle leben und das in schlechtem Zustand ist – und das ist wirklich der Fall. Ich glaube, es hat tatsächlich ein »Großreinemachen« nötig, eine Instandsetzung, damit es funktionsfähig ist. Und es gibt noch sehr viel zu tun. Und wenn man jede Aufgabe notieren und dann mit Querverweisen versehen würde – so daß eine bestimmte Sache in mehreren Bereichen auftaucht und man in dieser Kartei nicht nur an einer Stelle darauf stößt, sondern an allen Stellen, für die sie eine Rolle spielt –, könnte diese Idee auf die ganze Gemeinschaft ungeheuer anregend wirken. Es könnten Dinge aufgelistet werden, die sich von ganz praktischen bis zu ganz theoretischen Arbeiten erstrecken, darunter auch – wenn das zu leisten ist – Erfindungen usw. Sehen Sie, es gibt ein paar Dinge, die Lehrer offensichtlich von ihren Schülern lernen müssen. Und merkwürdigerweise sind das genau die Dinge, in denen die Lehrer üblicherweise ihre Schüler unterrichten: Lesen, Schreiben und Rechnen. Sehr wenige Lehrer wissen, wie man das macht, und zwar bezogen auf den Computer. Viele Schüler dagegen können es, weil sie sozusagen damit aufgewachsen sind. Der Computer kam auf, als w i r schon erwachsen waren, also wissen wir nichts darüber; eigentlich haben wir sogar ein bißchen Angst davor. Wir brauchen Hilfe – und wessen Hilfe? Höchstwahrscheinlich die Hilfe der Schüler, indem sie für uns das Programmieren übernehmen. Vielleicht. Nun, was haben wir ihnen eigentlich zu geben? Das ist wirklich die Frage. Meistens brauchen sie uns gar nicht und fänden es gut, wenn wir selbst mit etwas beschäftigt wären. Wenn wir zum Beispiel auch Schüler wären, was, wie ich glaube, der Untertitel von Fullers Buch ist – ›Den Lehrer zurück zu seinen Studien schicken‹.

Brauchen sie uns nicht nur als Vorwand oder als Rechtfertigung, um sich an einem bestimmten Ort aufzuhalten?

Nun ja, dem liegt die Einstellung zugrunde, daß das Leben ein Spiel ist, und die war auch notwendig, solange es Grenzen gab. Tatsächlich kann man kein Spiel spielen, wenn es k e i n e Abgrenzungen gibt und k e i n e Markierungen, daß dies ein bestimmter Ort und kein anderer ist. Daß die Universität nicht die Stadt ist. Die Universität ist kein Fernsehgerät. Außer gelegentlich, wenn ein »Bildungs«-Programm läuft. Es ist aber besser, wenn wir mit diesem Spiel aufhören. Wenn zum Beispiel Religion, anstatt sich nur deswegen an einem bestimmten Ort abzuspielen, weil dort ein paar Geistliche anwesend sind, so praktiziert wird wie bei Thoreau, der nackt in einem Fluß mitten in Concord herumlief; wußten Sie das? Das gehörte zu den Dingen, die seine »religiösen« Nachbarn in Concord etwas aus der Fassung brachten.

Aber auf welche Bereiche läßt sich diese Idee anwenden? Nur auf die Künste? Wie läßt sie sich mit sozialer Verantwortung vereinbaren, etwa bei der Ausbildung eines Arztes, eines Ingenieurs?

Wir haben unseren Verstand, um ihn zu gebrauchen, und das sollten wir auch tun. Ich habe das am Beispiel des Telefons und des Wasserhahns erläutert, und es wird Bereiche geben, die ein anderes Vorgehen erfordern als das, was ich vorschlage, aber die Idee wird sicherlich für die geistige Einstellung und ihre Veränderung gelten – das heißt also, für Philosophie, Religion, Mythologie, Kunst und dann auch Psychologie; vermutlich für Soziologie und für die Freude an der Natur, vermittelt durch die Wissenschaften. Die Wissenschaft hat allerdings die Funktion, Dinge zu benennen. In der Botanik ist die Taxonomie vergleichbar mit dem Telefonbuch; sie muß sinnvoll strukturiert sein, sonst nützt es uns nichts. Wenn wir den verschiedenen Pilzsorten Namen geben, müssen wir eine Möglichkeit finden, einen Pilz zu identifizieren, und daran arbeitet man zur Zeit mit dem Computer. Die bisherigen Systematiken waren hoffnungslos ineffizient, deshalb bemühen wir uns jetzt um brauchbare. Und wo diese Art der praktischen Anwendung gefordert ist – und alles andere Dummheit wäre –, müssen wir systematisch vorgehen. Aber für alle sonstige menschliche Tätigkeit könnte als Motto der Titel von E. E. Cummings gelten – »two plus two ›Is Five‹«. Da ist jede Systematik einfach lästig und nützt uns überhaupt nichts und sollte, wie Norman O. Brown sagt, so aus dem Wege geräumt werden, daß wir keinen Gedanken mehr daran verschwenden müssen. (Don Finegan, 1969)

Gleich zu Beginn kündigte ich an, daß jeder in der Klasse eine Eins bekommen würde, da ich gegen das Notengeben bin. Nun ja, als diese Nachricht sich auf dem Campus verbreitet hatte, wuchs meine Klasse auf 120 Teilnehmer an, die alle Einser haben wollten. Allmählich pendelte es sich bei etwa 80 Leuten ein, die regelmäßig zum Unterricht erschienen. Aber auch diejenigen, die sich einfach nur einschrieben und sonst nicht kamen, kriegten eine Eins. In meinem ersten Gespräch mit ihnen erläuterte ich meinen Standpunkt. Dazu gehörte zunächst, daß wir nicht wußten, was wir lernen würden, daß dies eine Stunde in einem uns unbekannten Unterrichtsfach sein würde und daß wir, um das zu verdeutlichen, die ganze Universitätsbibliothek Zufallsoperationen, nämlich dem ›I Ging‹, unterwerfen würden und daß jeder in der Klasse, sagen wir, fünf Bücher oder, falls die Bücher zu dick wären, Teile von fünf Büchern lesen würde, und zwar würde das ›I Ging‹ bestimmen, welchen Teil sie lesen sollten. Auf diese Weise, so dachte ich und sie stimmten zu, würden wir alle etwas haben, worüber wir reden und das wir einander beibringen könnten. Wenn wir es dagegen so machten wie die anderen Kurse, wo jeder dasselbe Buch liest und alle wissen, worum es geht, wären wir nur in einer Konkurrenzsituation, die darauf hinausläuft, herauszufinden, wer am meisten begriffen hat. In dieser Klasse jedoch konnten wir großzügig miteinander umgehen, und unsere Gespräche waren nicht vorhersehbar. (Hans G. Helms, 1972)

Ich glaube, daß die ganzen konventionellen Unterrichtsformen, mit denen sich die Universität gegenwärtig herumquält, umgangen oder Schritte zu ihrer Abschaffung unternommen werden sollten. Ich sprach zum Beispiel einmal mit Varèse über das Fach Harmonielehre, das heutzutage an der Universität ein Jahr lang unterrichtet wird. Wir waren uns beide darin einig, daß alles, was man über Harmonie wissen muß, in einer halben Stunde vermittelt werden kann.

Ich würde vorschlagen, Studienfächer frei anzubieten, anstatt sie zur Pflicht zu machen, und zwar in einer Umgebung, die das

Interesse der Beteiligten fördert. Das Interesse an solchen Fragen allgemeiner Natur sollte von den Studenten selbst ausgehen, statt ihnen aufgezwungen zu werden. Der Grund, warum ich vom College abging, war der, daß ich es absolut schrecklich fand, mit, sagen wir, 200 Teilnehmern in einer Veranstaltung zu sitzen, wobei alle 200 die Aufgabe hatten, dasselbe Buch zu lesen. Meiner Meinung nach war das Verschwendung von Arbeitsenergie. Es würde reichen, wenn einer das Buch lesen und dann irgendwie allen anderen im Gespräch seinen Inhalt vermitteln würde, aber mir diese Tische anzusehen, an denen alle saßen und das gleiche Buch lasen, erfüllte mich mit Entsetzen, also marschierte ich hinaus und ging in die Bibliothek. Ich las Bücher, die mit dem Unterrichtsthema so wenig wie möglich zu tun hatten; und als ich dann in der Prüfung die Fragen zum Thema beantworten mußte, bekam ich eine Eins. Mit diesem System konnte meiner Ansicht nach irgend etwas nicht stimmen, deshalb verließ ich das College.

Ich glaube, ein derartiger Lehrplan und Praktiken wie die, daß jeder denselben Standardtext liest, beruhen auf der Überzeugung, daß die Basis des Lernens das Medium Sprache ist, das von allen verstanden wird, und daß Menschen sich nicht miteinander verständigen können, wenn sie nicht über dieselben Informationen verfügen. Nun ist aber gerade dies in der zeitgenössischen Kunst nicht üblich. Heutzutage haben wir überall auf der Welt, wo moderne Kunst praktiziert wird, multimediale Formen. Es ist ganz normal, daß viele Dinge gleichzeitig passieren. Auf der Bühne, im Konzert oder in ähnlichen Situationen werden keine signifikanten Schwerpunkte gesetzt; das Geschehen ist als Gesamtheit interessant.

Das bedeutet, daß die grundlegende Vorstellung einer allgemein verbindlichen Sprache aufgegeben wird. Das Charakteristische an einer heutigen Darbietung, zu der Musik, Aktionen, Film, Dias und so weiter gehören, ist sowohl in dem Bereich vertreten, den wir als seriöse Kunst bezeichnen, als auch bei Rock-and-Roll-Konzerten mit ihren Videos und stroboskopischen Lichtern, mit Schwarzlicht und diesen ganzen Sachen – das Charakteristische besteht darin, daß sich zwei Leute anschließend unterhalten und ihre Erfahrungen austauschen könnten, und diese Erfahrungen sind unterschiedlich. Ich glaube nicht, daß es hier um Syntax oder Sprache im herkömmlichen Sinne geht; es findet etwas viel Umfassenderes statt. In einer solchen Situation, wo sich rund um das Publikum alle möglichen Aktivitäten abspielen, könnten zwei Menschen nebeneinander stehen und vollkommen andere komplizierte Dinge wahrnehmen, obwohl sie an ein und demselben Ereignis teilgenommen haben. Und das entspricht unserer täglichen Lebenserfahrung. Warum hat die Kunst diese Form? Es geht der Kunst nicht nur darum, mit den künstlerischen Gesetzmäßigkeiten zu brechen, sondern darum, uns das Leben, das wir leben, zu vermitteln, so daß wir, wie Sie sagen, daran teilhaben können.

Nun, die Situation, die wir hier und heute haben, die Diskussion in diesem Raum, ist ein hervorragendes Modell für ein mögliches Erziehungssystem, und sie findet außerdem auf einem relativ hohen Niveau statt. Könnte sie nicht Vorbild für die gesamte Universität sein? Das heißt, daß Leute zusammenkommen und ihre Informationen austauschen und dann durch das Zusammentreffen dieser gegenseitigen Informationen miteinander weitere, vielleicht ungeschriebene Informationen in Umlauf bringen – Menschen, die synergetisch handeln, anstatt wie in einer Fabrik zu agieren, wo einer genau dasselbe macht wie alle anderen. (C. H. Waddington, 1972)

Ich unterrichte nicht. Ich halte Vorträge oder ... Ich fragte David Tudor vor Jahren einmal, wie ich mich an der Universität verhalten sollte, und er sagte: »Stell dir vor, du bist jemand, der einen Unfall verursacht und Fahrerflucht begeht.« Nun ist David Tudor ein ganz wundervoller Mensch, aber er hat auch sehr schockierende Ansichten, und das war eine schockierende Äußerung. Sie ist aber gleichzeitig sehr scharfsinnig. Ich glaube, ich kann gut unterrichten, aber ich tue es nicht, weil es von meiner Warte aus gesehen zuviel Zeit beansprucht. Ich bin zum Beispiel nicht der Meinung, daß ein Lehrer dem Schüler etwas beibringen sollte. Ich denke, der Lehrer sollte herausfinden, was der Schüler weiß – und das ist nicht leicht –, und ihn dann ermutigen, sein Wissen tatkräftig einzusetzen, tatkräftig und praktisch – anders gesagt, sein Wissen fruchtbar zu machen. Finden Sie nicht? (Ev Grimes, 1984)

Wir möchten die Welt als Universität betrachten, die wir nie abschließen. Dieser Trend ist schon heute sichtbar. Im mittleren Westen, und sicher auch in vielen anderen Gegenden, gibt es etwas, das dort als Zusammenschluß der Universitäten des mittleren Westens bezeichnet wird. Dort kann der Student die Dienste jeder universitären Einrichtung in Anspruch nehmen, sein eigentlicher Wirkungskreis bleibt aber immer noch seine Stammuniversität oder Alma Mater. Anders gesagt, ich finde, die Vorstellung einer Alma Mater sollte ganz einfach vom Begriff »Welt« abgelöst werden. (C. H. Waddington, 1972)

John Cage über Sozialphilosophie

Zunächst brauchen wir eine Musik, in der nicht nur die Töne einfach Töne sind, sondern auch die Menschen einfach Menschen, das heißt, keinen Regeln unterworfen, die einer von ihnen aufgestellt hat, selbst wenn es »der Komponist« oder »der Dirigent« wäre.

Eine Situation stellt sich für unterschiedliche Menschen verschieden dar, weil jeder seine Aufmerksamkeit auf etwas anderes konzentriert. Bewegungsfreiheit ist die Grundlage dieser neuen Kunst und dieser neuen Gesellschaft. Man wird sehen, daß auch eine Gesellschaft mit vielen Mitgliedern, die ohne Anführer zusammenleben, sehr wohl ohne ein Oberhaupt funktionieren kann. (Michael Nyman, 1973)

Haben Sie oder jemand anders Ihre Musik je für politische oder soziale Zwecke eingesetzt?

Ich interessiere mich für das Soziale, aber nicht für das Politische, da Politik mit Macht zu tun hat und das Soziale mit einer Anzahl von Individuen, und ich bin sowohl an einzelnen wie auch an großen oder mittleren oder irgendwelchen Mengen von Einzelpersonen interessiert. Mit anderen Worten, ich interessiere mich für die Gesellschaft nicht unter Machtaspekten, sondern im Hinblick auf die Zusammenarbeit und der Freude aneinander. (›Source‹, 1969)

Ich stimme damit überein, daß die Technik uns neue Möglichkeiten eröffnet, aber ich glaube, letztlich ist das, worum es geht, dasselbe, um das es immer schon gegangen ist, nämlich die geistige Einstellung. Was die Technik uns meiner Meinung nach an Neuland erschließt, ist genau das – etwas, das nicht mehr nach denselben Maßstäben gemessen werden kann wie früher. So daß wir, um es einmal zu spezifizieren, in der Musik jetzt nicht mehr wie in den vergangenen Jahrhunderten einen vorgegebenen Takt oder eine Tonleiter haben, sondern das gesamte Klangfeld. Selbst wenn wir

Tonleitern benutzen und Melodien komponieren und nach metrischen Gesichtspunkten vorgehen, ist es für uns von Vorteil, wenn wir uns vorstellen können, daß wir uns auf einem umfassenderen Gebiet bewegen, wo es auch möglich ist, ohne Takt und ohne Maßsystem zu arbeiten. (Richard Kostelanetz, 1977)

Ich habe den Eindruck, daß die Welt zur Zeit auf allen Ebenen das Gefühl für Einheitlichkeit verloren hat, vom Individuum über die unmittelbaren zwischenmenschlichen Beziehungen bis hin zu weltweiten Zusammenhängen. Die Frage ist, muß das Gefühl für Einheitlichkeit neu geschaffen werden?

Ich finde den Begriff »Einheitlichkeit« nicht...

Ich hätte nicht »Einheitlichkeit« sagen sollen, sondern »Ganzheit«.

Nun, wie kam es dann, daß Sie Ganzheit sagen wollten und Einheitlichkeit sagten? Ich habe über die Frage von Einheitlichkeit und Vielfalt nachgedacht, und ich persönlich ziehe die Vielfalt vor. Sie scheint mir eher unseren Lebensumständen zu entsprechen als die Einheitlichkeit.

Der Begriff »Einheitlichkeit« trifft es nicht; was meinen Sie zum Begriff »Ganzheit«?

Aber daß Sie zunächst den Begriff »Einheitlichkeit« benutzten, sagt doch einiges. Ganzheit – der einzige erkennbare Einwand gegen den Begriff »Ganzheit« wäre für mich, daß er den Gedanken nahelegt, das Ganze sei begrenzt, und dann ist Ganzheit wieder so etwas wie Einheitlichkeit. Ich bin statt dessen für den Begriff »Offenheit«, nicht für Einheitlichkeit oder Ganzheit, sondern Offenheit – und zwar besonders für die Dinge, die mir unbekannt sind. Ich glaube, der Fremde hat auf die Gesellschaft immer eine stark integrierende Wirkung gehabt.

Wenn man zum Beispiel die Musik von Mozart und Bach vergleicht, kann man eine kurze Passage von Bach nehmen, und sämtliche Stimmen folgen derselben Struktur. Das heißt, wenn der Satz chromatisch ist, so sind auch alle seine Stimmen chromatisch; wenn der Satz oder das Modul einen Sechzehnteltakt hat und man alle Einzelstimmen zusammennimmt, so erhält man einen stetigen Sechzehntelrhythmus. Das erzeugt eine Art von »Einheitlichkeit« oder »Ganzheit«, die in großem Gegensatz zu Mozart steht. Bei Mozart

John Cage bei den Vorbereitungen zu ›Themes and Variations‹
in der Ausstellung ›John Cage, Etchings – Grafiken von 1978–82‹
im Kölnischen Kunstverein, 15. 5. 1983. (Ausschnitt)

braucht man nur eine ganz kurze Passage zu nehmen und erkennt schon, daß es hier nicht nur eine Tonleiter gibt – ich zum Beispiel sehe drei. Man findet einen dieser großen Tonschritte, die durch Akkordbrechung entstehen: Sie wissen schon, Terzen und Quarten; dann gibt es diatonische Tonleitern, eine Kombination aus Ganz- und Halbtonschritten, und außerdem auch noch chromatische Passagen, und das alles innerhalb einer kurzen Sequenz. Sie sind im allgemeinen so zusammengestellt, daß unterschiedliche Formen ineinandergreifen und bei Mozart etwas erzeugen, das man harmonische Ganzheit nennen könnte.

Dank der neueren Entwicklungen in der Musik – Veränderungen, die erst kürzlich stattgefunden haben – sehen wir beim Zusammentreffen verschiedener Dinge nicht mehr unbedingt Harmonie als erforderlich an. Wo sie unabdingbar oder vom Komponisten gewünscht ist, wirkt sie heute auf unsere Ohren so, daß die Unterschiede zwischen den einzelnen Tönen verschwimmen. In der indischen Musik gab es zum Beispiel mehrere Methoden, einer Improvisation eine Gesamtstruktur zu geben und den Zuhörern eine bestimmte Bedeutung zu vermitteln: Man konnte zum Beispiel die verschiedenen Tonhöhen an ihrem Verhältnis zu einem konstanten Ton messen, und der Takt ergab sich aus nicht fest vorgegebenen, sondern informell abgesprochenen Trommelschlägen. Wir sind heute als Musiker in der Lage, beliebige Töne in beliebigen Kombinationen zu hören. Der erste Musiker, der diese Möglichkeit schon vor über 50 Jahren eröffnete, war übrigens Debussy. Ich glaube an Desorganisation, aber nicht im Sinne von Nichtbeteiligtsein oder Isolation, sondern als sehr intensives Beteiligtsein. Ordnungsregeln müssen aufgestellt worden sein, um die Dinge sozusagen zusammenzuhalten. Wenn man die Regeln abschafft – wenn wir sie abschaffen und keine mehr haben –, werden wir feststellen, daß auch so alles perfekt funktioniert. (C. H. Waddington, 1972)

Es ist wichtig, daß man die Welt wie Buckminster Fuller als Ganzes betrachtet, unsere Probleme als globale Probleme sieht, die Streitigkeiten zwischen den Nationen so schnell wie möglich aus der Welt schafft und die Welt zu einem Ort macht, an dem man mit Intelligenz Schwierigkeiten löst. (Monique Fong und Françoise Marie, 1982)

Was denken Sie über die heutige Zeit?

Was wir im Moment brauchen, ist Quantität; Qualität bekommen wir automatisch. Mir scheint, daß die moderne Kunst in diesem Jahrhundert unsere Sichtweise so verändert hat, daß wir, was immer es ist, als ästhetisches Phänomen sehen können. Das passiert zur Zeit auch im Bereich der Musik, und wenn sich das erst einmal überall herumgesprochen hat, werden wir schließlich feststellen, daß unser Gehör für die jeweiligen Umweltgeräusche offen ist und daß wir imstande sind, auch sie ästhetisch zu genießen. Das gilt ebenfalls für das Theater. Anders gesagt: Wo immer man sich aufhält, wird man das, was einen umgibt, als ästhetisches Phänomen sehen und hören können. Nun, wenn das der Fall ist und die sozialen und technischen Umwälzungen stattfinden, über die ich gerade sprach, sind wir an dem Punkt, daß wir uns ein längeres Leben wünschen, und die Chancen dafür stehen ganz gut. Vielleicht nicht für mich, weil ich schon zu alt bin, aber für die, die noch jünger sind. Man weiß oder spürt doch schon, daß die Lebenserwartung weit über das hinausgehen wird, was man heute für denkbar hält. (Yale School of Architecture, 1965)

Technische Errungenschaften sollten unser Handeln nicht bestimmen, sondern Instrumente zur Dienstleistung sein, Kanäle, durch die wir unsere Bedürfnisse äußern.

Es gibt auch im Körper Dienstleistungseinrichtungen – Nerven, Blutgefäße ...

Würden Sie sagen, daß der Körper nur aus Versorgungsapparaten besteht?

Musikalische Publikationen werden von »Vermittlern« unterdrückt, die keine offenen Kanäle sind, sondern darüber bestimmen, was erscheint.

Das biologische Modell für die Gesellschaft ist eigentlich kein Organismus, sondern ein Ökosystem. In einem Ökosystem gibt es keine »Vermittler«, sondern alle Elemente wirken wechselseitig direkt aufeinander ein.

Das Telefon ist kein »System der Systeme«, sondern eine Dienstleistungseinrichtung. Derartige Einrichtungen müssen wir überall auf der Welt etablieren. Wir sollten danach streben, daß unsere Organisationssysteme Dinge ermöglichen (so daß mehr

Dinge ohne Organisation geschehen), aber sie sollten nicht darüber entscheiden, was geschieht.

Wenn ich eine Nummer wähle, erwarte ich davon etwas ganz Bestimmtes; in meiner Musik dagegen wünsche ich mir Raum für Überraschungen. Ich möchte, daß wir nicht seßhaft sind, sondern Reisende, die neue Erfahrungen machen, von denen sie angezogen werden. Mich hat immer die »Größe X« angezogen – das, was außerhalb des offiziellen Unterrichtes erfahren werden konnte, das Innovative. (C. H. Waddington, 1972)

Wenn ich an eine gute Zukunft denke, so sicherlich an eine, zu der auch Musik gehört, aber nicht eine bestimmte Art von Musik, sondern alle möglichen Arten, und zwar jenseits aller Musik, die ich mir jetzt vorstellen oder beschreiben kann. Ich möchte, daß es jede Art von Musik gibt, weil die Menschen unterschiedliche Bedürfnisse haben. Manche Musik zum Beispiel, mit der ich nichts anfangen kann, mag für jemand anderen sehr wichtig sein. Ich habe nur ein geringes Interesse an Jazz, ich kann sehr gut ganz ohne Jazz auskommen; und dennoch stelle ich fest, daß Jazz für viele, viele Leute sehr wichtig ist. Wer bin ich, daß ich sagen könnte, ihr Bedürfnis sei unnütz? (Hans G. Helms, 1972)

Was empfinden Sie bei dem Gedanken an Macht?

Ich glaube, wir sollten unsere Sprache überarbeiten und alle Wörter abschaffen, die mit Macht zu tun haben.

Es gibt eine Reihe von Komponisten, die daran interessiert sind, daß die Musik politischer wird. Sie sagen, in unserer gesellschaftlichen Situation liefe alles darauf hinaus, wer Macht hat und wer nicht. Wenn diese Aussage zutrifft, möchte ich zu den Machtlosen gehören. Ich war schon als Kind so, fühlte mich nie zu den Raufbolden hingezogen. Mir gefiel immer diese christliche Haltung, auch die andere Wange hinzuhalten, wenn man geschlagen wird. (Jeff Goldberg, 1976)

Manchmal werde ich gefragt, worauf Technik überhaupt abzielt. Ich meine, wir brauchen eine Technik, die so gut ist, daß wir ihre Existenz nicht bemerken. Und so sehe ich es auch auf allen anderen Gebieten; das erstrebenswerte Ziel – wobei mir das Wort Ziel nicht gefällt, aber verwenden wir es hier ruhig –, das erstrebenswerte Ziel jeder Tätigkeit ist es, daß sie überflüssig wird. Wäre das nicht zum

Beispiel ein reizvolles Ziel für die Politik und die Wirtschaft? (David Sylvester und Roger Smalley, 1967)

Ich finde es sehr traurig und verwirrend, daß heute überall in unserer Gesellschaft Machtkämpfe stattfinden. Anstatt daß jeder von uns für sich nach Macht strebt, sollten wir, wie Mao in China, erkennen, daß ernsthafte Probleme anstehen, die eine intelligente Lösung erfordern. Nun gut, er sagte, daß dazu auch Macht gehört, aber ich glaube, diese Macht drückte sich bei Mao am wirkungsvollsten in seinem Langen Marsch aus, der bemerkenswerte Ähnlichkeiten mit den Strategien Martin Luther Kings oder Gandhis aufweist.

Glauben Sie, daß eine gewaltlose Revolution in den USA Erfolg haben könnte?

Ich glaube ja, aber man muß sich darüber im klaren sein, daß da der Wunsch Vater des Gedankens ist.

Meine neueren Arbeiten enthalten sehr häufig Elemente aus dem Theater, das heißt, sie schließen auch das Sehen mit ein, nicht nur das Hören. Manchmal finden während der Aufführungen Dinge statt, die dem Publikum sinnlos oder seltsam vorkommen, weil auch die Elemente, die aus dem Bereich des Theaters stammen, wie die Töne zufallsbestimmt sind, und zwar nicht durch von mir festgelegte Methoden. Sie ergeben sich vielmehr aus dem Einsatz der Vortragenden, so daß die Zuhörer von diesen Momenten, die aus dem Theater stammen, oft irritiert werden. Ebenso sind Leute irritiert, die einen meiner Vorträge besuchen, um etwas über Musik zu hören, wenn ich von Mao oder Pilzen spreche, weil sie denken, sie wären wohl beim falschen Vortrag gelandet. Das ist aber alles aus der Überzeugung entstanden, der ich, glaube ich, jetzt seit 25 Jahren anhänge, seit ich mich ernsthaft mit asiatischem Denken beschäftige. Als ich mich fragte, warum wir Musik komponieren, kam ich zunächst zu dem Schluß, es geschehe, um eine geistige Revolution zu bewirken, und jetzt würde ich sagen, es könnte dazu dienen, oder jedenfalls hoffe ich, obwohl ich neuerdings etwas skeptisch bin, die gesellschaftliche Revolution mit voranzutreiben. (Hans G. Helms, 1972)

Mao Tse-tung vertrat das Konzept, die Akzeptanz für seine Gedanken allmählich zu steigern, so daß man von der ersten über die zweite bis zur dritten Stufe gelangt, wenn man seinen Ideen folgt.

Meine Vorstellung ist die, daß wir uns alle so verhalten sollten, als hätten wir die Schule gerade abgeschlossen und lebten in einer Welt, die wir als Gegebene einfach akzeptieren. Mit anderen Worten: Als man Buddha fragte, wie die Erleuchtung käme, ob allmählich oder plötzlich – Mao Tse-tung meinte, allmählich –, sagte Buddha, allmählich, und dann, direkt im nächsten Abschnitt [[der Lankavatara Sutra]] sagt er, plötzlich, und gibt dafür Beispiele aus der Natur. Und es stimmt, daß Dinge allmählich geschehen, wie das Sprießen der Saat in der Erde, aber es stimmt ebenso, daß sie plötzlich passieren, durch Erdbeben, Blitz oder ähnliches. Und ich bin für das letztere. (Geoffrey Barnard, 1980)

Haben Sie die Schriften von Mao gelesen? Nun, in einer davon heißt es: »Wir müssen absolut überzeugt sein von der Güte der menschlichen Natur.« Und im Westen geht die Tendenz dahin, daß man von der Schlechtigkeit der menschlichen Natur überzeugt ist.

Sind Sie von der Güte oder von der Schlechtigkeit der menschlichen Natur überzeugt?

Es ist unbedingt notwendig, daß wir an die Güte der menschlichen Natur glauben und daß wir in unserem Verhalten davon ausgehen, daß die Menschen gut sind. Wir haben keinen Grund zu der Annahme, daß sie schlecht sind.

Was meinen Sie, wenn Sie sagen, wir hätten keinen Grund zu der Annahme, sie seien schlecht? Was ist mit Hitler, mit dem Zweiten Weltkrieg...?

Nun, das ganze Interesse an Macht und Profit und so weiter hat natürlich dazu geführt, daß wir den Leuten beigebracht haben, schlecht zu sein. Von Natur aus jedoch sind sie gut. Verstehen Sie? Deshalb müssen wir einfach unser Erziehungssystem verändern. In den Vereinigten Staaten wird alles unternommen, um die Menschen so schlecht wie möglich zu machen. Und die Methode dabei ist folgende: Man hat 40 Kinder in einer Klasse und gibt ihnen allen das gleiche Buch zu lesen. Man könnte sie auch 40 verschiedene Bücher lesen lassen, und das wäre wundervoll; aber statt dessen gibt man ihnen ein einziges, das sie alle lesen müssen. Anschließend müssen sie dann eine Prüfung machen, damit man sieht, wer am besten abschneidet. Das führt zu einem unmittelbaren Niedergang der menschlichen Natur, denn derjenige, der schlecht abschneidet, fängt an, daran zu denken, daß er in Zukunft von einem Besseren abschreibt – mit anderen Worten, stiehlt. Dann gibt es denjenigen, der auch beim nächsten Mal der Beste sein will, und so schaffen wir eine Gesellschaft, die nicht von Natur aus schlecht ist, sondern deren Mitglieder dazu erzogen wurden. Ich finde es bei einem derartigen Bildungssystem sogar erstaunlich, wie gut die Menschen sind.

Mir fiel in New York auf, wo der Verkehr so schlimm ist und die Luft so schlecht, wo alles schlecht ist, Essen und Kaffee, und wo die Straßen voller Schlaglöcher sind, daß man in ein Taxi steigt und der arme Taxifahrer einfach außer sich ist vor Gereiztheit. Eines Tages nahm ich ein Taxi, und der Fahrer fing an, ohne Grund zu schimpfen und ohne Ausnahme jeden zu beschuldigen, im Unrecht zu sein: Wissen Sie, er war voller Ärger über Gott und die Welt, und ich blieb einfach ruhig. Ich beantwortete seine Fragen nicht und ließ mich auf kein Gespräch ein, und nach einer Weile änderte er seine Meinung – nur deshalb, weil ich still geblieben war –, und begann, kurz bevor ich ausstieg, ziemlich nette Sachen über seine Umwelt zu sagen.

Das ist also die Art von Erziehung, die Sie befürworten würden?

Es ist die Art, die Thoreau vorschlug, es ist die Art, die Gandhi vorschlug, es ist die Art, die Martin Luther King vorschlug. Es ist die Art, die die Dänen in der Opposition gegen Hitler praktizierten. Es ist das, was man passiven Widerstand nennt.

Bedeutet das, daß Sie unpolitisch sind?

Nun, ich sehe mich als Anarchisten. Und Mao selbst befaßte sich in jüngeren Jahren sehr ausführlich mit anarchistischen Ideen. Aber die Dringlichkeit der politischen Lage führte zu einer Lösung des chinesischen Problems, bei der er sich zu einer politischen Umwälzung gezwungen sah.

Ihr Verhalten könnte für mich aber wie Anarchie aussehen, auch wenn Sie absolut davon überzeugt sind, daß es bei Ihrer Kunst vollkommen geordnet zugeht. Nehmen wir ein Beispiel: Wenn Sie und David Tudor die Musik von Ihnen beiden zusammen vortragen, wie das manchmal der Fall ist, dann könnte der Zuhörer Ihren Auftritt für anarchisch halten, obgleich es da sicher eine Art geregelter Verbindung zu David Tudor als Ihrem Partner gibt, auch wenn Ihre zwei Stücke völlig unabhängig voneinander konzipiert wurden.

Das ist ein ganz simples Beispiel für Anarchie, weil wir beide zusammen, aber doch unabhängig voneinander gearbeitet haben. Weder habe ich David Tudor gesagt, was er tun sollte, noch er mir, und doch war alles, was wir taten, miteinander vereinbar.

Heißt das, daß die Voraussetzung für Ihre Form von Anarchie eine Kommunikation ohne vorherige Übereinkünfte und ohne festgelegte Wahrnehmungscodes ist?

Genau! Wenn wir die Möglichkeit haben, ohne Beschränkungen zu handeln und zu arbeiten, oder wenn uns die Dinge zur Verfügung stehen, die wir zur Arbeit benötigen, dann haben wir, glaube ich, alles, was wir brauchen. Wir brauchen keine Gesetze, die uns befehlen, nicht dies oder jenes zu tun, sondern etwas anderes. Thoreau sagte, der einzige Grund für Gesetze und Regierungen sei der, zu verhindern, daß sich zwei Iren auf der Straße prügeln. Mir wären ein paar Morde hier und da lieber als unser Krieg in Vietnam. Das wären vielleicht Morde aus Leidenschaft statt dieser kaltblütigen, sinnlosen Morde, die jetzt stattfinden und die man als »Massenmedien-Morde« bezeichnen könnte.

Ich glaube, man muß einen gemeinsamen Nenner finden für diejenigen, die wie Mao auf die Macht bauen, und die, die wie Fuller dem Positiven des Materiellen, der Verfügbarkeit des Materiellen vertrauen. Sehen Sie, Fuller glaubt wie Mao an das Gute im Menschen, und seiner Meinung nach sind die Menschen nur deswegen schlecht, weil sie nicht das haben, was sie brauchen. Wenn sie es hätten, wären sie weniger egoistisch, als wenn sie es nicht haben.

Ich habe auch bei unseren Pilzfreunden in New York festgestellt, daß die Leute sehr heimlichtuerisch und selbstsüchtig sind, wenn es in einer trockenen Periode wenige Pilze gibt, und daß sie niemanden wissen lassen, wenn sie etwas gefunden haben, und sich beim Sammeln sehr beeilen. Wenn dagegen sehr feuchtes Wetter ist und es eine Menge Pilze gibt, werden sie ganz uneigennützig und großzügig und verschenken sogar Pilze.

Es ist mir auch bei mir selbst aufgefallen; wenn ich das habe, was ich brauche, und mir die großen Geschäfte in New York ansehe, finde ich nichts, was ich gern haben würde. (Nikša Gligo, 1972)

Ich möchte, daß die Polizei n i c h t den Verkehr von Privatautos regelt, sondern Gemeinschaftsautos zur Verfügung stellt, die wir benutzen können, wann immer wir wollen, und stehenlassen, wenn wir sie nicht mehr brauchen.

Ich teile McLuhans Meinung, daß die Elektronik eine Ausweitung unseres zentralen Nervensystems bedeutet und daß dieses Netzwerk sich jetzt zu einem »Weltbewußtsein« formuliert und die neue Psychoanalyse sich mit den Fehlleistungen dieses Weltbewußtseins befassen muß...

Ich frage mich, ob es notwendig ist, einen Gedanken auszudrükken, da dieser Gedanke normalerweise im Weltbewußtsein schon existiert. Wenn ich etwas ausdrücke, was für mich eine neue Idee ist, stelle ich hinterher oft fest, daß jemand anders den Gedanken bereits formuliert hat.

Wir müssen unsere starren Standpunkte zu einem umfassenderen Weltbild entwickeln, das den Menschen als Teil seiner Familie, einer Stadt, einer Nation und einer Erde begreift, und schließlich aus religiöser Sicht, als Teil von allem, was existiert. (C. H. Waddington, 1972)

Der Computer ist Teil der Gesellschaft; ich bin Teil der Gesellschaft. Wenn ich Zugang zum Computer habe, muß ich ihn benutzen, um herauszufinden, ob ich ihn gebrauchen kann oder nicht. Sie haben sicher ›Walden‹ gelesen; ziemlich zu Anfang des Buches schreibt Thoreau: »Ich gehe hinaus in die Wälder, um dort zu leben und dem Leben an seinem entscheidenden Punkt gegenüberzutreten, um festzustellen, ob es nun eine großartige Sache oder eine triviale Angelegenheit ist, und diese Entdeckung dann publik zu machen.« Das war sein Ziel, und ich halte es für ein gutes Ziel, nach dem man sich in fast jeder Lebenslage richten kann. Soweit uns Dinge widerfahren, geschehen sie entweder, weil wir sie selbst initiieren – oder das jedenfalls glauben – oder weil wir von einem anderen Mitglied der Gesellschaft zu einer Handlung angeregt werden, auf die wir nicht von uns aus gekommen wären. Es besteht also nicht die Gefahr, daß wir nichts zu tun haben könnten; entweder bringen wir eine Sache selbst ins Rollen, oder jemand anders motiviert uns dazu. Ich glaube, zwei der wichtigsten Dinge, von denen wir uns in einer komplexen Situation, die offensichtlich dabei ist, sich zu verändern, leiten lassen sollten, sind, wie ich schon sagte, sich möglichst für Flexibilität im Gegensatz zur »Starrheit« zu entscheiden – das ist für alles, was man sich nur denken kann, von größter Bedeutung, ein fundamentales Prinzip. Ein weiterer Grundsatz sollte es meiner Meinung nach sein, den Überfluß statt der Knappheit zu wählen. Seien Sie verschwenderisch, kein Pfennigfuchser. Schöpfen Sie das, was Ihnen zur Verfügung steht, möglichst weitgehend aus. Nehmen Sie es sich, auch wenn Sie keinen Gebrauch davon machen oder es für eine Spielerei mißbrauchen.

Über die Arbeit mit dem, was man hat:

Man kann, aber man muß sich auch überlegen, warum man das eine und nicht das andere hat – und daß der Grund einfach ein ökonomischer ist. Unsere gegenwärtige Gesellschaft ist sehr merkwürdig; wir haben – ich kenne die genauen Zahlen nicht, aber wir wissen alle, daß die Situation im wesentlichen folgende ist: In diesem Jahrhundert wurden mehr neue Ideen, Erkenntnisse und technische Entwicklungen als in der bisherigen Geschichte insgesamt hervorgebracht, und in den nächsten zehn Jahren ist noch mehr Neues zu erwarten, als in diesem Jahrhundert bereits passiert ist. Mit anderen Worten, wir sind in einer Lage, wie Fuller sie beschrieben hat, und wir stehen am entscheidenden Punkt – und in dem Maße, wie sich unsere Lage immer weiter zuspitzt, wird auch eine Entscheidung immer dringlicher. Daß die Gesellschaft so, wie sie ist, überhaupt so lange funktioniert hat, in Gruppierungen zersplittert, in denen einer gegen den anderen ist und man sich am intensivsten um die Kriegsführung und nicht um das tägliche Leben kümmert, ist schon eine eigenartige Sache – insofern, als dieses Konkurrenzprinzip als notwendig für das, was man »Motivation«, »Antrieb« und so weiter nennt, idealisiert wurde und unser Erziehungssystem und so manches andere geprägt hat. Wir wissen also, daß es Maschinen gibt, wir wissen, daß es Ideen gibt, aber wir wissen auch, daß wir keinen Zugang dazu haben, und zwar aus ökonomischen Gründen – und diese ökonomischen Gründe sind Teil des Konkurrenzsystems. Und dennoch war das, womit alles anfing, die menschliche Spezies, und irgendwie muß es wieder dazu kommen, daß sie Gebrauch von den Dingen machen kann, die sie selbst erfunden hat, anstatt deren Nutzung innerhalb der Gesellschaft so aufzuteilen, daß es eine Trennung in Besitzende und Habenichtse gibt. Was wir benötigen, ist eine Welt mit lauter Besitzenden. Eine Möglichkeit, die heutigen ökonomischen Strukturen zu verändern oder außer Kraft zu setzen – oder auszutricksen –, besteht darin, die Grenzen zwischen der eigenen Universität und anderen Universitäten zunehmend zu durchbrechen – sozusagen einen Stein in das System werfen, wie in einen See, und ihn Kreise ziehen lassen –, so daß sich die Möglichkeiten Ihrer Universität mit denen anderer Institutionen verbinden. Wenn dann etwa einer von Ihnen eine ganz bestimmte Maschine hat, könnte eine zweite von uns sie ergänzen und die Wirkung dieses Steinwurfes so verstärken, daß es schließlich nichts mehr gibt, das Ihnen nicht zugänglich wäre. (Don Finegan, 1969)

Wir werden nicht nur eine Lebensweise haben, nach der sich jeder richten muß. Es sollte eine Vielzahl verschiedener Angebote geben, und zusätzlich sollten wir noch die Möglichkeit haben, uns für etwas zu entscheiden, das sich noch kein anderer ausgedacht hat, so daß jeder so leben kann, wie es für ihn notwendig ist, und nicht so, wie es fremde Menschen für richtig halten. Er sollte seinen Bedürfnissen entsprechend leben.

Und Sie sind so optimistisch, daß Sie das für möglich halten?

Ja, weil ich glaube, daß diese Freiheit nicht soviel Unglück mit sich bringen würde, wie es gegenwärtig die Aufteilung der Welt in Besitzende und Nichtbesitzende zur Folge hat, und das Ergebnis... Wenn jeder das hätte, was er zum Leben braucht, würden viele von den schlimmen Dingen, die zur Zeit passieren, nicht geschehen, weil die Menschen es sich nicht mit illegalen Mitteln beschaffen müßten, sondern es ihnen einfach zur Verfügung stünde. Mit anderen Worten, das vorrangige Problem unseres »global village« ist es, jeden mit dem zu versorgen, was er zum Leben braucht. Das würde zum gegenwärtigen Zeitpunkt Wasser und Elektrizität und Nahrung und Unterkunft und so weiter bedeuten. Jeder braucht etwas zu essen – und es gibt natürlich eine Vielzahl von Lebensmitteln. Manche Menschen benötigen eine Art von Lebensmitteln, andere Menschen eine andere. Einer unserer Wirtschaftsberater empfahl den Brasilianern kürzlich, statt schwarzer Bohnen Sojabohnen anzubauen, weil sie damit mehr Geld verdienen könnten; aber Brasilianer schwören auf schwarze Bohnen und Reis, das sind ihre Grundnahrungsmittel. Trotzdem nahmen sie den Rat der Amerikaner an, schafften ihre schwarzen Bohnen ab und pflanzten Sojabohnen. Eine Zeitlang verdienten sie eine Menge Geld damit, aber dann fielen die Preise. Jetzt müssen sie schwarze Bohnen zu enormen Preisen aus dem Ausland importieren. Das Ganze war ein Fehler gewesen. Ich selbst esse kein Fleisch, aber es gibt doch vermutlich Leute, die es gern mögen.

Aber soll man da die Grenze setzen? Sollten Junkies ihr Heroin kriegen? Ihrer Ansicht nach brauchen sie es.

Mir ist klar, daß das ein ernsthaftes Problem ist. Ich bestreite nicht, daß es falsch ist, Heroin zu nehmen. Ich weiß, daß Menschen... daß Heroin für sie an Stelle des Essens treten kann. In Peru war das so mit Kokain; es ersetzte Essen und Kleidung. Die Menschen dort konnten hungern, ohne hungrig zu sein, und sie fühlten die Kälte nicht, wenn sie Kokain nahmen. Vielleicht sollte Kokain und auch Heroin ohne Einschränkung verfügbar sein; aber es sollte jedem klargemacht werden, wie abhängig man davon wird, wie es wirklich aussieht, wenn man damit lebt. Die Beschaffung sollte kein finanzielles Problem sein, weil die Menschen dafür töten und alles Mögliche tun. (Monique Fong und Françoise Marie, 1982)

Was ist dann aber mit dem Einsatz der Massenmedien? Wenn Sie für eine Vielfältigkeit von Botschaften plädieren, wie es Ihre Musik demonstriert, steht das nicht im Widerspruch zu der einseitigen Ausrichtung der Massenmedien? Haben Sie vielleicht manche Massenmedien als kompositorische Mittel benutzt, damit sich darüber der Gedanke einer Vielfältigkeit weiterverbreitet?

Nein. Sie wissen, daß ich aus den USA komme, und die Massenmedien in den Vereinigten Staaten zeigen sehr viel Werbung. Wir bekommen nur wenig Sendezeit, außer gelegentlich im Bildungsfernsehen, für das ich neulich eine dreißigminütige Sendung gemacht habe, die interessant war, aber nur von wenigen gesehen wurde. Meist sind die Möglichkeiten, mit den Massenmedien zu arbeiten, sehr gering, wenn es sich nicht um Werbung handelt.

Aber wenn Sie freie Hand hätten, zu tun, was Sie wollten, und die Massenmedien nicht so einseitig konditioniert wären, was würden Sie dann tun?

Ich weiß nicht so recht, wie ich Wenn-Fragen beantworten soll. Ich glaube, wenn ich in der Situation wäre, hätte ich vielleicht eine Idee, aber jetzt bin ich mir eigentlich nicht sicher, was ich machen würde. Sehen Sie, meiner Meinung nach sind die Massenmedien nicht so, wie sie in einer positiven Zukunft sein könnten. Auch Musik wird heute anders verlegt, als es in einer gut funktionierenden Gesellschaft der Fall sein könnte. Mit gut funktionierender Gesellschaft meine ich einen Zustand, in dem es keine Verkehrsstaus mehr gibt. Auf musikalischem Gebiet haben wir heutzutage, glaube ich, nicht mehr Verleger als, sagen wir, im 19. Jahrhundert. Die Bevölkerung ist aber wesentlich angewachsen. Und wir haben heute weitaus mehr Leute, die Musik schreiben, als vor 100 Jahren, so daß für viele Komponisten gegenwärtig nicht die Möglichkeit besteht, daß ihre Musik gehört, verlegt oder sonstwie genutzt wird. Wenn wir unsere Technik so einsetzen würden, daß jeder Mensch jeden anderen Menschen über eine Aufführung oder eine Veröffentlichung, nennen wir es Kommunikationsmittel, erreichen könnte, so hielte ich das für besser als die Art, wie Technik zur Zeit verwendet wird. Ich denke ganz speziell an eine telefonische Einrichtung, die zur Übermittlung von gedrucktem und graphischem Material in der Lage ist. Die technischen Möglichkeiten hierfür existieren in den Vereinigten Staaten bereits, werden aber nur von der Industrie, der Regierung und unserer Armee genutzt. Wir können davon ausgehen, daß sie schließlich auch für Zivilisten zugänglich werden, so daß man nur eine Nummer zu wählen bräuchte, um sofort ein Buch oder ein Musikstück zur Verfügung zu haben und es jederzeit durch etwas anderes zu ersetzen. Die ISBN-Nummern wären dann die Telefonnummern. Mit anderen Worten, ich erwarte von den Massenmedien, daß sie uns eine größere Menge und Vielfalt an Kommunikationsmitteln zur Verfügung stellen.

Der einzige Vorteil in Amerika ist der, daß das Publikum, bei dem es sich größtenteils um Studenten handelt, aus Menschen besteht, die noch nicht ihren eigenen Lebensunterhalt verdienen müssen, so daß sie noch nicht in die kapitalistische Gesellschaft integriert sind.

Während der letzten paar Jahre wird Ihre Musik plötzlich neu anerkannt, und zwar auf eine neue, lebendige Art und Weise, getragen von neuen, positiven Impulsen.

Ich glaube aber nicht, daß es um meine Musik geht. Ich glaube, es geht um meine Ideen insgesamt.

Ich denke, es ist Ihre Musik, Ihre Lebensweise, alles, was dazugehört.

Ich glaube, daß... Also, ich weiß nicht, was ich glaube. Ich bin allen Menschen wohlgesonnen, und ich hoffe, wie ich schon sagte, daß die Anarchie tatsächlich realisiert wird. (Nikša Gligo, 1972)

John Cage über Politik

Ich glaube, daß es in den Vereinigten Staaten eine immer stärkere revolutionäre Stimmung gibt. Ich glaube außerdem, daß wir bei wachsenden Bevölkerungszahlen damit rechnen können, daß die Mehrheit immer jünger wird, das heißt, das Durchschnittsalter wird niedriger anstatt höher, und wenn es dann erst einmal dem Alter von Studenten entspricht, könnten diese Studenten die Dinge verändern, da sie noch keine Mitglieder unserer heutigen, auf Eigennutz bedachten Gesellschaft sind. Sehen Sie, als die Russische Revolution stattfand, wurde sie von den Arbeitern getragen, bei der Revolution in China waren es die Bauern. Die Frage ist, von wem wird die amerikanische Revolution ausgehen? Sie müßte eigentlich von dem Bereich ausgehen, in dem es die meisten Menschen gibt, und das wird hoffentlich die Studentenschaft sein.

Sie stimmen also mit der Studentenbewegung von 1968 überein?

Ja, aber bis jetzt haben die Studenten die Technik noch nicht ernst genug genommen. Ich glaube, da liegt die einzige Schwierigkeit. Der Revolutionäre Studentenkongreß der Cornell University bat mich, an einer Veranstaltung mit einer Reihe von Vorträgen teilzunehmen, und ich stellte fest, daß ich niemanden erreichte, wenn ich das Hauptbüro des Komitees anrufen wollte, weil sie keine ausreichende Anzahl von Telefonen hatten. Und die gesamte Organisation war mangelhaft. (Nikša Gligo, 1972)

Mir ist eine interessante Übereinstimmung zwischen dem Bauhaus in Deutschland und Mao aufgefallen. Es gibt ein Buch von Moholy-Nagy, das auf Englisch ›The New Vision‹ heißt und mein Denken sehr stark beeinflußt hat. Ziemlich am Anfang von Moholys Buch findet man einen Kreis, der das Individuum symbolisiert, den einzelnen Menschen, und mit dem gezeigt wird, daß das Individuum mit umfassenden Fähigkeiten ausgestattet ist, das heißt, jeder

John Cage bei einer Lesung im Rahmen eines Interviews
aus Anlaß des ›Nachtcagetag‹, Köln, 14. 2. 1987. (Ausschnitt)

Mensch ist zu allem in der Lage, was ein Mensch überhaupt leisten kann. Durch die Umstände und so weiter werden wir jedoch häufig zu Spezialisten statt zu ganzheitlichen Persönlichkeiten. Nun, eine der Forderungen, die Mao den Chinesen immer gestellt hat, ist folgende: Wenn es eine Armee gibt, sollen sich alle daran beteiligen, wenn es Landarbeit gibt, sollen sie alle verrichten; wenn die Felder neu angelegt werden müssen, damit sie nicht immer wieder überflutet werden, soll jeder in der Gemeinschaft seinen Beitrag zu dieser Arbeit leisten, selbst die Alten, selbst die ganz Kleinen, so daß sich unter Maos Einfluß das Familienleben ausweitete und die Nation selbst in gewissem Sinne zur Familie wurde.

Und das gefällt mir sehr. (Hans G. Helms, 1972)

Waren Sie in den 60er Jahren irgendwo aktiv?

Nein. Ich werde nicht in Organisationen oder Institutionen tätig; ich arbeite am besten als einzelner, nicht als Schaf in einer Schafherde. Ich habe mich ausführlich zu gesellschaftlichen Dingen geäußert. Meine Aussagen sind alle ziemlich anarchistisch. Vor kurzem wurde ich gebeten, eine Petition gegen Atomenergie zu unterzeichnen, aber ich schrieb zurück, daß ich sie nicht unterzeichnen würde. Ich sei nicht an kritischem oder negativem Handeln interessiert; ich bin nicht daran interessiert, Dinge zu kritisieren, die falsch sind. Ich will etwas Nützliches tun. Kritik zu äußern ist meiner Ansicht nach nicht ausreichend.

Wählen Sie?

Daran würde ich nicht einmal im Traum denken. Ich freue mich auf eine Zeit, in der niemand mehr wählt. Dann müßten wir nämlich keinen Präsidenten mehr haben. Wir brauchen keinen Präsidenten. Wir können sehr gut ohne Regierung auskommen. Was wir nötig haben, ist ein bißchen Intelligenz, aber daran mangelt es.

Das erfordert aber viel Verantwortlichkeit von seiten des Volkes.

Aber die Art von Verantwortung, die gegenwärtig der Regierung übertragen wird, nützt niemandem etwas. Die Nationen machen sich nur gegenseitig Scherereien, das ist alles. (Robin White, 1978)

Ich glaube, wir müssen heutzutage sehr klar zwischen Verwaltungs- und Dienstleistungseinrichtungen unterscheiden. Meiner Meinung nach sollten wir uns öffentliche Einrichtungen nicht als eine Form von Verwaltung vorstellen, denn sie sind offensichtlich notwendig; ohne sie könnte die ganze Erdbevölkerung nicht existieren. Dienstleistungseinrichtungen müssen so strukturiert sein, daß sie von verschiedenen Völkern genutzt werden können. Wir brauchen eine Welt, die nicht, wie es uns in Südamerika so dramatisch vor Augen geführt wird, getrennt ist in Besitzende und Besitzlose; es muß eine Welt geschaffen werden, in der alle Menschen zu den Besitzenden zählen. Das kann nur über allgemein zugängliche Einrichtungen geschehen, während die Regierungen und ihre Verwaltungen immer zwischen denjenigen unterscheiden, die etwas haben dürfen, und denen, die nichts haben dürfen. Deshalb brauchen wir keine Regierungen; was wir brauchen, sind Dienstleistungseinrichtungen.

Diese sollen uns mit Unterkunft, Essen, Kleidung, Luft (weil wir jetzt auch schon die Luft verpesten), Wasser und Strom versorgen, denn das sind grundsätzliche Bedürfnisse, und so sollte es prinzipiell organisiert sein. Ich sage nicht, daß man andere Menschen lieben muß; es muß jedem von uns selbst überlassen bleiben, die Schönheit der Liebe zu entdecken. Wir dürfen nicht, wie das die Religion von uns fordert, gezwungen werden, einander zu lieben, denn es nützt überhaupt nichts, wenn man jemanden liebt und ihn gleichzeitig hungern läßt.

Finden Sie, daß Künstler in dieser Hinsicht etwas tun sollten?

Ich glaube, die wirklichen Umwälzungen in der Gesellschaft werden dadurch zustandekommen, daß wir Herrschaft ablehnen und daß wir uns der Erde annehmen als eines Problems, das die ganze Menschheit betrifft. Meiner Meinung nach haben moderne Kunst und moderne Musik die Funktion, das Individuum für die Freude an seiner Umwelt empfänglich zu machen. Seit einiger Zeit ist es eher Musik als Malerei, denke ich, wegen des sozialen Charakters von Musik (im allgemeinen gehören zur Musik ja mehrere Vortragende). ...Ich glaube, die Art, wie wir heute Musik spielen, deutet schon den Wandel von Herrschaft zu Dienstleistung an. Und wenn man sieht, daß es in der Kunst klappt, kann man zuversichtlicher sein, daß es auch außerhalb der Kunst funktioniert. (Alcides Lanza, 1971)

Wenn jemand seine Lebensumstände überprüft, wird er feststellen, daß die Regierung sich eigentlich sehr wenig in sie einmischt.

Das ist auch wieder etwas, das Thoreau in seinem Aufsatz ›Über die Pflicht zum Ungehorsam gegen den Staat‹ sagte, daß er das einzige Mal direkten Kontakt zur Regierung hatte, als der Steuereintreiber kam. Deshalb beschloß er, seine Steuern nicht zu bezahlen, um dem Staat zu zeigen, daß er nicht mit ihm einverstanden war. Wir haben natürlich mehr Kontakt zum Staat als er, und das kommt größtenteils daher, daß wir Autos besitzen. Wir leben in ständiger Angst vor Polizisten, ob wir nun fahren oder parken.

Wir haben zwar mehr Berührungspunkte mit dem Staat, aber im Grunde sind es immer noch sehr wenige. Wenn man einmal eine Woche lang ganz gewissenhaft über seinen eigenen Alltag Tagebuch führen und eintragen würde, ob man seine Arbeit macht oder nicht oder ob man in irgendeiner Weise von seiten des Staates belästigt wird, so sähe man, daß einen die Arbeit natürlich nicht mit dem Staat in Kontakt bringt; der Staat hindert einen allerdings daran, zu schnell zu fahren oder falsch zu parken, und man würde feststellen, daß das sehr selten vorkommt.

Wir wollen, daß bestimmte Dinge erleichtert werden, aber unsere jetzige Regierung handelt so, daß die öffentlichen Dienste fast zusammenbrechen. Das Wasser haben sie so ruiniert, daß wir es nicht trinken können, und nun machen sie die Personenbeförderung, zumindest in New York City, unerschwinglich teuer. Neulich bestieg ich einen leeren Bus und zahlte 50 Cents, und für arme Leute, die mit dem Bus fahren, sind 50 Cents eine Menge Geld. (Ellsworth Snyder, 1975)

Wie würden Sie Ihre politische Einstellung beschreiben?
Ich bin Anarchist.

Wie Thoreau?
Was das Wort nun ganz strenggenommen oder im philosophischen Sinne heißt, weiß ich nicht, aber ich mag keine Herrschaft! Und ich mag keine Institutionen! Ich habe auch in gute Institutionen kein Vertrauen. Ich unterstütze nicht einmal so etwas wie den Naturschutzverein, obwohl ich Pilze, Wälder und all das sehr liebe. Aber ich h a s s e das, was diese Institutionen daraus machen. Wissen Sie, was sie tun? Sie kaufen ein großes Stück Land auf, das man als Wildnis oder Ödland bezeichnen könnte, Land also, das von keiner Industrie oder Metropole als geeigneter Standort für eine Ansied-

lung oder eine Fabrik befunden wurde. Dann stellen sie Regeln auf, denen zufolge man nichts abpflücken darf. Man muß das Ganze betreten wie ein Museum: im Namen der Rettung von unberührter Natur, aber ohne guten Grund oder Zweck.

Zahlen Sie Steuern, oder folgen Sie Thoreaus Beispiel?

Ich zahle weiterhin meine Steuern, was Thoreau nicht getan hätte, aber ich tue es, um mir Belästigungen zu ersparen, mit denen der Staat sich sonst revanchieren könnte. Ich will meine Arbeit fortsetzen können, also mache ich in einer derartigen Situation das, was der Staat verlangt, aber mehr auch nicht. Thoreau hat das nicht [[er zahlte keine Steuern]], weil er mit seiner Arbeit, für die sich zu seinen Lebzeiten sowieso keiner interessierte, [[innerhalb und außerhalb des Gefängnisses]] fortfahren konnte. Bei mir ist es anders. Sehr viele Leute nehmen Anteil an dem, was ich tue, deshalb muß ich weitermachen [[und mich frei bewegen können]]. (Stephen Montague, 1982)

Oft wird mir vorgeworfen, meine Arbeit sei nicht politisch, und an Machtpolitik bin ich auch nicht interessiert. Ich bin an der Anwendung von Intelligenz und an der Lösung unmöglicher Probleme interessiert. Und darum geht es in den ›Etudes‹ [Australes], und darum geht es in unserer Gegenwart. Der Unterschied zwischen Kommunismus und Kapitalismus oder zwischen Demokraten und Republikanern ist mir egal. Ich finde sie alle unausstehlich. Ich glaube, was an den kapitalistischen Ländern schlecht ist, ist die enge Verflechtung von Industrie und Politik, und daß die Regierung, wie etwa die jetzige unter Reagan, mehr auf seiten der Industrie als auf seiten der Verbraucher steht. Reagan fragt nicht danach, ob man Produkte kaufen kann oder nicht. Ihn interessiert nur, ob sie hergestellt werden können oder nicht. Er mag den Kommunismus nicht, weil es dort kein freies Unternehmertum gibt. Ich werde häufig gefragt, was ich über die Weltlage denke, und als Reagan kürzlich in Deutschland war, fragte mich ›Die Welt‹, eine große deutsche Tageszeitung, was ich von Reagan hielte und von seiner Innen- und Außenpolitik und ob ich ihn wählen würde, aber ich würde niemanden zum Präsidenten wählen. Ich glaube nicht, daß wir einen Präsidenten brauchen. Was wir brauchen, ist eine Lösung unserer gegenwärtigen Probleme, und die sind globaler, nicht nationaler

Natur. Die Tatsache, daß es verschiedene Nationen gibt, führt dazu, daß jede Nation die Atombombe haben und alle anderen vernichten will, und das wird uns alle vernichten. Wir brauchen keine Nationen. Was wir brauchen, ist eine Erkenntnis der Tatsache, daß wir alle zusammen Bewohner einer Erde sind. Und daß wir gemeinsame – daß wir dieselben Probleme haben, wir alle. Armut ist nicht notwendig. Wir brauchen einen Zustand, in dem jeder das hat, was er zum Leben benötigt. (Tom Darter, 1982)

Was glauben Sie, in welche Richtung wir uns bewegen?

Ich glaube, daß wir Tag für Tag auf eine Situation zusteuern, die besser ist, als wir es in den Nachrichten hören. Wenn man müde ist, meint man, es sei unvernünftig, optimistisch zu sein, aber ich habe das Gefühl, daß Optimismus die natürliche menschliche Grundhaltung ist und daß es nur die Erschöpfung ist, die einen pessimistisch macht, auch wenn die Situation sehr schwierig ist.

Glauben Sie, diese Tendenz ist stark genug, um sich durchzusetzen?

Das bleibt abzuwarten. Wir leben in einer irrwitzigen Zeit, wo uns allen bewußt ist, daß ein Fehler, der vielleicht sogar unbeabsichtigt begangen wird, die Zerstörung, die völlige Zerstörung dieses Planeten zur Folge haben könnte.

Ich glaube, es wäre sehr gut, wenn wir uns sozusagen am eigenen Schopf aus unserer gegenwärtigen Lage herausziehen und damit anfangen könnten, unsere Intelligenz einzusetzen, statt uns politischen Streitereien zu widmen.

Viele Menschen würden vielleicht sagen: Nun gut, der Mensch schafft die Natur. Wir können die ganze Welt umstrukturieren. Dann haben wir eben keine Bäume mehr, sondern wunderhübschen Beton.

Das ist einer der Gründe, warum ich das asiatische Denken so liebe: weil die Natur Teil dieses Denkens ist und nicht etwas, das man einfach abschreibt. Ich habe Schwierigkeiten, wenn es offensichtlich nur um den Menschen und um die Gesellschaft geht. Das ist ein riesengroßer Unterschied zu diesen chinesischen Landschaftsbildern, auf denen man nach einem Menschen suchen muß und ihn schließlich unten in einer Ecke findet.

Was viele Leute beunruhigt, ist die Angst, etwas zu verlieren.

Sie sollten sich fragen, ob sie die Dinge b e n u t z e n, die sie zu verlieren fürchten. Sehr häufig benutzen sie sie nämlich gar nicht. Die Menschen reden zum Beispiel über die Bibel, aber sie lesen sie nicht. Und Shakespeare und so weiter. Sie lesen es nicht und sehen es sich nicht an. Und haben trotzdem das Gefühl, es sei etwas, das sie b e s i t z e n. Das ist ein Irrtum. Ich finde, alle Kultur sollte allgemein zugänglicher sein, in zunehmendem Maße elektronisch organisiert werden und generell frei verfügbar sein, wie über ein Telefonbuch.

Dadurch würde wiederum diese Sache mit dem Besitz abgeschafft und – was mir wichtiger erscheint – der Schwerpunkt auf die N u t z u n g gelegt. Das war ein Prinzip in Thoreaus Leben. Er hatte etwas dagegen, daß Leute Land besaßen, die es nicht nutzten. Und er beschrieb in seinem Tagebuch, wie er das Grundstück anderer Leute benutzte, die keinen Gebrauch davon machten. Er kannte den Weg über das Gelände, und der Besitzer mußte sich von ihm über sein e i g e n e s Stück Land führen lassen. Es scheint merkwürdig, daß Land im Besitz von Menschen ist, die sich nicht dort aufhalten. Unter Pilzfreunden gibt es ein ungeschriebenes Gesetz, das in Deutschland, glaube ich, sogar offiziell angewandt wird: Wer immer einen Pilz s i e h t, dem gehört er, unabhängig davon, auf wessen Grund und Boden er steht. (Sean Bronzell und Ann Suchomski, 1983)

Was wir brauchen, ist eine Gesellschaft, die prinzipiell die Möglichkeit zuläßt, arbeitslos zu sein. Die meisten Menschen werden Ihnen erzählen, die Vorstellung, man könne Arbeitslosigkeit für positiv halten, sei Unsinn, weil sie Angst haben, daß alle Leute, die nichts zu tun haben, hergehen und sich gegenseitig umbringen. Das zeigt, wie bankrott die Städte sind, wie bankrott die ganze Gesellschaft ist: Wir haben kein Vertrauen zueinander. Denken Sie an sich selbst, und stellen Sie sich vor, ob Sie andere Menschen umbringen würden, wenn Sie nichts zu tun hätten. Sie wissen, daß Sie es nicht täten. Warum müssen wir schlecht von anderen Leuten denken?

Das heißt, daß es bei der »Erziehung« der Menschen wichtig wäre, ihnen zu vermitteln, daß es etwas für sie zu tun gibt, das keine Berufstätigkeit ist. Bisher hat es immer so ausgesehen, als wenn man entweder eine feste Beschäftigung hat oder im Elend lebt, und die Art Arbeit, von der wir sprechen, war nur den Künstlern erlaubt.

Aber wir sollten auch keine Angst davor haben, n i c h t zu arbeiten. Ich rede jetzt davon, nicht zu komponieren, nicht zu malen;
und ich glaube, Robert Louis Stevenson und viele andere haben über
die Vorzüge des Müßiggangs geschrieben. Thoreau selbst war nie
berufstätig. Sein Vater leitete eine Bleistiftfabrik. Thoreau erfand
den Bleistift; er war der erste, der ein Stück Blei in ein ganzes Stück
Holz steckte. Vorher kerbte man zunächst ein Stück Holz ein, dann
ein zweites, legte Blei in die eine Höhlung und klebte das andere
Stück darüber. Er bohrte als erster ein Loch in ein Stück Holz und
steckte das Blei hinein. Er weigerte sich jedoch, Geld damit zu
verdienen. Die Leute sagten: »Du kannst ein Vermögen damit
machen.« Er sagte: »Was meint ihr damit?« Sie meinten: »Stell mehr
davon her.« Seine Antwort war: »Nein, einer genügt.« (Ellsworth
Snyder, 1975)

Haben Sie schon dieses neue Buch gesehen, das ›Megatrends‹
heißt? Es ist gerade erschienen. Ich habe es neulich in Houston
flüchtig durchgelesen. Wir bewegen uns, sagt der Autor, von einer
Industriegesellschaft auf eine Informationsgesellschaft zu, das heißt
von Vollbeschäftigung zur Arbeitslosigkeit. Da ist der hohe Pro-
zentsatz von Arbeitslosen, von dem wir momentan hören – von
neun Prozent bis zu 40 Prozent in Puerto Rico. In Detroit sind es
jetzt, glaube ich, 14 Prozent. Wenn wir das nicht mehr als Bedrohung sehen, sondern als Fortschritt in Richtung auf unser eigentli-
ches Ziel, könnte sich das Ganze vom Negativen ins Positive wandeln.

*Wie begegnen Sie dem Argument, daß dann nichts mehr produ-
ziert wird?*

Nun, in Japan gibt es jetzt Fabriken, wo Roboter Roboter herstellen.

Diese Information stammt auch aus dem Buch. Die Entwicklung
läuft ganz entschieden auf eine Gesellschaft hinaus, in der niemand
mehr arbeitet. Unser jetziges Erziehungssystem hingegen beruht
darauf, Leute auf eine Berufstätigkeit vorzubereiten; aber selbst in
meiner Jugend wußte man schon, daß Universitätsabsolventen häufig arbeitslos waren. Und während der ersten großen Weltwirtschaftskrise gab es Akademiker, die sich von den Abfällen anderer
Leute am Leben erhielten. Es ist klar, daß das nicht in Ordnung ist.

Was aber grundsätzlich falsch ist, ist, die Erziehung darauf auszurichten, daß man einen Beruf ausübt. Wir wissen jetzt schon, daß es in Wirklichkeit nicht genug Arbeit für alle gibt; daß wir durch unsere Erfindungen die Notwendigkeit reduziert haben zu arbeiten, was eigentlich eine gute Sache ist. Also muß man sich tatsächlich überlegen, was zu tun ist. Man muß keine stupiden Jobs, sondern einen Zeitvertreib k r e i e r e n , der einen interessiert, dem man sich intensiv widmen kann. Ich bin sicher, man weiß fast immer, daß die meisten Jobs, die man kriegt, nichts sind, dem man sich mit Hingabe widmen würde oder wollte.

Wenn wir erkennen, daß wir keinen Beruf ausüben müssen, stellt sich die Frage, wie wir dann unsere Zeit verbringen.

In Italien gibt es einen Betrieb, die Firma Olivetti, der dem Fortschritt gegenüber immer schon sehr aufgeschlossen gewesen ist. Hier wird den Angestellten beigebracht, wie sie ihre Freizeit nutzen können, so daß sie, wenn sie in den Ruhestand treten, schon mit Dingen vertraut sind, die ihnen Spaß machen und mit denen sie sich weiter beschäftigen können. Mittlerweile werden sie schon mit 45 pensioniert. Damit hat die Firma nur einer Situation Rechnung getragen, die durch die Technik hervorgerufen wurde. (Sean Bronzell und Ann Suchomski, 1983)

Technik bedeutet im wesentlichen die Möglichkeit, mit weniger Anstrengung mehr zu schaffen. Und das ist eher etwas Gutes als etwas Schlechtes.

Oh ja, man kann jede beliebige Publikation der Musikergewerkschaft zur Hand nehmen und wird feststellen, daß ihnen elektronische Musik nicht gefällt. Es wird jedoch ganz ohne jeden Zweifel auch weiterhin elektronische Musik geben. Die Verlage, mein Musikverlag, mein Buchverlag – sie wissen, daß das Photokopieren für ihre Existenz eine echte Bedrohung darstellt; sie machen jedoch weiter. Letzten Endes muß man dahin kommen, daß man nicht nur gedruckte Veröffentlichungen abschafft, sondern auch den Bedarf an Photokopien, und ein Telefonnetz einrichtet, mit dem jeder jederzeit auf alles, was er will, Zugriff hat. Und wieder löschen kann – ich meine so, daß Ihr Homer-Exemplar sofort ausgedruckt und gelöscht werden und durch ein Shakespeare-Exemplar ersetzt werden kann, wenn Sie lieber Shakespeare lesen möchten.

Als ich kürzlich mit Kunststudenten redete, fragte man mich, ob es möglich sei, John Cage und das, worum es ihm geht, womit er sein Leben verbracht hat, in einer Sentenz zusammenzufassen.

Sie kennen meine Antwort an den Journalisten aus dem mittleren Westen, der mich in einem Brief um eine Zusammenfassung meiner Persönlichkeit bat – in einer Nußschale, schrieb er. Also erwiderte ich: »In welchem Käfig [cage] man sich auch befindet – man soll ihn verlassen.« (Ellsworth Snyder, 1985)

John Cage vor dem Centre Pompidou, Paris.
Photo: Klaus Schöning, Köln. (Ausschnitt)

Kurze biographische Hinweise
zu den Interviewern

LARRY AUSTIN, Komponist, leitet das Center for Experimental Music and Intermedia an der North Texas State University in Denton und hat, wie er schreibt, »auf musikalischem Gebiet mit John Cage seit Mitte der 60er Jahre immer wieder zusammengearbeitet, in Kalifornien, Florida, New York und in Texas.«

SEAN BRONZELL ist Schriftsteller und lebt seit kurzem in New York; ANN SUCHOMSKI hat wie er am Knox College, Galesburg, IL, studiert und lebt in Chicago.

ANTHONY BROWN, früher einer der Herausgeber von ›*asterisk‹ in Ann Arbor, lebt heute in Yipsilanti, MI.

KATHLEEN BURCH, MELODY SUMNER und MICHAEL SUMNER sind Herausgeber und Verleger bei Burning Books in Oakland, CA.

DEBORAH CAMPANA hat ihre Doktorarbeit über ›Form and Structure in the Music of John Cage‹ an der Northwestern University in Evanston, IL. geschrieben, wo sie auch lebt.

DAVID COPE ist Komponist und unterrichtet an der University of California in Santa Cruz. Er war eine Zeitlang Herausgeber der Zeitschrift ›The Composer‹, und er ist der Autor von ›New Directions in Music‹ (1971).

PAUL CUMMINGS hat zahlreiche Bücher über amerikanische Kunst geschrieben und herausgegeben.

TOM DARTER war der Herausgeber von ›Keyboard‹.

GWEN DEELY hat eine Magisterarbeit mit dem Titel ›The Making of a Composer: John Cage's Early Years in New York City (1942–49)‹ verfaßt; seit kurzem beschäftigt sie sich in New York mit Computerprogrammierung.

MARTIN DUBERMAN ist der Verfasser von ›Black Mountain‹ (1972) und anderen Büchern über amerikanische Kulturgeschichte.

WILLIAM DUCKWORTH ist Komponist und unterrichtet zur Zeit an der Bucknell University. Seine Magisterarbeit beschäftigte sich mit der Musik von John Cage.

MORTON FELDMAN, 1926–1987, war Komponist und hat seit Anfang der 50er Jahre eng mit Cage zusammengearbeitet. Bis zu seinem Tod war er Professor für Musik an der State University of New York in Buffalo.

ROBERT FILLIOU, 1926–1987, ein französischer Künstler, arbeitete mit verschiedenen Medien, einschließlich der Sprache.

Don Finegan, Ralph Haskell und Ralph Koppel unterrichteten visuelle Kunst an der University of Northern Iowa.

Laura Fletcher und Thomas Moore studierten an der University of Maryland, College Park.

Monique Fong ist Dolmetscherin bei den Vereinten Nationen; sie hat die Schriften von Cage ins Französische übersetzt; Françoise Marie ist ihre Tochter.

Cole Gagne, ein Musikkritiker, und Tracy Caras, eine Anwältin, leben in New York. Sie machten gemeinsam ›Soundpieces: Interviews with American Composers‹ (1982). Gagne arbeitet zur Zeit an einem Buch mit Interviews und Essays zur zeitgenössischen Musik.

Anne Gibson ist Chefredakteurin in der Musikabteilung der Canadian Broadcasting Corporation.

Nikša Gligo, Musikschriftsteller und Professor für Ästhetik, lebt in Zagreb.

Jeff Goldberg, geboren 1948 in Philadelphia, war zunächst Herausgeber von ›Contact‹, einem literarischen Magazin in seiner Heimatstadt, später arbeitete er als Redakteur und Interviewer in New York.

Ev Grimes ist Hörfunkproduzentin und lebt in Grand Isle, VT. Sie war die Koproduzentin der Feier, die am 70. Geburtstag von John Cage für ›The Sunday Show‹ von National Public Radio ausgestrahlt wurde.

Mary Emma Harris hat kürzlich ein Buch geschrieben und eine Ausstellung betreut, die beide das Kunstprogramm am Black Mountain College thematisieren.

Hans G. Helms, geboren 1932, ist unter anderem der Autor von ›Fa:M' Ahniesgwow‹ (1958). Er lebte bis vor kurzem in New York und ist jetzt nach Köln zurückgekehrt.

Dick Higgins, geboren 1938, lebt in New York. Der Künstler und Schriftsteller kennt Cage, seit er in den späten 50er Jahren dessen New-School-Kurse besuchte.

Michael Kirby und Richard Schechner unterrichten als Professoren im Rahmen des Graduate Drama Program der New York University und haben zahlreiche Bücher zum Thema Theater verfaßt.

John Kobler war Redakteur bei ›The Saturday Evening Post‹; er verfaßte vor kurzem ein Buch über Igor Strawinsky.

Richard Kostelanetz, geboren 1940, hat zahlreiche Bücher über moderne Kunst und Literatur geschrieben und herausgegeben. Als Künstler hat er mit den Medien Tonband, Video, Holographie und Film gearbeitet.

Art Lange ist Schriftsteller und Musikkritiker; von 1975 bis 1979 gab er ›Brilliant Corners: A Magazine of the Arts‹ heraus; bis vor kurzem war er Herausgeber von ›Down Beat‹.

Alcides Lanza, 1929 in Argentinien geboren, unterrichtet zur Zeit an der McGill University in Montreal.

Geneviere G. Marcus ist einer der Präsidenten des Equal Relationships Institute in Pacific Palisades, CA.

Joseph H. Mazo ist Ballettkritiker für ›Women's Wear Daily‹; er verfaßte ›Dance is a Contact Sport‹ und ›Prime Movers: The Makers of Modern Dance in America‹.

Ilhan Mimaroglu ist Komponist; er wurde in der Türkei geboren und arbeitet in New York auch als Plattenproduzent.

Stephen Montague wurde 1943 in Syracuse, NY, geboren; der Komponist und Pianist lebt in London. Seine kompositorischen Interessen schließen sowohl Musik für traditionelle Ensembles als auch elektroakustische Musik, Musiktheater, Multimedia, Tanz und Video ein.

Jay Murphy ist freiberuflicher Kritiker und Journalist; er lebt in Tallahassee, FL, wo er das Künstlermagazin ›Red Bass‹ herausgibt.

Max Nyffeler arbeitet als Pianist und Journalist; er lebt in Köln und Zürich, wo er als Redakteur für Pro Helvetia schreibt.

Birger Ollrogge lebt in West-Berlin. Zu den Büchern, die er ins Deutsche übersetzt hat, gehört auch der vorliegende Band.

Francesco Pellizzi ist Anthropologe und Herausgeber der Zeitschrift ›Res‹.

Joan Peyser, geboren 1931, die Verfasserin von ›Boulez‹ (1976), hat kürzlich zwei Werke veröffentlicht: ›The Orchestra: Origins & Transformations‹ (1986) und eine Biographie von Leonard Bernstein.

Roger Reynolds, geboren 1934, Komponist, unterrichtet an der University of California in San Diego. Er ist der Verfasser von ›Mind Models‹ (1975).

Moira Roth ist Kunsthistorikerin und Kritikerin; sie unterrichtet an der University of California in San Diego. Sie veröffentlichte das Buch ›The Amazing Decade: Women and Performance Art in America 1970–1980‹ (1983).

Irving Sandler ist Professor für Kunstgeschichte bei SUNY-Purchase und der Verfasser von ›The Triumph of Abstract Expressionism‹ (1970) sowie ›The New York School‹ (1976).

Klaus Schöning ist Hörspielredakteur beim Westdeutschen Rundfunk und Herausgeber mehrerer Bücher über Tonkunst.

David Sears ist Ballettkritiker und lebt zur Zeit in Brooklyn.

David Shapiro, geboren 1947, ist Schriftsteller und Kunstkritiker; er unterrichtet an verschiedenen Universitäten in New York.

Rose Slivka war viele Jahre lang Herausgeberin von ›Craft Horizons‹.

Roger Smalley, geboren 1943, ist ein britischer Komponist und Pianist, der zur Zeit als Honorarprofessor im Fachbereich Musik an der University of Western Australia unterrichtet.

Ellsworth Snyder arbeitet als Pianist; er lebt in Madison, WI. Bekannt ist er für seine Interpretationen von Werken des 20. Jahrhunderts und der Avantgarde. Er schrieb die erste Doktorarbeit über John Cage.

David Sterritt arbeitet als Filmkritiker für den ›Christian Science Monitor‹, für den er auch regelmäßig über Musik, Theater und Tanz schreibt.

Rob Tannenbaum schreibt unter anderem für ›The Musician‹.

CALVIN TOMKINS, geboren 1926, ist Redakteur des ›New Yorker‹ und Verfasser mehrerer Bücher über moderne Kunst.

C. H. WADDINGTON war ein berühmter Biologe, der sich auch für andere Sachgebiete engagierte.

ROBIN WHITE arbeitete als Redakteur für ›Artforum‹ in New York und bei der Crown Point Press in Oakland, CA.

THOMAS WULFFEN arbeitet als Kulturjournalist in West-Berlin.

WALTER ZIMMERMANN ist Komponist und Herausgeber; er lebt in der Bundesrepublik Deutschland.

Bibliographie

Alcatraz, Jose Antonio. »John Cage: El Sonido como centro del universo.« *Excelsior* (29. Februar 1976)

– Interview mit John Cage. *Excelsior/Plural* 56 (Mai 1976)

Amirkhanian, Charles. Interview auf Tonband, 1983

Anon. »Sound Stuff.« *Newsweek,* 11. Januar 1954

– »It's electronic ballet – or 48 hours of bad plumbing.« *Daily Mail,* 22. November 1966

– »Quiet composer voices loud ideas.« *Scottsdale* (AZ.) *Daily Progress,* 4. April 1975

– »Arts.« *Reporter* (Buffalo), 19. Oktober 1978

Ashbery, John. »Cheering Up Our Knowing.« *New York,* 10. April 1978

Austin, Larry. »HPSCHD.« *Source* 2, Nr. 2 (1968)

Bakewell, Joan. »Music and Mushrooms – John Cage Talks About His Recipes.« *The Listener* 87 (15. Juni 1972)

Barnard, Geoffrey. *Conversation Without Feldman.* Darlinghurst, N.S.W. (Australien): Black Ram Books, 1980

Bither, David. »A Grand Old Radical.« *Horizon* 23, Nr. 12 (Dezember 1980)

Bloch, Mark. Interview, 1987 (unveröffentlichtes Manuskript)

Bodin, Lars Gunnar, und Bengt Emil Johnson. »Bandintervju med Cage.« *Ord och Bild* 74 (1965). (Das englische Originalband, mit Deborah Hay als drittem Interviewer, wurde von Bodin zur Verfügung gestellt.)

Boenders, Frans. »Gesprek met John Cage. De cultuur als delta.« In *Sprekend gedacht* (Bussum, 1980)

Bossard, Jacqueline. »Posé à John Cage le questionnaire de Marcel Proust.« *Musique de tous les Temps* (Dezember 1970)

Bosseur, Jean-Yves. »John Cage: Il faut forger un nouveau mode de communication orale.« *La Quinzaine littéraire,* 15. Dezember 1973

Brent, Jonathan. »Letters.« *Tri-Quarterly* 52 (Herbst 1981)

Bronzell, Sean, und Ann Suchomski, »Inter-view with John Cage.« In *Catch.* Galesburg, IL: Know College, 1983. Nachgedruckt in *The guests go in to supper,* hrsg. von Melody Sumner. Oakland, CA: Burning Books, 1986

Brown, Anthony. Interview in **asterisk: A Journal of New Music* 1, Nr. 1 (1975)

Burch, Kathleen, Michael Sumner und Melody Sumner. »Interview with John Cage.« In *The guests go in to supper,* hrsg. von Melody Sumner. Oakland, CA: Burning Books, 1986

Cage, John. »John Cage in Los Angeles.« In *Artforum* (Februar 1965). Nachgedruckt in *Looking Critically,* hrsg. von Amy Baker Sandback. Ann Arbor, MI: UMI Research, 1984

– »Questions«. *Perspecta* II (Yale School of Architecture, 1967)

– »Response to questionnair«. *Source 6* 3, Nr. 2 (Juli 1969)

– »Art in the Culture.« (Ein Symposium mit Richard Foreman und Richard Kostelanetz). *Performing Arts Journal* 10–11 (1979). Deutsche Übersetzung in *Theater heute* (Januar 1980)

– In *Biology and the History of the Future,* hrsg. von C. H. Waddington. Edinburgh: Edinburgh University Press, 1972

– Pressekonferenz, Köln (1983). Videoaufzeichnung von Bill Ritchie

Cage, John, und Merce Cunningham. »Questions Answered and Unanswered.« *Middlebury* (Winter 1981)

Cage, John, u. a. *Cinema Now.* Cincinnati: University of Cincinnati, 1968.

– »The University and the Arts: Are They Compatible?« *Works and Days* 1, Nr. 1 (Frühjahr 1969)

– »10 Questions: 270 Answers.« *The Composer* X–XI (1980)

Campana, Deborah. Interview, 1985 (unveröffentlichtes Manuskript)

Chatenever, Rick. »Cage's ›Found Sound‹.« *Santa Cruz Sentinel,* 20. August 1982

Close, Roy M. »Music creator Cage finds his ideas in nature.« *Minneapolis Star,* 18. April 1975

Commanday, Robert. »Composing with the Camera.« *San Francisco Chronicle/This World,* 10. November 1968

Cope, David. »An Interview with John Cage.« *The Composer* X–XI (1980)

Cordier, Robert. »Etcetera pour un Jour ou Deux.« *Had* (Paris, 1973). (Das englische Originalband wurde vom Interviewer zur Verfügung gestellt.)

Cummings, Paul. »Interview: John Cage [May 2, 1974].« (unveröffentlichtes Manuskript, Archives of American Art)

Daney, S., und J. P. Fargier. Interview mit John Cage in *Cahiers du cinéma* 334–35 (April 1982)

Darter, Tom. »John Cage.« *Keyboard* (September 1982)

Deely, Gwen, mit Jim Theobald. »Oral Defense of Thesis, Hunter Electronic Music Studio, December 20, 1976.« (unveröffentlichtes Manuskript)

Duberman, Martin. *Black Mountain: An Exploration in Community.* New York: Dutton, 1972

Duckworth, William. »Anything I Say Will Be Misunderstood [1985].« *Bucknell Review: John Cage at 75* 33, Nr. 2 (1988)

Erikson, Tom. Interview, 1987 (unveröffentlichtes Manuskript)

Feldman, Morton, und John Cage. »A Radio Conversation.« *Circuit* (Frühjahr und Sommer 1967)

Feldman, Morton (Bunita Marcus und Francesco Pellizzi). »John Cage.« *Res* 6 (Herbst 1983)

Filliou, Robert. »John Cage.« In *Teaching and Learning as Performing Arts/ Lehren und Lernen als Aufführungskünste.* New York – Köln: Verlag Gebr. Koenig, 1970

Finegan, Don, u. a. »Choosing Abundance/Things to Do.« *North American Review* 6, Nr. 3 & 4 (Herbst und Winter 1969)

Fletcher, Laura, und Thomas Moore. »An Interview [with John Cage].« *Sonus: A Journal of Investigations into Global Musical Possibilities* 3, Nr. 2 (1983)

Fong, Monique, und Françoise Marie. Interview, 1982 (unveröffentlichtes Manuskript)

Freedman, Guy. »An Hour & 4′33″ with John Cage.« *Music Journal* (Dezember 1976)

Furman, Maureen. »Zen Composition: An Interview with John Cage.« *East West Journal* (Mai 1979)

Gagne, Cole, und Tracy Caras. »An Interview with John Cage [1975].« *New York Arts Journal* 1, Nr. 1 (Mai 1975)

– »John Cage [1980].« *Soundpieces: Interviews with American Composers.* Metuchen, NJ: Scarecrow, 1982

Gena, Peter. »After Antiquity: John Cage in Conversation.« In *A John Cage Reader,* hrsg. von Peter Gena u. a. New York: C. F. Peters Corp., 1982

Gibson, Anne. »CBC Interview re Bach«, November 1985 (unveröffentlichtes Manuskript)

Gillmor, Alan. »Interview with John Cage [1973].« *Contact* 14 (Herbst 1976). Schwedische Übersetzung »Intervju med John Cage.« *Nutida Musik* 21, Nr. 1 (1977/78)

Gillmor, Alan, und Roger Shattuck. »Erik Satie: A Conversation [1973].« *Contact* 25 (Herbst 1982)

Gligo, Nikša. »Ich traf John Cage in Bremen.« *Melos, Zeitschrift für Neue Musik* 1 (Januar/Februar 1973). (Die englische Übertragung wurde vom Autor zur Verfügung gestellt.)

Goldberg, Jeff. »John Cage Interview.« *Soho Weekly News,* 12. Sept. 1974

– »John Cage Interviewed.« *Transatlantic Review* 55/56 (Mai 1976)

Green, Blake. »John Cage: Old Guard of Music's Avant-Garde.« *San Francisco Chronicle,* 1985

Gregson, David. »John Cage makes his music at random.« *San Diego Union,* 29. April 1986

Grimes, Ev. »John Cage, Born 1912«, 1984 (unveröffentlichtes Manuskript)

Hahn, Otto. »Merce Cunningham.« *L'Express,* 11. Juni 1964

Harris, Mary Emma. Interview 1974 (Abschrift)

Helms, Hans G. »Gedanken eines progressiven Musikers über die beschädigte Gesellschaft.« *Protokolle* 30 (März 1974). Nachgedruckt in *Musik-Konzepte Sonderband: John Cage,* hrsg. von Heinz-Klaus Metzger und Rainer Riehn. München: Text + Kritik, 1978

Hersh, Paul. »John Cage Sprouting at UC.« *San Jose Mercury News,* 24. Januar 1980

– »John Cage Rolls Dice at Cabrillo Music Festival.« *San Jose Mercury News,* 19. August 1982

Higgins, Dick. »John Cage Interview [November 1976].« (unveröffentlichtes Manuskript)

Holmes, Thom. »The Cage Interview.« *Recordings* 3, Nr. 3 (1981)

Jouffroy, Alain, und Robert Cordier. »Entendre John Cage, entendre Duchamp.« *Opus international* 49 (März 1974). (Das englische Originalband wurde von Robert Cordier zur Verfügung gestellt.)

Kauffmann, Stanley, Moderator. »The Changing Audience for the Changing Arts/Panel.« In *The Arts: Planning for Change.* New York: Associated Councils of the Arts, 1966

Kirby, Michael, und Richard Schechner. »An Interview.« *Tulane Drama Review* 10, Nr. 2 (Winter 1965)

Kobler, John. »Everything We Do Is Music.« *The Saturday Evening Post,* 19. Oktober 1968

Kostelanetz, Richard. »John Cage in Conversation, Mostly About Writing.« *New York Arts Journal* 19 (1980). Nachgedruckt in »John Cage (1979)«, in Richard Kostelanetz, *The Old Poetries and the New.* Ann Arbor: University of Michigan Press, 1981

– »John Cage.« *The Theatre of Mixed Means.* New York: The Dial Press, 1968; London: Pitman, 1970; New York: RK Editions, 1980

Kostelanetz, Richard, und John Cage. »A Conversation About Radio in Twelve Parts [1984].« *Bucknell Review: John Cage at 75* 33, Nr. 2 (1988). Gekürzter Nachdruck in *Musical Quarterly* 72, Nr. 2 (1986)

Kostelanetz, Richard, u. a., Diskussion. »Time and Space Concepts in Music and Visual Art.« (1977). In *Time and Space Concepts in Art,* hrsg. von Marilyn Belford und Jerry Herman. New York: Pleiades Gallery, 1979

Lange, Art. »Interview with John Cage 10/4/77.« *Brilliant Corners* 8 (1978)

Lanza, Alcides. ». . . We Need a Good Deal of Silence . . .« *Revista de Letras* 3, Nr. 2 (September 1971)

Lebel, Jean-Jacques. »John Cage entouré de nus, vite.« *La Quinzaine littéraire* (15. Dezember 1966)

Littler, William. »Roaratorio, an Irish circus of words blended with sound.« *Toronto Star,* Januar 1982

Low, Lisa. »Free Association.« *Boston Review* (Juli 1985)

Marcus, Geneviere. »John Cage: Dean of the Musical Avant-Garde.« *Coast FM & Fine Arts* 11, Nr. 3 (März 1970)

Mazo, Joseph H. »John Cage Quietly Speaks His Piece.« *Bergen Sunday Record,* 13. März 1983

Mimaroglu, Ilhan. »Interview with John Cage.« *Discotea* (November 1965)

– Interview, 1985 (im Hintergrund die Musik für einen geplanten Film)

Montague, Stephen. »Significant Silences of a Musical Anarchist.« *Classical Music* (22. Mai 1982)

Morera, Daniela. »John Cage: i suoni della vita.« *L'Uomo vogue* (März 1976)

Murphy, Jay. »Interview: John Cage.« *Red Bass,* Nr. 8–9 (1985)

Nellhaus, Arlynn. »›New‹ Music a Wirey Maze.« *Denver Post,* 5. Juli 1968

Nestyev, Israil. »Antimuzyka pod Glogom ›anarkhil‹.« *Sovetskaya Muzyka* 37 (September 1973)

Nieminen, Risto. »John Cage marraskuussa 1982. Taide on itsensa zyollista-mista.« *Synkooppi* 13 (Juni 1983)

Nocera, Gigliola. »Alla Ricerca del silenzio perduto.« *Scena* 2, Nr. 2 (April 1978)

Nyffeler, Max. »Interview mit John Cage.« *Dissonanz* (Zürich) 6 (September 1970)

Ollrogge, Birger. Interview vom 28. Dezember 1985 (unveröffentlichtes Manuskript)

Page, Tim. »A Conversation with John Cage.« *Boulevard* 1, Nr. 3 (Herbst 1986)

Patterson, Suzy. »Original Approach to Ballet.« *Journal Herald* (Dayton), 31. Dezember 1966

Peyser, Joan. *Boulez: Composer, Conductor, Enigma.* New York: Schirmer Books, 1976

Rasmussen, Karl Aage. »En samtale med John Cage – maj 1984.« *Dansk Musiktidsskrift* 49 (1984/85)

Reimer, Susan. »Music & dance: directing traffic.« *The Post* (Ohio University), 10. April 1973

Reynolds, Roger. »Interview.« *Generation* (Januar 1962). Nachgedruckt in *John Cage.* New York: Henmar Press, 1962; und *Contemporary Composers on Contemporary Music,* hrsg. von Elliott Schwartz and Barney Childs. New York: Holt, 1967

Roberts, John, mit Silvy Panet Raymond. »Some Empty Words with Mr. Cage and Mr. Cunningham.« *The Performance Magazine* 7 (1980)

Rolland, Alain. »Entretien avec John Cage.« *Tel Quel* 90 (Winter 1981)

Roth, Moira, und William Roth. »John Cage on Marcel Duchamp.« *Art in America* (November/Dezember 1973)

Sandler, Irving. »Recorded Interview with John Cage (May 6, 1966).« (unveröffentlichtes Manuskript)

Sarraute, Claude. »Cage et Cunningham à l'Opéra.« *Le Monde,* 2. November 1973

Schonberger, Elmer. »›Ik componeer arme muziek voor arme mensen.‹ De toevalsmanipulaties van John Cage.« *Vrij Nederland,* 3. Juni 1978

Schöning, Klaus. »Silence Sometimes Can Be Very Loud.« In *Hörspiel-macher.* Königstein/Taunus: Athenäum, 1983

– »Gespräch über *James Joyce, Marcel Duchamp, Erik Satie: Ein Alphabet.*« *Neuland* 6 (1984/85)

– »Gespräch zu *Muoyce.*« Im Manuskript für eine Sendung des Westdeutschen Rundfunks, 12. Juni 1984

– »Gespräch zu *HMCIEX*.« Im Manuskript für eine Sendung des Westdeutschen Rundfunks, 10. Juli 1984

Sears, David. »Talking with John Cage: The Other Side.« *Dance News*
(März 1981)

Shapiro, David. »On Collaboration in Art.« *Res* 10 (Herbst 1985)

Shoemaker, Bill. »The Age of Cage.« *Down Beat* (Dezember 1984)

Slivka, Rose. »Lifecraft.« *Craft Horizons* (Dezember 1978/Januar 1979)

Smalley, Roger, und David Sylvester. »John Cage Talks« (BBC, 1967).
Nachgedruckt im Konzertprogramm der Royal Albert Hall, 22. Mai 1972

Smith, Arnold Jay. »Reaching for the Cosmos: A Composers' Colloquium.«
Down Beat (20. Oktober 1977)

Smith, Stuart. »Interview with John Cage.« *Percussive Notes* 21, Nr. 3 (März
1983)

Snyder, Ellsworth. »A Conversation with John Cage [1975].« (ausgestrahlt
von Wisconsin Public Radio)

– »John Cage Interview, North Carolina School of the Arts [1985].« (unveröffentlichtes Manuskript)

Stanton, David. »John Cage: A Composer of Personal Vision.« *Daily Trojan
– Southern California Magazine* 61 (19. April 1985)

Sterritt, David. »Composer John Cage, Master of Notes – and Sounds.«
Christian Science Monitor, 4. Mai 1982

Sumrall, Harry. »Cage in Ferment.« *San Jose Mercury News,* 2. Mai 1986

Sykes, Jill. »Breaking out of art's cage.« *Sydney Morning Herald,* 19. März
1976

Tannenbaum, Rob. »A Meeting of Sound Minds: John Cage + Brian Eno.«
Musician 83 (September 1985)

Tarting, C., und André Jaume. »Entretiens avec John Cage.« *Jazz Magazine*
282 (Januar 1981)

Tierstein, Alice. »Dance and Music: Interviews at the Keyboard.« *Dance
Scope* 8, Nr. 2 (Frühjahr/Sommer 1974)

Timar, Andrew, u. a. »A Conversation with John Cage.« *Musicworks* 17
(Herbst 1981)

Tomkins, Calvin. *The Bride and the Bachelors* [1965]. Erweiterte Auflage.
New York: Viking, 1968

– *Off the Wall.* Garden City: Doubleday, 1980

Varèse, Edgard, und Alexei Haieff. »Possibilities: Questioned by 8 Composers.« *Possibilities* 1 (Winter 1947/48)

Vater, Regina. Interview auf Tonband, 1976

Vignal, P. du. »Le repas viet-namien de M. Cage.« *Art Press* 1 (Dezember
1972/Januar 1983)

Waldman, Anne, und Marilyn Webb, Hrsg. »Empty Words, IV [1974].«
Talking Poets from the Naropa Institute, Bd. 1. Boulder: Shambhala, 1978

White, Michael John. »King of the Avant-Garde.« *Observer (London),*
26. September 1982

White, Robin. »John Cage.« *View* 1, Nr. 1 (April 1978)

Womack, Bill. »The Music of Contingency: An Interview.« *Zero* 3 (1979)

Wulffen, Thomas. »An Interview with John Cage.« *New York Berlin* 1, Nr. 1 (1984). Deutsche Übersetzung in *Zitty* (März 1985)

Zimmermann, Walter. »Desert Plants: John Cage.« *Inselmusik*. Köln: Beginner Press, 1981

Zwerin, Michael. »Silence, Please, for John Cage.« *International Herald Tribune*, 24. September 1982

– *Close Enough for Jazz*. London: Quartet Books, 1983

Abbildungs- und Copyrightnachweis

David Cope, Interview in *The Composer* X und XI, mit freundlicher Genehmigung des Interviewers

Paul Cummings, Interview, unveröffentlichtes Manuskript, mit freundlicher Genehmigung des Interviewers

Tom Darter, »John Cage«, Nachdruck aus *Keyboard* (September 1982), mit freundlicher Genehmigung von GPI Publications, 20085 Stevens Creek, Cupertino, CA 95014. Copyright © 1982 by GPI Publications

Gwen Deely, bisher unveröffentlichtes Interview, mit freundlicher Genehmigung von R. Gwen Deely

Martin Duberman, aus *Black Mountain* (1972), mit freundlicher Genehmigung von Martin Bauml Duberman

William Duckworth, Interview, unveröffentlichtes Manuskript, mit freundlicher Genehmigung des Interviewers. Copyright © 1987 by William Duckworth

Morton Feldman (B. Marcus und F. Pellizzi, Gespräch in *Res, Journal of Anthropology an Aesthetics* 6 (Herbst 1983), mit freundlicher Genehmigung des Verlages

Robert Filliou, in *Teaching & Learning as Performing Arts* (König, 1970), mit freundlicher Genehmigung des Verlages

Don Finegan u. a., »Choosing Abundance«, *North American Review* (Herbst 1969 und Winter 1970), mit freundlicher Genehmigung des Verlages. Copyright © 1969, 1970 by University of Northern Iowa

Laura Fletcher und Thomas Moore, Interview in *Sonus* III (1983), mit freundlicher Genehmigung des Verlages. Copyright © 1982 by *Sonus*

Monique Fong und Françoise Marie, unveröffentlichtes Interview, mit freundlicher Genehmigung von Monique Fong (Wust)

Maureen Furman, »Zen Composition«, *East West Journal* (Mai 1979), mit freundlicher Genehmigung des Verlages. Copyright © 1979 by *East West Journal*

Cole Gagne und Tracy Caras, »Interview with John Cage«, *New York Arts Journal* 1, Nr. 1 (1975). Copyright © 1975 by Cole Gagne und Tracy Caras.

–, Interview in *Soundpieces* (Scarecrow, 1982). Copyright © 1982 by Cole Gagne und Tracy Caras. Beide Nachdrucke mit freundlicher Genehmigung der Interviewer

Anne Gibson, Interview für die Rundfunkserie »J. S. Bach: A Celebration of Genius« (CBC, 1985), mit freundlicher Genehmigung des Produzenten

Nikša Gligo, englische Originalniederschrift, mit freundlicher Genehmigung des Interviewers

Jeff Goldberg, »John Cage Interview«, *Soho Weekly News,* (12. September 1974), mit freundlicher Genehmigung

–, »John Cage Interviewed«, *Transatlantic Review* 55/56 (Mai 1976), mit freundlicher Genehmigung

Ev Grimes, mit freundlicher Genehmigung des Interviewers. Copyright © 1985 by Ev Grimes

Mary Emma Harris, Interview, unveröffentlichtes Manuskript, mit freundlicher Genehmigung des Interviewers. Copyright © 1987 by Mary Emma Harris

Hans G. Helms, mit freundlicher Genehmigung des Interviewers

Paul Hersh, *Santa Cruz Express* (19. August 1982), mit freundlicher Genehmigung des Verlages

Dick Higgins, Interview, unveröffentlichtes Manuskript, mit freundlicher Genehmigung von Richard C. Higgins

Michael Kirby und Richard Schechner, »An Interview«, *Tulane Drama Review* 10, Nr. 2 (Winter 1965), mit freundlicher Genehmigung des Verlages, MIT Press

John Kobler, »Everything We Do Is Music«, *The Saturday Evening Post* (19. Oktober 1968), mit freundlicher Genehmigung des Autors

Richard Kostelanetz, Interviews mit John Cage, mit freundlicher Genehmigung des Autors. Copyright © 1968, 1970, 1981, 1987 by Richard Kostelanetz

Richard Kostelanetz u. a., Symposium in: Marylin Belford und Jerry Herman, Hrsg., *Time and Space Concepts in Art* (Pleiades Gallery, 1980), mit freundlicher Genehmigung von Joellen Bard

Art Lange, »Interview with John Cage 10/4/77«, *Brilliant Corners* 8 (Winter 1978), mit freundlicher Genehmigung des Autors

Alcides Lanza, »... We Need a Good Deal of Silence...«, *Revista de Letras* 3, Nr. 2 (September 1971), mit freundlicher Genehmigung des Interviewers

Geneviere Marcus, *Coast FM & Fine Arts* (März 1970), mit freundlicher Genehmigung des Interviewers

Joseph H. Mazo, mit freundlicher Genehmigung des Autors

Ilhan Mimaroglu, aus der Musik zu »The Question«, einem geplanten Film, mit freundlicher Genehmigung des Interviewers

Stephen Montague, »Significant Silences of a Musical Anarchist«, *Classical Music* (Rhinegold Press/London, 22. Mai 1982), mit freundlicher Genehmigung des Autors und des Verlages

–, Interview, unveröffentlichtes Manuskript (1972), mit freundlicher Genehmigung des Autors

Jay Murphy, »Interview: John Cage«, *Red Bass* 8/9 (1985), mit freundlicher Genehmigung des Interviewers

Arlynn Nellhaus, *Denver Post* (5. Juli 1968), mit freundlicher Genehmigung des Verlages

Max Nyffeler, *Dissonanz* 6 (September 1970), mit freundlicher Genehmigung des Interviewers

Birger Ollrogge, Interview, unveröffentlichtes Manuskript (1985), mit freundlicher Genehmigung des Interviewers

Joan Peyser, in: *Boulez: Composer, Conductor, Enigma* (Schirmer Books, 1976), mit freundlicher Genehmigung des Autors. Copyright © 1976 by Katomo Ltd.

Roger Reynolds, »Interview«, *Generation* (1961), mit freundlicher Genehmigung des Autors

Moira und William Roth, »John Cage on Marcel Duchamp«, *Art in America* (November/Dezember 1973), mit freundlicher Genehmigung der Autoren und des Verlages

Irving Sandler, bisher unveröffentlichtes Interview (1966), mit freundlicher Genehmigung des Autors. Copyright © 1987 by Irving Sandler

Klaus Schöning, bisher unveröffentlichtes Interview, mit freundlicher Genehmigung des Autors

David Sears, *Dance News* (März 1981), mit freundlicher Genehmigung des Autors

David Shapiro, »A Collaboration in Art«, *Res, Journal of Anthropology and Aesthetics* 10 (Herbst 1985), S. 103–116, mit freundlicher Genehmigung des Autors

Bill Shoemaker, »The Age of Cage«, *Down Beat* (Dezember 1984), mit freundlicher Genehmigung der Zeitschrift *Down Beat*

Rose Slivka, in: *Craft Horizons* (Dezember 1978 und Februar 1979) mit freundlicher Genehmigung von Rose C. S. Slivka

Arnold Jay Smith u. a., Diskussion in *Down Beat* (20. Oktober 1977), mit freundlicher Genehmigung der Zeitschrift *Down Beat*

Ellsworth Snyder, zwei bisher unveröffentlichte Interviews (1975 für Wisconsin Radio; 1985), mit freundlicher Genehmigung des Interviewers

David Sterrit, »Composer John Cage, Master of Notes – and Sounds«, *Christian Science Monitor* (4. Mai 1982), mit freundlicher Genehmigung des Verlages. Copyright © 1982 by The Christian Science Publishing Society. Alle Rechte vorbehalten

David Sylvester und Roger Smalley, »John Cage Talks«, BBC (1967), mit freundlicher Genehmigung der BBC und von Roger Smalley

Rob Tannenbaum, »A Meeting of Sound Minds«, *Musician,* mit freundlicher Genehmigung der Zeitschrift *Musician* und der Agentur des Autors, March Tenth, Inc.

Andrew Timar u. a., »A Conversation with John Cage«, Auszug aus *Musicworks* 17 (Herbst 1981), mit freundlicher Genehmigung des Verlages (1087 Queen St. West, Toronto, Ontario M6R 2N1)

Calvin Tomkins, *The Bride and the Bachelors* (erweiterte Ausgabe, Viking, 1968), mit freundlicher Genehmigung des Autors

C. H. Waddington, *Biology and the History of the Future* (Edinburgh University Press, 1972), mit freundlicher Genehmigung des Verlages

Michael John White, »King of the Avant-Garde«, *Sunday Observer* (26. September 1982), mit freundlicher Genehmigung des *Observer Magazine,* London

Robin White, Interview bei der Crown Point Press, Oakland, CA, *View* 1, Nr. 1 (1978), mit freundlicher Genehmigung von Point Publishers

Thomas Wulffen, »An Interview with John Cage«, *New York Berlin* 1, Nr. 1 (1985), mit freundlicher Genehmigung des Verlages

Personenregister

DuMont Dokumente Musik

Paik Video
Von Edith Decker. 232 Seiten mit 17 farbigen und 122 einfarbigen Abbildungen, Werkverzeichnis, Biographie, Bibliographie, Personen- und Sachregister

»Nam June Paik, dem Vater der Videokunst, ist eine Monographie von Edith Decker gewidmet. Das aufwendig illustrierte Buch gibt nicht nur einen hervorragenden Überblick über Paiks Videobänder und Installationen, sondern behandelt auch den theoretischen Ansatz, der seine Arbeit bestimmt.« *Wolkenkratzer*

Video-Skulptur
retrospektiv und aktuell
1963–1989
Herausgegeben von Wulf Herzogenrath und Edith Decker. Mit Beiträgen von Edith Decker, Vittorio Fagone, John Hanhardt, Wulf Herzogenrath und Friedemann Malsch. 326 Seiten mit 43 farbigen und 239 einfarbigen Abbildungen, 80 Künstlerporträts, Biographien, Videographien, bibliographischen Angaben, Register

Mit diesem Buch wird die 25jährige Entwicklung der Videoinstallation und -skulptur anschaulich und repräsentativ dokumentiert.

DuMont Dokumente Musik

Mauricio Kagel 1970–1980
Von Werner Klüppelholz. 302 Seiten mit 104 Schwarzweiß-Fotos, 47 Notenbeispielen und 3 Abbildungen im Text, Werkverzeichnis, Diskographie und Bibliographie, Register

»Zur zeitgenössischen Musik liefert Werner Klüppelholz eine wichtige Monographie: ›Mauricio Kagel 1970–1980‹. Beschreibung, Analyse und Deutung dieser Ernte eines Jahrzehnts ist dem Fachmann ein unerläßliches Handbuch und dem Musikfreund eine fundierte Verständnishilfe.«

Nürnberger Nachrichten

Karlheinz Stockhausen · Texte zur Musik

Texte zur elektronischen und instrumentalen Musik. Band 1: Aufsätze 1952–1962 zur Theorie des Komponierens. 261 Seiten mit vielen Abbildungen

Texte zu eigenen Werken, zur Kunst Anderer, Aktuelles. Band 2: Aufsätze 1952–1962 zur musikalischen Praxis. 276 Seiten mit vielen Abbildungen

Texte zur Musik 1963–1970. Band 3: Einführungen, Projekte, Kurse, Sendungen, Standpunkte, Nebennoten. 397 Seiten mit vielen Abbildungen

Texte zur Musik 1970–1977. Band 4: Werk-Einführungen, Elektronische Musik, Weltmusik, Vorschläge und Standpunkte zum Werk Anderer. 696 Seiten mit vielen Abbildungen

Texte zur Musik 1977–1984. Band 5: Komposition. Band 6: Interpretation. 1422 Seiten mit vielen Abbildungen, zwei Bände in Schmuckkassette